Ulrike Röttger · Sarah Zielmann

PR-Beratung in der Politik

Ulrike Röttger
Sarah Zielmann

PR-Beratung in der Politik

Rollen und Interaktions-
strukturen aus Sicht
von Beratern und Klienten

VS VERLAG

Bibliografische Information der Deutschen Nationalbibliothek
Die Deutsche Nationalbibliothek verzeichnet diese Publikation in der
Deutschen Nationalbibliografie; detaillierte bibliografische Daten sind im Internet über
<http://dnb.d-nb.de> abrufbar.

1. Auflage 2012

Alle Rechte vorbehalten
© VS Verlag für Sozialwissenschaften | Springer Fachmedien Wiesbaden GmbH 2012

Lektorat: Barbara Emig-Roller | Eva Brechtel-Wahl

VS Verlag für Sozialwissenschaften ist eine Marke von Springer Fachmedien.
Springer Fachmedien ist Teil der Fachverlagsgruppe Springer Science+Business Media.
www.vs-verlag.de

Umschlaggestaltung: KünkelLopka Medienentwicklung, Heidelberg
Gedruckt auf säurefreiem und chlorfrei gebleichtem Papier
Printed in Germany

ISBN 978-3-531-17723-6

Inhalt

     zur Rolle und Ausgestaltung der PR-Beratung
     in der politischen Kommunikation** **90**

6   Methodik **98**
     6.1 Wahl der geeigneten Methode 98
     6.2 Feldzugang und Datenerhebung 102
           6.2.1 PR-Agenturen und Einzelberater 102
           6.2.2 Bundesministerien und
                   im Bundestag vertretene Parteien 105
     6.3 Operationalisierung der Forschungsfragen 110
     6.4 Analyse der gewonnenen Daten 110
     6.5 Beobachtung der Berater-Klienten-Interaktion
           bei einer Bundespartei: Fallstudie 112

7   Darstellung und Interpretation der Ergebnisse **116**
     7.1 Rahmenbedingungen der politischen PR-Beratung:
           Interne PR-Ressourcen und Strukturen auf Klientenseite 117
     7.2 Sachdimension politischer PR-Beratung 119
     7.3 Formen der Interaktion und wechselseitige Erwartungen 125
           7.3.1 Kriterien und Verfahren der Beraterauswahl 125
           7.3.2 Erwartungen an die PR-Berater 130
           7.3.3 Kooperations- und Konflikt-
                   potenzial im Beratungssystem 133
     7.4 Rollen in der politischen PR-Beratung 137

8   Fazit: rat-lose politische Akteure **144**

     Tabellen- und Abbildungsverzeichnis 158

     Literaturverzeichnis 159

Kurzzusammenfassung

PR-Beratung in der politischen Kommunikation

Zahlreiche Hinweise deuten darauf hin, dass politische Akteure heute in steigendem Umfang auf PR-Dienstleistungen allgemein und externe PR-Beratung im Speziellen zurückgreifen. Ernst und Kieser (2002) sprechen von einer Beraterexplosion und führen die gestiegenen Beraterzahlen darauf zurück, dass sich schlichtweg alle Organisationen beraten lassen:

„Banks do it. Energy providers do it. Consumer goods manufactures do it. Even universities and art museums do it. They all seek the advice of consultants." (Ernst/Kieser 2002: 47)

Dabei stellt sich die Frage, welche Effekte diese regelmäßige Inanspruchnahme für die Formatierung der politischen Kommunikation hat. Ziel der hier dokumentierten Studie ist es, auf Grundlage einer systematischen Analyse der Interaktion und Perzeption zwischen politischen Akteuren und PR-Beratern Hinweise zur Rolle und zum Stellenwert externer PR-Berater in der politischen Kommunikation auf Bundesebene zu liefern. Es geht genauer um die Analyse von Gründen für die Inanspruchnahme von PR-Beratung, vorhandene Rolleninterpretationen auf der Mikro- und Mesoebene, von Zielen, Werten und Normen in der Interaktion sowie der Intensität der Zusammenarbeit. Sie kennzeichnen die Art und Weise, in der politische Akteure und PR-Berater konkrete Beratungsbeziehungen und damit auch Prozesse der Einflussnahme von PR-Beratern auf politische Kommunikation ausgestalten. Die Aufarbeitung *wechselseitiger* Erwartungen und Rollenwahrnehmungen liefert Hinweise auf Kooperations- ebenso wie auf Konfliktpotenziale und macht zugleich etablierte Formen und Regeln des Umgangs sichtbar, die für den Beratungsprozess konstitutiv sind. Hierzu gehört auch die Frage, inwieweit spezifische Bedingungen des deutschen Politiksystems die konkreten, empirisch vorfindbaren PR-Beratungsfunktionen mit formen.

Im Mittelpunkt der von der Deutschen Forschungsgemeinschaft geförderten empirischen Studie stehen 30 Leitfadeninterviews mit externen PR-Beratern sowie mit politischen Akteuren aus ausgewählten Bundesministerien und den großen im Bundestag vertretenen Parteien (CDU, CSU, SPD, FDP, Bündnis 90/DIE GRÜNEN, Die Linke). Alle Interviews wurden Anfang 2009 geführt. Darüber hinaus erfolgte im Frühjahr 2009 eine exemplarische einwöchige Beobachtung aller Interaktionen zwischen den internen PR-Funktionsträgern der Geschäftsstelle einer der Parteien und deren externen PR-Beratern.

Im Ergebnis zeigt sich zunächst, dass das relevante Beraterfeld sehr überschaubar ist: Nicht mehr als drei Dutzend PR-Agenturen agieren in diesem Bereich, jedenfalls dann nicht, wenn es darum geht, umfangreichere Dienstleistungen mit größerem Personalbedarf bzw. Budgetvolumen zu erbringen. Ein Grund
hierfür liegt sicher darin, dass politische Auftraggeber nicht besonders zahlungskräftig sind. An allererster Stelle bei den Entscheidungskriterien für ein
Beratungsmandat nennen beide Seiten überwiegend das Preis-Leistungsverhältnis. Faustregel ist, dass Klienten aus der Politik nicht mehr als ein Drittel des
Honorars aus der Wirtschaft zahlen (können).

Inhaltlich zeigen die Befunde der Studie, dass Agenturen vor allem als „verlängerte Werkbank" agieren. Dies geschieht einerseits, um personelle Defizite
der teils schwach besetzten Stellen für Presse- und Öffentlichkeitsarbeit in den
politischen Organisationen auszugleichen und andererseits, um Know-how beispielsweise für Kampagnen oder für neue Kommunikationstechnologien beizu-
steuern.

Im Vergleich zu den USA und zu anderen europäischen Ländern ist der Einfluss von Agenturen auf die Bundesministerien und die politischen Parteien in
Deutschland traditionell eher gering. Und die Ergebnisse der vorliegenden Untersuchung deuten diesbezüglich auf keine grundlegenden Veränderungen hin.
Das ist durchaus beruhigend: Politik wird von den gewählten Politikern gemacht. Andererseits ist den politischen Akteuren eine gewisse Beratungsresis-
tenz zu attestieren. Zentrale Beratungsfunktionen – Anregung von Reflexionsprozessen und Steigerung der eigenen Entscheidungsfähigkeit – werden von politischen Akteuren nicht oder nur in geringem Ausmaß nachgefragt. Allerdings
bemühen sich die meisten PR-Berater auch nicht offensiv darum, diese Leistungen anzubieten und überlassen so Beratung im engeren und eigentlichen Sinn
vermutlich anderen externen Dienstleistern. Zu denken ist hier etwa an interne
Berater, Unternehmensberater oder auch Lobbyisten.

1 Einleitung

Die Bedeutung von Beratung für Organisationen (u.a. IT-Beratung, Personalberatung, Managementberatung) und den in ihnen agierenden Personen allgemein ist seit den 1980er Jahren enorm gestiegen. Ende der 1990er Jahre wurde ein jährliches Wachstum des Beratermarktes von zehn Prozent beobachtet (vgl. Groth 1999: 15). Auch von 1998 bis 2008 setzte sich der Wachstumstrend in der Branche – gemessen am Umsatz – weiter fort (vgl. BDU 2010: 4). Nichtsdestoweniger ist die Branche in Deutschland als jung zu bezeichnen, da sehr viele Anbieter erst in den letzten 20 Jahren auf den Markt gekommen sind (vgl. Titscher 1997). Zuverlässige Zahlen jenseits von Selbstauskünften der Beratungsunternehmen über die Größe des Beratermarktes liegen für Deutschland derzeit jedoch nicht vor.

Mit Blick auf politische Beratung zeigt sich: Deren anhaltender Bedeutungszuwachs spiegelt sich u.a. in der Ausbildung von Interessenvertretungen sowie in zahlreichen vor allem praxisorientierten Tagungen und Publikationen wider (u.a. Falk/Römmele 2009; Balzer/Geilich/Rafat 2005; Busch-Janser 2005). 2002 wurde die „Deutsche Gesellschaft für Politikberatung e.V." gegründet, seit 2003 existiert „poli-c e.V. – Verein zur Förderung der politischen Kommunikation und Information". 2004 wurde das „Deutsche Institut für Public Affairs" gegründet, das Qualifizierungsangebote im Bereich der politischen Kommunikation durchführt. Weitere Aufbaustudiengänge an Universitäten und Fachhochschulen folgten in den letzten Jahren.

Die Ursachen für den offensichtlich gestiegenen Bedarf an Beratung und die Ausdifferenzierung von Beratungsdienstleistungen liegen nicht zuletzt in der gesteigerten Komplexität der Gesellschaft und dem daraus erwachsenen Orientierungsbedarf aller Gesellschaftsmitglieder. Im Politikbereich ist eine Ursache für die Bedeutungszunahme externer Beratung zudem die Entwicklung von Government zu Governance[1], ein Prozess, der in ähnlicher Form auch für die Wirtschaft festgestellt werden kann. Er drückt sich in der Politik durch mehr Handlungsträger (Akteursvielfalt) beim Regieren aus: Sowohl bezogen auf nationale als auch auf internationale Beziehungen wirken mittlerweile staatliche und private Akteure (u.a. Unternehmen, Verbände und NGOs) vermehrt zusammen. Das heißt, dass staatliche Steuerung und Koordination immer häufiger in horizontalen Beziehungen zwischen öffentlichen und privaten Akteuren erfolgen.

---

[1] Vgl. ausführlich Schmedes (2008: 51-248) oder König 2008 für eine dezidierte Erläuterung des Begriffs sowie des dahinter liegenden Organisations- und Steuerungskonzepts.

„In der Governance-Perspektive gelten der Staat, der Markt und soziale Netzwerke
(…) als institutionelle Regelungsmechanismen, die in variablen Kombinationen
genutzt werden." (Benz 2004: 20)

Die unterschiedlichen Akteure sind daran interessiert, dass in der ausgehandel-
ten Entscheidung weitestgehend ihre eigenen Interessen berücksichtigt werden.
Dazu bedarf es umfangreicher Bemühungen, entsprechende Argumente zu sammeln, eventuell Anhänger zu mobilisieren und Informationen überzeugend auf-
zubereiten. Dies führt erwartbar dazu, dass unterschiedliche Formen der
Beratung, die oftmals über nationale Grenzen hinausgehen, vermehrt nachgefragt werden: etwa Beratung dazu, wie und mit welchen Maßnahmen staatliche
Akteure auf die Forderungen von Wirtschaftsverbänden oder NGOs reagieren
sollen. Aber ebenso Beratung zur Frage, wie und mit welchen Mitteln Verbände
oder NGOs einerseits direkt mit den staatlichen Akteuren kommunizieren sollen,
andererseits über die Aktivierung von anderen Gesellschaftsmitgliedern bzw.
über den Umweg und die dadurch resultierende Druckausübung via Thematisierung in den Medien agieren können. Es wird also nicht nur beratende Kommunikation zwischen unterschiedlichen Akteuren wichtiger, da sich die
Politikebenen vermischen, sondern des Weiteren haben sich auch auf spezifische
Governance-Bedingungen ausgerichtete neue Dienstleistungsangebote ausgebildet. Darüber hinaus entsteht neuer Beratungsbedarf beispielsweise durch neue
Kommunikationstechnologien. (Vgl. Falk et al. 2007: 328ff.)

Bislang liegen allerdings kaum wissenschaftlich systematisierte Erkenntnisse
über die Ausdifferenzierung des Beratermarktes im Allgemeinen und desjenigen
der politischen PR-Beratung im Besonderen vor. Eine Ausnahme bildet die Untersuchung von Vowe und Opitz (2009). Sie gehen mittels eines qualitativen Designs der Frage nach, inwiefern sich externe Dienstleister für politische PR von
anderen Kommunikationsdienstleistern unterscheiden und ob sich wiederum
einzelne Typen externer Dienstleister für politische PR differenzieren lassen.
Ihre empirisch basierte Realtypologie beruht auf Leitfadeninterviews mit rund
50 politischen Kommunikationsdienstleistern. Die Befunde verdeutlichen die
Heterogenität externer PR-Dienstleister im Bereich der politischen Kommunikation. Über diese Studie hinaus liegen für Deutschland keine gesicherten Angaben zu Art und Umfang des Leistungsangebots von PR-Dienstleistern (Agenturen und Einzelberater) vor. Ein Blick auf Schweizer PR-Agenturen zeigt, dass
sich dort der Umsatz im Bereich der Dienstleistung Polit-PR/Lobbying/Public
Affairs innerhalb nur eines Jahres deutlich vergrößert hat (siehe Abb. 1). Wenngleich die Daten relativ alt sind, so dokumentieren sie doch eine steigende Bedeutung von politischer PR-Beratung, die auch für Deutschland angenommen
werden kann.

Abb. 1: Umsätze von Schweizer PR-Agenturen (Angaben in Prozent)

DIENSTLEISTUNG (N=32)	1999	2000
PR-Beratung / Corp. Communication	48,2	42,3
Polit-PR / Lobbying / Public Affairs	11,5	17,0
Produkt-PR / Marketing Communication	16,6	20,8
Finanz-PR / Investor Relations	15,3	11,9
Andere	8,5	7,9
Gesamt	100,0	100,0

Quelle: BPRA 2000

Die Verschiebung von Government zu Governance ist indes nicht der einzige Grund dafür, warum in der Politik und politischen Kommunikation der Bedarf für Beratung gestiegen ist. Eine weitere Ursache liegt in dem Wandel der Medien und der dadurch bedingten gesellschaftlichen Wahrnehmung von Politik: Politik ist zwar seit jeher Problemlösungsadressat und Problemlösungssystem in einem (vgl. Jarren 1994: 31). Doch müssen sich politische Akteure in modernen Mediengesellschaften vermehrt darum bemühen, sich den veränderten Selektionsmechanismen der Massenmedien durch verschiedene Strategien anzupassen, um die gewünschte positive Aufmerksamkeit zu erhalten: Symbolische Politik, Inszenierung, Emotionalisierung und Infotainment sind nur einige der Schlagworte, die die Form der politischen Kommunikation charakterisieren (vgl. u.a. Edelman 1976; Sarcinelli 1987; Meyer 1992). Bei der Entwicklung und Umsetzung dieser Strategien benötigen politische Akteure zunehmend Beratung. Hier wird davon ausgegangen, dass dieser Beratungsbereich sich parallel zur Nachfrage zunehmend ausdifferenziert hat, empirisch also spezialisierte Beratungsangebote zu finden sind.

Da die Medien ständig auf der Suche sind nach neuen populären Themen und Politik längst nicht mehr zum fortlaufenden Pflichtberichtsprogramm gehört, konkurrieren politische Akteure nicht nur untereinander um die Darstellung ihrer Botschaften, sondern sie müssen in der Öffentlichkeit gegen zahlreiche nicht politische Themen antreten. So spielt symbolische Politik eine besondere Rolle bzw. wird zumindest bezogen auf Wahlkämpfe besonders beachtet. Symbolische Politik soll drei Funktionen erfüllen: eine Abstrahierung und damit gleichzeitig Vereinfachung von Informationen, Emotionalisierung und die Durchsetzung dieser einen Sicht auf die soziale Welt. (Vgl. Sarcinelli 1987) Mit dem Einsatz entsprechender Instrumente und Verfahren wären politische Akteure allein häufig überfordert. In der Folge, so die Annahme, greifen sie daher für die Begleitung, Darstellung und Inszenierung von politischen Entscheidungen auf kommunikative Expertise zurück.

Problemstellung: Mangelnde Kenntnisse über PR-Beratung

In Bezug auf die wissenschaftliche Beschäftigung mit der PR-Beratung in der politischen Kommunikation zeigt sich, dass die wenigen vorliegenden empirischen Studien nur einen Teilbereich untersuchen, und zwar in der Regel das Kampagnenmanagement im Wahlkampf (vgl. u.a. Hofer 2005; Plasser/ Plasser 2003; Plasser 2001, 2000; Thurber/Nelson 2000; Kamps 2000; Holtz-Bacha 1999; Medvic 2003). Ungeachtet des unterstellten allgemeinen Bedeutungsgewinns des PR-Berufsfeldes in den vergangenen Jahren gerade für das politische System (siehe für Großbritannien z.b. Miller/Dinan 2000, für die USA Thurber/Nelson 2000; Medvic 2001), steht eine systematische Vermessung des Arbeitsfeldes PR-Beratung bislang aus. Dabei nehmen externe PR-Dienstleister und damit auch PR-Berater seit jeher im Berufsfeld eine Schlüsselstellung ein: Sei es als Sozialisationsinstanz, da nach wie vor die PR-Karriere sehr vieler PR-Praktiker in einer Agentur ihren Ausgangspunkt nimmt. Sei es als Innovationsmotor und Quelle neuer PR-Instrumente und Verfahren wie zum Beispiel dem Kommunikations-Controlling. Empirische Studien (vgl. Röttger/Hoffmann/ Jarren 2003) weisen darauf hin, dass PR-Agenturen gegenüber internen PR-Funktionsträgern einen Professionalisierungsvorsprung aufweisen. Allerdings existieren auch negative Effekte: Umstrittene, unethische oder rechtlich bedenkliche Praktiken einzelner Berater oder Agenturen stehen immer wieder in der öffentlichen Kritik und prägen das in weiten Teilen schlechte Image der PR (vgl. u.a. Bentele/Seidenglanz 2004). Im Feld der Politik zeigt allein der Gebrauch von schillernden, negativ assoziierten Begriffen wie „Spin Doctoren" (vgl. etwa Marx 2008), wie es um den Ruf der PR-Berater steht.

Darüber hinaus steckt die Theoriebildung noch in den Anfängen: Jenseits des systemtheoretischen Theorieentwurfs von Adrian Steiner (2009) zur (Politik-)Beratung existieren bislang kaum Beiträge zu einer „Theorie der Beratung", die sich explizit mit deren Voraussetzungen, Funktionen und Effekten beschäftigt. So ist weder der Beratungsbegriff mit Blick auf den Anwendungsbereich Kommunikation bzw. PR inhaltlich hinreichend geklärt noch liegen kommunikationswissenschaftliche Konzepte vor, die Einzelaspekte der (politischen) Kommunikationsberatung aufgreifen. Die Defizite der kommunikationswissenschaftlichen Beratungsforschung machen es deshalb erforderlich, allgemeine Konzepte der Beratung – insbesondere aus der Organisations- und Unternehmensberatung – im Hinblick auf ihre Übertragbarkeit und Relevanz für die Kommunikationsberatung zu prüfen.

Thurber (1998) beschrieb bereits vor mehr als zehn Jahren anlässlich des Symposiums der American Political Science Association im Jahr 1997 das Forschungsdefizit im Hinblick auf die Rolle politischer PR-Berater (im Kontext von politischen Kampagnen und Wahlen). Bei einem Vergleich der einschlägigen

Literatur zu politischen PR-Beratern zeigte sich, dass es sich entweder um unwissenschaftliche Darstellungen von Journalisten und Praktikern handelte oder um Beschreibungen von Wissenschaftlern. Problematisch ist bei den vorliegenden empirischen Untersuchungen oftmals auch der Feldzugang: Viele Studien beziehen sich bei der Auswahl der untersuchten Berater lediglich auf Verzeichnisse von Fachzeitschriften und Berufsverbänden. Für Deutschland würde ein Feldzugang über die Mitglieder von Berufsverbänden insbesondere eine Berücksichtigung der Deutschen Gesellschaft für Politikberatung e.V. (degepol) bedeuten. Dort sind allerdings auch Mitglieder aus Brüssel, Österreich, Luxemburg und Liechtenstein registriert – und es gibt nur individuelle Mitglieder, Agenturen sind nicht vertreten. Eine solche Vorgehensweise der Beraterauswahl hat zwar den Vorteil einer besseren Erreichbarkeit. Jedoch werden dabei nur diejenigen Berater berücksichtigt, die sich selbst identifizieren und noch dazu oftmals bereit sind, Geld für die Aufnahme in eine Liste oder einen Verband zu zahlen: „It is obviously difficult to find (..) consultants to interview without relying on lists that […] are either too inclusive or incomplete." (Medvic 2001: 123) Es versteht sich dabei von selbst, dass die Bestimmung und Eingrenzung des Untersuchungsgegenstandes „PR-Berater" einen erheblichen Einfluss auf die Aussagekraft der aus dem jeweiligen Sample gezogenen Daten hat. Medvic definiert externe politische PR-Berater als:

> "a person who is paid, or whose firm is paid, to provide services for one presidential / national or more than one non-presidential / sub-national campaign (whether candidate or issue) per election cycle for more than one such cycle, not including those whose salary is paid exclusively by a party committee or interest group." (Medvic 2003: 124)

Die Definition, bei der es sich um eine Synopse vorliegender Arbeiten handelt, macht deutlich, dass der Begriff für externe PR-Berater in der politischen Kommunikation ganz offensichtlich bezogen auf Wahlen und Kampagnen geprägt worden ist. Dies bestätigt auch ein Blick auf die US-amerikanischen Standardwerke zu politischen PR-Beratern: Sie blenden in der Regel PR-Beratung im politischen Alltag und damit jenseits von Wahlen aus (u.a. Rosenbloom 1973; Sabato 1981; Luntz 1986, 1988; Friedenberg 1997; Thurber/Nelson 2000; Medvic 2003) und werden häufig von Autoren verfasst, die selbst jahrelang mit einer eigenen Firma in der Wahlkampfberatung tätig waren (etwa Johnson 2001). Darüber hinaus sind andere Bereiche, etwa die Rolle externer PR-Berater in der Wirtschaft, im Sport oder in der Kultur sowie die dortigen Berater-Klienten-Beziehungen, noch lückenhafter beforscht worden. Zugleich wurden bislang kaum Versuche unternommen, PR-Beratung differenziert nach diesen unterschiedlichen Handlungsfeldern systematisch zu erfassen, folglich auch zu analysieren, inwiefern PR-Beratung handlungsfeldspezifisch geprägt ist. Böckel-

mann und Nahr hielten schon vor über drei Jahrzehnten fest, was auch heute
noch Gültigkeit für den Forschungsstand hat:

> „Die wenigen empirischen Untersuchungen über Public-Relations-Berufe beziehen
> zwar auch das Tätigkeitsfeld Regierung und Verwaltung ein, beachten aber kaum die
> grundsätzlichen Unterschiede zwischen Wirtschafts-PR und regierungsamtlicher
> Öffentlichkeitsarbeit. (...) (Sie) orientieren sich an einer in der Praktikerliteratur
> vorherrschenden Generalisierung eines PR-Berufsbildes, das deutlich vom Berufs-
> verständnis der PR-Fachleute in der Wirtschaft geprägt ist. Die *spezifische* Aus-
> differenzierung kommunikativer Rollen im politisch-administrativen System und die
> besonderen Berufsprobleme (...) bleiben unberücksichtigt." (Böckelmann/Nahr 1979:
> 125; H.i.O.)

Erkenntnisinteresse:
Systematische Beschreibung und Analyse des Feldes

Gefordert ist vor diesem Hintergrund als Erstes eine theoretische Fundierung der
PR-Beratung, zumal diesbezüglich bislang Gemeinsamkeiten und Unterschiede
zwischen interner und externer PR in der Regel nicht systematisch herausgearbeitet wurden. Eine Differenzierung in interne und externe PR wird selbst in einschlägigen Publikationen wie dem Handbuch PR (z.B. Bentele/Fröhlich/Szyszka
2008; ähnlich auch Röttger 2009a) nicht berücksichtigt. Die vorliegenden Theo-
rieansätze thematisieren vielmehr ohne weitere Differenzierung PR allgemein
und unterstellen so eine Übertragbarkeit auf die unterschiedlichen organisations-
bezogenen Ausprägungen von PR. Unberücksichtigt bleiben etwa die Fragen,

- was genau die Aufgaben und Funktionen externer PR-Berater sind,
- welche Folgen sich aus den unterschiedlichen Organisationsformen und PR-
  Kunden-Beziehungen im Falle interner und externer-PR-Funktionsträger ergeben und
- welche Handlungsorientierungen sich in dem Interaktionsgefüge von Klienten und externen PR-Beratern – im Bereich der Politik auf Bundesebene –
  beobachten lassen.

Hinsichtlich der ersten Frage können grundlegend „counseling" und „advising"
(vgl. Wilhelmer 2009: 123f.) bzw. Prozess- und Expertenberatung unterschieden
werden (vgl. Kap. 3.4.4). Während bei denjenigen, die „counseln", die Ausrichtung der Intervention im Fragen, Beobachten und Anbieten von Orien-
tierungsmodellen besteht, geht es beim „advisen" in erster Linie darum, Rat-
schläge und konkrete Antworten auf Klientenfragen zu geben. Im ersten Fall
entstehen Lösungen im Klientensystem idealtypisch ausgelöst durch Impulse der
neutralen, Prozess begleitenden Berater, während im letzteren Fall der Berater in
der Rolle des Experten mit objektiver Urteilskraft agiert, der rezeptähnliche
Lösungen nennt. Zurzeit zeigt sich zumindest in der organisationssoziologischen
Forschung ein Trend dahingehend, dass eine „Komplementärberatung" gefordert

wird, die beide Beratungsformen miteinander verbindet (vgl. z.b. Königswieser/ Sonuc/Gebhardt 2006).

Welche Formen der PR-Beratung in welcher Ausprägung in der Praxis der politischen Kommunikation zu beobachten sind und welchen Stellenwert PR-Beratung auf Ebene der Bundespolitik einnimmt, ist Gegenstand der folgenden, von der Deutschen Forschungsgemeinschaft geförderten empirischen Studie. Es geht konkret um die Analyse von empirisch vorfindbaren Rollen auf der Mikro- und Mesoebene, von Interaktionsstrukturen, etablierten Formen des Umgangs und von Zielen, Werten und Normen, die in den Beratungsprozessen relevant sind. Erst die Analyse der wechselseitigen Erwartungen und Rollenwahrneh- mungen ermöglicht es zu erfassen, welchen inhaltlichen und konzeptionellen Einfluss PR-Berater auf den Prozess der Herstellung und Darstellung von politi- schen Entscheidungen haben. Die demokratietheoretische Relevanz der Frage ergibt sich insbesondere aus dem potenziellen Einfluss externer Dienstleister auf den Prozess der Herstellung politischer Entscheidungen, sind doch PR-Berater in der Politik im Gegensatz zu ihren Klienten als demokratisch nicht-legitimierte Akteure zu qualifizieren. Demgegenüber – hier wird exemplarisch die normative Ambivalenz des Beraterbegriffs deutlich – kann es aber auch als bedenklich an- gesehen werden, wenn sich die deutsche Bundespolitik als beratungsresistent herauskristallisieren sollte: Ermöglicht doch die Hinzuziehung von externen (PR-)Beratern und damit von externen Beobachtungsperspektiven einen syste- matischen Abgleich von Selbst- und Fremdbeschreibung, unterstützt die Analy- se und Bewertung der eigenen Ausgangssituation und damit auch die Entschei- dungsfindung auf Seiten des Klienten.

Aufbau der Arbeit

In ersten Teil des Buches wird das zugrunde liegende theoretische Fundament erörtert. Dazu werden zunächst die Rahmenbedingungen politischer Kommuni- kation in der modernen Mediengesellschaft aufgezeigt: Es wird herausgearbei- tet, wie sich die Medialisierung der Gesellschaft auf politische Kommunikation und konkret auf den Stellenwert externer Expertise auswirkt. In diesem Ab- schnitt werden auch die Exekutive und das Parteiensystem ausgewählter Länder im Vergleich zu Deutschland dargestellt. Dies geschieht, um die Spezifika des deutschen politischen Systems herauszuarbeiten und dient der Formulierung von Thesen zu den zu erwartenden Befunden der politischen PR-Beratung in Deutschland in Bezug auf Bundesministerien und Bundesparteien.

Im zweiten Kapitel erfolgt zunächst eine Klärung des allgemeinen Berater- begriffes, bevor die Bausteine für eine eigene Theorie der PR-Beratung vorge- stellt werden. Das Verständnis von externen Beratern als Beobachter 2. Ordnung wird dabei ebenso expliziert wie die Rollen und damit zusammenhängenden Interventionsdimensionen der PR-Beratung.

Das dritte Kapitel führt die Diskussion der beiden vorhergehenden Abschnitte zusammen, indem hier der Forschungsstand zu PR-Beratern in der Politik vorgestellt wird. Es wird zunächst auf die Institutionalisierung interner PR-Funktionsträger in der Bundesregierung und bei den Bundesparteien in Deutschland eingegangen. Folgend werden die vorliegenden Ergebnisse der Inanspruchnahme externer PR-Berater in unterschiedlichen politischen Systemen zusammengetragen. Zusammenfassend kann schon an dieser Stelle hervorgehoben werden, wie evident die analytische Trennung von interner und externer PR-Beratung ist und dass diesbezüglich das deutsche politische System spezifische Merkmale aufweist, die es gesondert zu berücksichtigen gilt. Als Zwischenfazit werden sodann im vierten Kapitel die forschungsleitenden Annahmen zusammengefasst.

Im zweiten Teil des Buches werden die Ergebnisse der eigenen empirischen Erhebung präsentiert. Zunächst werden im sechsten Kapitel zum einen die Auswahl der Methoden und der zu Befragenden begründet sowie die Schritte der Datenerhebung nachgezeichnet. Zum anderen wird die Operationalisierung der Forschungsfragen dargestellt sowie die Durchführung und Auswertung der Interviews und der Beobachtung transparent gemacht. Abschließend werden die Eignung der Methoden und ihre Anwendung im vorgestellten Projekt reflektiert. Das siebte Kapitel dient der Darstellung und Interpretation der Ergebnisse unter größtmöglicher Rückbindung an den theoretischen Teil.

In Kapitel acht werden die vorherigen Ausführungen zusammengefasst und in einem Ausblick mit weiter führenden Überlegungen ergänzt. Zur kritischen Würdigung der Theorie und Empirie der Untersuchung gehört hier, auf die Möglichkeiten und Grenzen der Untersuchungsanlage hinzuweisen und Schlussfolgerungen für zukünftige Studien abzuleiten. Die vorliegenden Ergebnisse liefern für Deutschland einen weiterführenden Einblick in Beratungssysteme, die durch spezialisierte PR-Berater und politische Klienten gebildet werden. Gleichwohl liegt – wie weiter oben erwähnt – gerade in dem Zugang zum Untersuchungsgegenstand eine besondere Schwierigkeit, die nur im Rahmen umfänglicher Studien zu bewältigen wäre: Es sind nicht allein die internen PR-Funktionsträger, die sich externer PR-Berater bedienen, sondern gerade in den Bundesministerien greifen zahlreiche Fachabteilungen ebenfalls auf die Leistungen externer Agenturen zurück. In welchem Umfang sie dies genau tun und ob hierbei die Beratung im engeren Sinne wichtiger ist, konnte nur am Rande mit erfasst werden.

2 Rahmenbedingungen politischer Kommunikation

Als Anfang der 1970er Jahre in Deutschland zahlreiche regierungsamtliche Reforminitiativen u.a. im Gesundheits- und Bildungsbereich scheiterten, mehrten sich die Zweifel an der Aufgabenerfüllung des Staates. Dabei wurde zunehmend der Wunsch laut, die Suche nach Lösungen zumindest partiell anderen Akteuren etwa aus der Wirtschaft zu übertragen (vgl. Falk/Römmele 2009: 22f.). Dies war die Geburtsstunde des „kooperativen Staates", bei dem der Regierung am ehesten die Aufgabe zukommt, Interdependenzmanagement zwischen den unterschiedlichen beteiligten Institutionen zu leisten. Dieses als Governance bezeichnete Konzept hatte wie zu erwarten Auswirkungen auf PR-Beratung und die an sie gerichteten Anforderungen.

Aufgrund des mit der EU-Erweiterung und der Globalisierung zusammenhängenden wirtschaftlichen Wettbewerbs zwischen einzelnen Staaten sowie anhaltender Staatsverschuldungen stellt sich dabei seit den 1970er Jahren verschärft die Frage nach der „Reaktionsfähigkeit des politischen Systems zu dessen Erhaltung" (Delhees et al. 2008: 14).

> „Linke wie rechte Regierungen haben (…) darauf hingewirkt, die Sozialpolitik markteffizienter zu gestalten, um ihrem Abbau Einhalt zu gebieten, dessen Wurzeln bereits in der Stagflationskrise der 70er Jahre liegen. (…) Die Umgestaltung des Wohlfahrtsstaates (ist) nach marktwirtschaftlichen Gesetzmäßigkeiten" (unabdingbar), „um die globale Wettbewerbsfähigkeit der nationalen Volkswirtschaften zu erhalten." (Evans/Cerny 2004: 207)

Deutschland ist ebenso wie alle anderen Länder gezwungen – ausgehend von national geformten Regeln und Normen – den antagonistischen Anforderungen der veränderten Effizienzerfordernisse des Marktes und den notwendigen gesellschaftlichen Integrationsleistungen gerecht zu werden. Dabei sind politische Akteure bezüglich ihrer Entscheidungs- und Reaktionsfähigkeit auf die Filterung, Bündelung und auch Interpretation der Themen via Medien ebenso angewiesen wie auf die mediale Verbreitung ihrer ausgearbeiteten Problemlösungen. Die Unterstützung und Beratung politischer Akteure im Umgang mit Medien und Öffentlichkeit obliegt insbesondere internen und externen PR-Experten. Schließlich besteht die Kernfunktion der PR angesichts potenziell divergierender Interessenlagen zwischen Organisationen und ihren Bezugsgruppen in der Herstellung von gegenseitiger Akzeptanz (vgl. Szyszka 2004: 164). PR trägt demnach dazu bei, soziales Vertrauen in Organisationen und ihr Handeln zu schaffen, um deren Gestaltungsspielräume auch unter wechselnden Einflüssen zu sichern und zu erweitern. Als organisationale Grenzstelle dient PR damit der Legitimation der Organisation und ihrer Interessen gegenüber relevanten Bezugsgruppen und stellt folglich aus Organisationssicht ein Mittel der Umweltkontrolle dar (vgl. Jarren/Röttger 2009: 34; Röttger 2005). Neben der externen Umweltbeeinflussung zählen auch die internen Informations- und Vermittlungsleistungen zu den Aufgaben der PR.

2.1 Medialisierung von Politik

Es ist bereits deutlich geworden, dass Akteure des politischen Systems in ausdifferenzierten demokratischen Gesellschaften auf die öffentliche Darstellung ihrer Entscheidungsprozesse angewiesen sind. Sie sind legitimationsbedürftig und produzieren einerseits regelmäßig Kommunikationsangebote, andererseits werten sie Kommunikationsangebote Dritter ständig aus, um politische Ideen in politische Entscheidungen überführen zu können und diese Entscheidungen zu rechtfertigen (vgl. Pfetsch 2003: 37ff.).

Dabei ist es von Bedeutung, dass die an ein Massenpublikum gerichteten Medien (Presse, Rundfunk, Internet) in modernen Gesellschaften als ein stetig wichtiger werdender Bezugspunkt für Organisationen aller Art gelten: Medien strukturieren die Kommunikationsprozesse zwischen Organisationen bzw. zwischen Organisationen und ihren Stakeholdern und sie beeinflussen auch Art und Ausprägung ihrer Binnenkommunikation. Aus historischer Perspektive ist die weitgehende Entflechtung der Printmedien von den sie ehemals tragenden kirchlichen und politischen Organisationen hervorzuheben. Diese Entwicklung hat, verbunden mit der Dualisierung des Rundfunks, zu einer sukzessiven Autonomiezunahme der Medien gegenüber dem politischen System geführt (vgl. u.a. Gerhards 1994: 85; Jarren/Donges 2002a: 28f.). Politische Interessen- und Entscheidungsvermittlung gestaltet sich damit zunehmend schwieriger. Die heutigen Publikumsmedien nehmen nicht mehr (nur) eine am Allgemeinwohl orientierte „dienende" Funktion als Repräsentant und Vermittler der Interessen nichtmedialer Organisationen wahr. Mit der Ausdifferenzierung und Expansion des Mediensystems geht eine zunehmende Ökonomisierung der Medien einher. Dies äußert sich u.a. in einer verstärkten Orientierung am Werbemarkt sowie einem Wettbewerb um Publikumszuwendung (vgl. u.a. Jarren 2001). Insgesamt finden die skizzierten Entwicklungen ihren begrifflichen Niederschlag in Konzepten der Informations-, Kommunikations- oder Mediengesellschaft, die mit variierender Akzentuierung die Vermehrung, Verdichtung und Beschleunigung (massen-)medial vermittelter Kommunikation und damit ihre Relevanz für die Koorientierung gesellschaftlicher Funktionssysteme als das Hauptmerkmal moderner Gesellschaften betonen.

In dem Maße, in dem Medien mehr und mehr zur funktionalen Voraussetzung politischer Kommunikation werden, unterliegen auch politische Organisationen einem erhöhten „Anpassungs- und Innovationsdruck" (Jarren/Sarcinelli

1998: 18) an die Medienlogik, d.h. an je medienspezifischen Themenselektions-, Produktions- und Darstellungsroutinen. Schließlich ist massenmedialer Informationstransfer zum entscheidenden Konstitutionskriterium von Öffentlichkeit geworden. Massenmedien haben in Mediengesellschaften zwar kein Monopol im Prozess der Herstellung von Öffentlichkeit, gleichwohl setzen der Zugang zur Öffentlichkeit und die Mitgestaltung öffentlicher Meinungen weitestgehend den Zugang zu Medien voraus. Ziel politischer Akteure muss es folglich sein, eigene Positionen und Anliegen in den Kreis der im Kommunikationssystem Öffentlichkeit diskutierten Themen einzubringen, durchzusetzen und – im Idealfall – „ihre Meinungen als verallgemeinerbare Meinungen zu plausibilisieren" (Gerhards/Neidhardt 1993: 58; Gerhards 1993: 149).

Politiker präsentieren sich dabei regelmäßig selbst in der Öffentlichkeit und überlassen diese Aufgabe nicht immer ihren Presse- und Öffentlichkeitsarbeitern. Sie nehmen Öffentlichkeitsarbeit funktional wahr und werden zugleich durch professionelle PR-Kommunikatoren unterstützt – teils durch öffentlich agierende Sprecher, teils durch eher im Hintergrund arbeitende PR-Berater.

2.2   Auswirkungen des politischen Systems und des Mediensystems auf die Politikvermittlung

Häufig werden Befunde zu politischer Kommunikation aus anderen Ländern auf Deutschland übertragen, wenngleich die Ausgangsbedingungen in den Ländern kaum vergleichbar sind. Im folgenden Abschnitt wird es daher darum gehen zu prüfen, inwieweit die aufgespannten Rahmenbedingungen sich möglicherweise je nach politischem System und Mediensystem unterscheiden. Es werden die in der komparativen politischen Kommunikationsforschung prominentesten Vergleichsländer – Schweiz, Österreich, USA, Großbritannien – zu Deutschland in Beziehung gesetzt.

2.2.1   Spezifika der Exekutive im Ländervergleich

Mächtige Minister in Deutschland als Einzelkämpfer

Die Bundesrepublik Deutschland ist ein demokratisch-parlamentarischer Bundesstaat. Die Aufgaben und Funktionen des Staates sind zwischen dem Bund und den Ländern aufgeteilt. Die wichtigsten Elemente des politischen Systems sind die Verfassungsorgane. Auf Bundesebene sind dies der Bundestag und der Bundesrat als Legislativorgane, der Bundespräsident und die Bundesregierung als Exekutivorgane und schließlich das Bundesverfassungsgericht als höchstes Judikativorgan.

Jedes Bundesland verfügt über eigene Legislativ-, Exekutiv- und Judikativ-organe, wodurch eine zweite Entscheidungsebene entsteht. Ohne an dieser Stelle näher darauf einzugehen, soll doch darauf hingewiesen werden, dass dieser Umstand in Bezug auf spezifische mit Hilfe von PR zu erbringende Vermittlungsleistungen relevant ist: Beispielsweise spielen im Bereich der Bildungspolitik oder der Gesundheitspolitik und hier insbesondere bezogen auf Reformanstrengungen die Ministerpräsidenten der einzelnen Länder eine wichtige Rolle. Dabei dürfte es nicht nur für die politischen Akteure eine Herausforderung sein, die oftmals voneinander abweichenden Meinungen auf den kleinsten gemeinsamen Nenner zu bringen, sondern dies führt auch zu spezifischen Konkurrenzsituationen der jeweils beratenden PR-Praktiker.

Die Bundesregierung besteht aus dem Bundeskanzler sowie den von ihm ausgewählten Bundesministern. Sie steuert die politischen und staatlichen Geschäfte und hat das Initiativrecht für Gesetze. Die Bundesregierung arbeitet nach drei grundlegenden Prinzipien: dem Kanzler-, dem Kollegial- und dem Ressortprinzip. Nach dem Kanzlerprinzip bestimmt der Bundeskanzler die Richtlinien der Politik und trägt dafür die Verantwortung. Nach dem Kollegialprinzip entscheiden der Kanzler und die Minister gemeinsam über Angelegenheiten von allgemeiner politischer Bedeutung. Nach dem Ressortprinzip leitet jeder Minister seinen Aufgabenbereich innerhalb des von dem Kanzler vorgegebenen politischen Rahmens in eigener Verantwortung. Hierin liegt sogleich der Drahtseilakt für die externen PR-Berater: Es ist nahezu unmöglich, eine einheitliche Regierungs-PR zu entwerfen, da die Minister darum bemüht sind, Erfolge als die ihres Hauses darzustellen und Misserfolge auf die Defizite der anderen zurückzuführen.

Einerseits wird durch die Vielgestaltigkeit der dadurch verursachten Regierungsabsender die Aufmerksamkeitsökonomie der Medien (und der Bürger) erschwert. Andererseits wird PR-Arbeit so teils doppelt geleistet. Dies beginnt bei der Auswertung der Medienberichterstattung, die gebündelt zumindest Geld sparen würde und hört auf bei dem Versuch, einzelne Botschaften individuell zu platzieren, statt sich gemeinsam auf einer Plattform stark zu machen. Die Institution des Presse- und Informationsamtes kann hier kaum Abhilfe verschaffen, da die Ressorthoheit den Ministern trotz versuchter Koordinierung des Regierungssprechers erlaubt, eigene PR-Maßnahmen zu lancieren und sich überhaupt stark abzugrenzen.

Da in Deutschland die ausführende Gewalt bei dem Kanzler und den Ministern liegt, gibt es keine Regierungszentrale. Am ehesten ließe sich das Bundeskanzleramt als solche beschreiben. Das Bundeskanzleramt ist wie die Bundesministerien eine oberste Bundesbehörde. Im Kanzleramt werden die Aufgabengebiete sämtlicher Ministerien in sogenannten Spiegelreferaten begleitend bearbeitet. Außerdem werden hier die Sitzungen und die Beschlüsse des wöchentlich tagenden Bundeskabinetts vorbereitet, das Kanzleramt dient als Sekretariat und als Koordinierungsstelle der Bundesregierung. Dass die Regierung in Deutschland in der Regel durch die Koalition zweier Parteien und eine entsprechende Aufteilung der Ressorts gebildet wird, erschwert es zusätzlich, eine einheitliche Kommunikation anzustreben.

Konsensorientierung der Schweizer Regierungsmitglieder

Die Regierung der Schweiz besteht aus sieben Mitgliedern des Bundesrates. Die Mitglieder des Bundesrates werden von der Vereinigten Bundesversammlung für vier Jahre gewählt und stehen jeweils einem der sieben Departemente (Ministerien) vor. In den Bundesrat wählbar sind „alle Wahlberechtigten (auch ohne Parlamentsmandat), allerdings ergeben sich erhebliche Einschränkungen, da sowohl gesetzliche als auch rechtlich nicht fixierte Regelungen einen schwierigen kantonalen, sprachlichen und parteipolitischen Proporz schaffen." (Schubert/ Klein 2006) So wurde die Regierung von 1959 bis 2003 nach der sogenannten „Zauberformel" aus Mitgliedern der vier größten politischen Parteien zusammengesetzt (vgl. www.ideesuisse.ch).

Es gibt keinen Regierungschef im eigentlichen Sinne; Staatsoberhaupt ist der Bundespräsident. Dieser ist von der Vereinigten Bundesversammlung aus den Mitgliedern des Bundesrates für ein Jahr gewählt und übernimmt in diesem Zeitraum Repräsentationspflichten sowie die Leitung der Bundesratssitzungen. Besondere Vorrechte gegenüber den anderen Regierungsmitgliedern hat er nicht. Es gibt damit nicht nur keinen Regierungschef, sondern auch keine Regierungszentrale. Die Bundeskanzlei erbringt jedoch als Stabsstelle des Bundesrates auch in den Bereichen Planung und Strategie, Information/Kommunikation und Interne Dienste unterstützende Dienstleistungen für den Bundesrat. Geleitet wird die Bundeskanzlei vom Bundeskanzler, der für je vier Jahre von der Bundesversammlung gewählt wird. (Vgl. Schweizerische Eidgenossenschaft Online 2008a) Am Bundesrat nimmt der Bundeskanzler zwar teil, hat jedoch nur beratende Stimme und kann Anträge einbringen, wodurch seine Macht im politischen System sehr gering ist (vgl. Schweizerische Eidgenossenschaft Online 2008b). Forschung zur genauen Rolle der Bundeskanzlei liegt bislang nicht vor.

Anders als in Deutschland ist in der Schweiz alles auf Konsens der Regierungsmitglieder angelegt. Es ist daher zu erwarten, dass sich empirisch nachweisen lassen würde, dass intern zunächst stärker ausgehandelt wird, welche Botschaft einheitlich nach außen kommuniziert werden soll, als dass jeder Minister seine eigene Sicht kundtut.

Uneinheitlichkeit wegen fehlender Richtlinienkompetenz in Österreich

Die Bundesregierung in der Republik Österreich besteht aus dem Bundeskanzler und den Bundesministern. Die wichtigste Aufgabe der Bundesregierung ist die Beschlussfassung, diese erfolgt einstimmig. Vorsitz hat der Bundeskanzler, dieser hat jedoch im Gegensatz zu Deutschland keine besonderen Rechte im Sinne einer Richtlinienkompetenz. (Vgl. Bundeskanzleramt Österreich 2008d, Bundeskanzleramt Österreich 2008a) Es ist trotz der Einstimmigkeit bei der Beschlussfassung aufgrund der mangelnden Richtlinienkompetenz des Kanzlers zu vermuten, dass die Einheitlichkeit der PR-Botschaften schwach ausgeprägt ist und die einzelnen Minister eher gegensätzlich bzw. in ihrem genuin eigenen Interesse kommunizieren.

Das österreichische Bundeskanzleramt nimmt neben der Koordination der allgemeinen Regierungspolitik und der Informationstätigkeit der Bundesregierung viele weitere Aufgaben wahr. Diese sind u.a. die Befassung mit Gleichstellung, Sport, Sicherheitspolitik und Verwaltungsreformen sowie Medienangelegenheiten. Organisatorisch ist das Bundeskanzleramt in sieben Sektionen untergliedert, welche sich wiederum in Abteilungen aufsplitten. (Vgl. Bundeskanzleramt Österreich 2008b, Bundeskanzleramt Österreich 2008c) Österreich verfügt damit im Gegensatz zu Deutschland über kein eigenständiges Presse- und Informationsamt der Regierung. Innerhalb des Bundeskanzleramtes ist gleichwohl die Sektion VII, „Bundespressedienst", eingerichtet, die hauptsächlich für das Bundeskanzleramt selbst tätig wird und eine koordinierende Funktion zu den anderen Ministerien innehat. Dies ergibt sich ähnlich wie bei Deutschland u.a. aus dem verfassungsrechtlichen „Ressortprinzip", wonach jeder Bundesminister für seine Behörde voll verantwortlich ist – und diese Eigenverantwortlichkeit dürfte aufgrund der nicht vorhandenen Richtlinienkompetenz sogar noch stärker wahrgenommen werden als in Deutschland. Wie in Deutschland gibt es in jedem Bundesministerium eine eigene Organisationseinheit für die jeweilige Presse- und Öffentlichkeitsarbeit und jeder Bundesminister bzw. Staatssekretär verfügt über einen oder mehrere Pressesprecher.

Alleiniges Augenmerk auf den US-amerikanischen Präsidenten

Die Vereinigten Staaten von Amerika sind eine präsidiale Bundesrepublik. Rein rechtlich bilden Bund und Staaten separate Politikbereiche, die Gliedstaaten haben eigene Verfassungen und politische Systeme. Alles, was die Verfassung nicht ausdrücklich dem Bund zur Regelung übertragen hat, fällt in die Kompetenz der Staaten. In der Praxis arrangieren sich Bund und Gliedstaaten allerdings, indem sie sich mit Kompromissen entgegenkommen. Dadurch, dass der Bund hohe Steuereinnahmen hat, kann er Schwerpunkte in Politikbereichen setzen, in denen er formal keine Kompetenzen hat. (Vgl. Hartmann 2004: 85f., Schubert/Klein 2006) In den USA spielen – ähnlich wie in der Schweiz – in vielen Einzelstaaten Volksentscheide eine wichtige Rolle (vgl. Linder 2003: 487). Hierbei ist zu vermuten, dass im Vorfeld intensivere Informations- und Kommunikationsmaßnahmen seitens der politischen Akteure getroffen werden, um die Bürger überhaupt auf die Themen, über die es abzustimmen gilt, aufmerksam zu machen und näher dazu zu informieren.

Die wichtigsten politischen Organe auf Bundesebene sind der zweigeteilte Kongress (Senat und Repräsentantenhaus) als Legislativebene, der Präsident und die von ihm ernannte Regierung als Exekutivebene und der oberste Gerichtshof als Judikativebene (vgl. Lösche 2004). Staatsoberhaupt und gleichzeitig Regierungschef der Vereinigten Staaten ist der Präsident. Der Präsident hat eine sehr starke politische Position inne, ihm unterstehen alle Bundesbehörden und Bundesämter, er ist Oberbefehlshaber der Streitkräfte und erster Diplomat des Landes. Mit Zustimmung des Senates ernennt der Präsident die Mitglieder der Regierung und besetzt die wichtigsten Ämter der obersten Bundesbehörden.

Die gleichzeitige Zugehörigkeit zur Regierung und zum Kongress ist in den USA nicht möglich, neue Präsidenten besetzen oft mehrere tausend Stellen in den verschiedensten Zweigen der Regierung neu, wobei hauptsächlich administrative Außenseiter aus der Geschäftswelt zum Zuge kommen. Die Exekutivgewalt liegt allein beim Präsidenten, das Kabinett hat keine Entscheidungsgewalt. (Vgl. Hartmann 2004: 166; Lösche 2004)

Aus diesen spezifischen Ausprägungen ergibt sich, dass in den USA die Kommunikation stärker personenorientiert ist und dass sich diese Orientierung insbesondere auf den Präsidenten konzentriert. Hier bündeln sich also die Kommunikationsanstrengungen im besonderen Maße. Wenn dazu die besonderen Finanzierungsmöglichkeiten berücksichtigt werden (Formen und erlaubte Summen des Sponsorings, Wahlwerbespots im Fernsehen), dann wird schnell ersichtlich, dass politische PR in Deutschland nur eingeschränkt mit der politischen PR der USA vergleichbar ist. Es ist durchaus möglich und interessant nachzuzeichnen, inwieweit bestimmte Techniken und Instrumente gegenseitig kopiert werden, doch das Ausmaß und die Gesamtausrichtung der Kommunikationsarbeit lassen sich schlichtweg nicht vergleichen.

Die Tatsache, dass der Präsident der Vereinigten Staaten alleiniger Träger der Exekutivgewalt ist, macht sein Büro, bzw. seinen Stab zur Regierungszentrale der USA. Bei seiner Arbeit unterstützt und beraten wird der Präsident vom „Executive Office of the President", dies ist ihm direkt unterstellt und koordiniert die Arbeit des Präsidenten in vielen Politikbereichen. Das Executive Office besteht aus verschiedenen selbstständigen Einheiten, vor allem das „White House Office" als Arbeitsplatz der persönlichen Assistenten und Berater des Präsidenten, das „Office of Management and Budget" als Haushaltsbüro des Präsidenten und der „National Security Council" als Forum für sicherheitspolitische Themen machen das Executive Office zur Schaltzentrale der Politik. (Vgl. Hartmann 2004: 166; USA.gov 2008) Es ist beachtlich, dass ein neu gewählter Präsident quasi den gesamten PR-Stab austauscht – das wäre im Bundespresseamt der Bundesrepublik undenkbar. Hieran ist erneut zu erkennen, dass PR in den USA sehr stark personenbezogen ist und dass es weniger darum geht, PR für die gesamte Regierung zu machen, sondern für das Staatsoberhaupt.

Premierminister kontrolliert die politische Agenda in Großbritannien

Das Vereinigte Königreich Großbritannien und Nordirland ist eine parlamentarische Monarchie. Das politische System zeichnet sich dadurch aus, dass es keine geschriebene Verfassung gibt. Nichtsdestotrotz wird Großbritannien oft als die „Mutter der modernen Demokratie" (Schubert/Klein 2006) bezeichnet. Die britische Verfassung beruht auf insgesamt vier Elementen. Das zentrale Element der Verfassung des als „Westminster model" bezeichneten Regierungssystems Großbritanniens ist die Suprematie des Parlaments und der daraus folgende Mangel an Gewaltenteilung (vgl. Abromeit/Stoiber 2006: 81). Das Parlament des Vereinigten Königreiches wird als ein „sovereign parliament" beschrieben, was bedeutet, dass es allen anderen staatlichen Institutionen gegenüber eine Vormachtstellung innehat, auch den exekutiven und den judikativen Organen des Staates (vgl. Directgov 2008). Innerhalb des Parlaments wiederum gibt es prinzipiell nur einen mit Entscheidungsmacht ausgestatteten Akteur: die Mehrheit des Unterhauses, die die Regierung stellt. Dominiert wird die Regierung vom Premierminister, dessen Einfluss und Agenda-Kontrolle auf die Politik sehr hoch ist (vgl. Abromeit/Stoiber 2006: 83). Diese Feststellungen zeigen allerdings an, warum Großbritannien ähnlich wie die USA eine personenorientierte PR pflegt. Es ist darüber hinaus anzunehmen, dass sowohl in den USA als auch in Großbritannien Einzelberater eine größere Rolle spielen werden als dies in den deutschsprachigen Ländern der Fall ist. Diese Mutmaßung rührt daher, dass ein Staatsoberhaupt, das sich mittels Kommunikation optimal „vermarkten" will, stärker auf das Coaching von verschiedenen spezialisierten Beratern (TV-Trainern, Redetrainern, etc.) verlassen wird als auf eine Agentur, die eher komplexe Ausarbeitungen eines Ministeriums oder Sichtweisen einer Partei über geeignete Maßnahmen bündeln und erklären soll.

Großbritannien stellt auch insofern einen Sonderfall dar, als dass das Staatsoberhaupt des Vereinigten Königreiches der Monarch ist. Rein theoretisch ist der Monarch auch Inhaber der exekutiven, legislativen und judikativen Gewalt, faktisch wurden jedoch die meisten Rechte der Regierung und dem Parlament übertragen. Die Königin nimmt vor allem Repräsentationspflichten wahr, aber aufgrund ihrer besonderen Stellung im Commonwealth hat sie auch außenpoliti-sch-diplomatische Bedeutung und verfügt über einen gewissen innenpolitischen Einfluss. (Vgl. Schubert/Klein 2006) Faktisch liegt die Exekutivgewalt bei der Regierung, an deren Spitze der Premierminister steht, der als Mehrheitsführer des Unterhauses vom Staatsoberhaupt ernannt wird und auf dessen Vorschlag die Minister ernannt werden. Die Regierung besteht durchschnittlich aus etwa 100 Mitgliedern, von denen allerdings nur ein kleiner Teil (etwa 20 secretaries of state, ministers) dem Kabinett angehört (vgl. ebd.) Des Weiteren kann der Premierminister jederzeit ein oder mehrere Mitglied(er) seines Kabinetts entlas-sen und / oder ersetzen, die Ministerialbehörden haben allgemein keinen so be-deutenden Status wie in Deutschland (vgl. Hartmann 2004: 168). Die Minister müssen im Parlament und in der Öffentlichkeit für ihre Ressorts werben, wobei rhetorische Attacken und das Kontern gegenüber den anderen in der britischen Politik hoch geschätzt werden (vgl. ebd.: 169f.). Verfügt er über eine solide Mehrheit im Unterhaus, ist der Premierminister in einem solchen Maße bestim-mend, dass das Regierungssystems Großbritanniens in der Literatur teilweise schon als „prime ministerial government" (zuerst Mackintosh 1962, zitiert nach Abromeit/Stoiber 2006: 83) bezeichnet wird.

Zumindest auf dem Papier ist das Parlament des Vereinigten Königreiches die Regierungszentrale (Directgov 2008). Faktisch wird die Politik jedoch meist vom Premierminister beherrscht, was das Büro des Premierministers in der 10 Downing Street zur tatsächlichen Regierungszentrale macht. Im Büro des Pre-mierministers arbeiten sowohl Behördenbedienstete als auch politische Berater, die den Premierminister bei seiner Arbeit unterstützen und diesem direkt unter-stellt sind (vgl. 10 Downing Street Online 2008). Eine solche Tür-an-Tür-Zusammenarbeit von Inhouse-PR-Angehörigen und externen PR-Beratern kennt man in Deutschland eigentlich nur aus den politischen Parteien.

Einen umfassenden Wandel in der britischen Regierungskommunikation hat es 1997 mit der Wahl von Tony Blair gegeben: Die Regierungskommunikation war bisher vor allem von zur parteipolitischen Neutralität verpflichteten Staats-beamten durchgeführt worden. Unter Blair allerdings sollte sich die Regierungs-kommunikation im Stil einer ‚permanent campaign' (des gesamten Repertoires professioneller Presse- und Öffentlichkeitsarbeit) bedienen (vgl. Brettschneider 2007: 39): Strategische Kommunikationsaufgaben wurden zu diesem Zweck hauptsächlich auf persönliche Berater, Marketingprofis und ehemalige Wahlhel-fer übertragen, Regierungskommunikation wurde alles in allem viel professio-neller: „Neueste Kommunikationstechniken wurden mit Themenmanagement und einer zentralisierten Kommunikationsstrategie verbunden. Auch die für Re-gierungskommunikation aufgebrachten finanziellen Ressourcen erreichten einen Höhepunkt." (vgl. ebd.: 41)

Die Bundesregierung unter Schröder hat 1998 erste Versuche unternommen, sich am britischen (und amerikanischen) Vorbild der jeweiligen Regierungszentrale zu orientieren. Die Bemühungen waren im operativen Bereich (z.B. Schaffung eines Corporate Designs) deutlich erfolgreicher als im strategischen. (Vgl. Brettschneider 2007: 65) Vor allem ist die institutionelle Struktur nicht hinreichend auf eine wachsende Bedeutung einer gemeinsamen Kommunikationsstrategie vorbereitet. In der Folge wird u.a. ein konsequentes Themenmanagement aufgrund der geringfügigen Koordination erschwert. (Vgl. ebd.: 66)

2.2.2   Spezifika der Parteiensysteme im Ländervergleich

Die sozialwissenschaftliche Literatur bezogen auf politische Parteien ist vielgestaltig: So interessieren sich unter anderem Politikwissenschaftler, Soziologen und Historiker ebenso für die (veränderte) Binnenstruktur der Parteien wie für ihre gesellschaftliche Relevanz und parallele Rückkopplungsbemühungen. In der Kommunikationswissenschaft dominieren einerseits aufgrund der Forschungstradition, andererseits aufgrund der hierauf gemünzten methodischen Ausgefeiltheit Studien rund um den Wahlkampf. Trotz vieler Einzelbefunde ist die Parteienforschung jedoch kein kommunikationswissenschaftlicher Forschungsschwerpunkt. Wesentlich größer ist das Interesse an anderen politischen Akteuren, allen voran solchen der Exekutive.

Bei einer Zusammenschau der bisherigen Publikationen zu Parteien ist zu konstatieren, dass ihre allseits verkündete Degeneration aufgrund einer Legitimationskrise in der modernen Mediengesellschaft ein endgültiges „Verfallsdatum" nicht zu erreichen scheint. Dies resultiert nicht zuletzt aus der teils erstaunlichen Anpassungsfähigkeit der Parteien gegenüber den neuen Herausforderungen. Hierzu gehört zweifelsohne ihre entsprechende kommunikative Kompetenz, dies zeigen u.a. Aufsätze und Monographien zur mediengerechten Inszenierung sowie Professionalisierung der Parteienkommunikation (vgl. etwa Donges 2008). Weitestgehende Unkenntnis besteht hingegen sowohl bezüglich des Zusammenwirkens von Binnen- und Außenkommunikation als auch hinsichtlich der genauen Inanspruchnahme externer Beratung. Es liegen zwar Arbeiten vor, die sich zum Ziel gesetzt haben, eine Bestandsaufnahme der zentralen Akteure und Formen der Politikberatung für politische Parteien vorzunehmen. Dabei dominieren allerdings nach wie vor Betrachtungen, die sich mit wissenschaftlicher Politikberatung auseinandersetzen oder auf den Einfluss von Lobbyisten auf politische Akteure allgemein und eventuell Parteien im Speziellen eingehen. Arbeiten, die sich stärker mit solchen Beratern befassen, die Parteien unter Kommunikationsgesichtspunkten beraten, beziehen meist auch Meinungsforschungsinstitute und Unternehmensberatungen mit ein. Vor allem jedoch han-

delt es sich bei diesen Arbeiten in der Regel um bloße Fallstudien oder theorie-
freie, kleinteilige Deskriptionen (etwa Kuhne 2008).

Dominante, unterschiedlich in PR
investierende Parteien in Deutschland

Parteien nehmen im politischen System der Bundesrepublik Deutschland eine
zentrale Rolle ein, Deutschland wird in der Literatur oft als Parteienstaat oder
Parteiendemokratie bezeichnet (vgl. Schmid 2003). Lösche zufolge sorgen

> „verfassungsrechtliche Bestimmungen für die Dominanz der Parteien: Der Bundes-
> kanzler wird vom Bundestag gewählt, er ist allein dem Parlament gegenüber verant-
> wortlich. Kanzler, Kabinett und die Koalitionsfraktionen bilden eine politische Ak-
> tionseinheit, sie sind durch ihre jeweiligen Parteien zusammengeschweißt." (Lösche
> 2006)

Nach dem zweiten Weltkrieg bildete sich zuerst ein Vier-Parteien-System aus
KPD – CDU/CSU – SPD – FDP. Nach Entwicklung der KPD zur Splitterpartei
und deren anschließendem Verbot blieben CDU/CSU, SPD und FDP. Bis 1969
war die SPD strukturell benachteiligt gegenüber der CDU/CSU, die zeitweilig
mit der DP, vor allem aber mit der FDP koalierte. Die SPD verfügte über keinen
potenziellen Koalitionspartner. Dies änderte sich erst 1969 mit Bildung der sozi-
alliberalen Koalition. Hier wurde deutlich, welche Schlüsselstellung die kleinste
der etablierten Parteien, die FDP, innehatte: Sie entschied darüber, welche der
beiden großen Parteien die Regierungsmehrheit und damit den Bundeskanzler
stellte. Erst durch die Etablierung der Grünen in den 1980er Jahren hat sich das
Parteiensystem weiter ausdifferenziert und vor allem die SPD hat einen potenziellen Koalitionspartner dazugewonnen. Seit der Wiedervereinigung ist mit der
PDS bzw. deren Nachfolgerin Die Linke eine weitere Partei im Bundestag vertreten. Heute sind also die beiden großen „Volksparteien" CDU/CSU und SPD,
die FDP, Die Linke und Bündnis 90/Die Grünen im Bundestag vertreten, es liegt
ein „moderater [Parteien-]Pluralismus" (Abromeit/Stoiber 2006: 193) vor. (Vgl.
Hartmann 2004: 112f.; Abromeit/Stoiber 2006: 186f.; Lösche 2006) Die vorletz-
te deutsche Regierung unter Bundeskanzlerin Angela Merkel (CDU) beruhte auf
einer „Großen Koalition" von CDU/CSU und SPD. Doch wie auch die jüngste
Wahl erneut gezeigt hat, wird der Kanzler bzw. die Kanzlerin weiterhin von einer der beiden großen Volksparteien gestellt werden, und es ist bei jedweder
Untersuchung zu berücksichtigen, dass diese beiden Parteien das meiste Geld
für PR investieren können und wollen. Durch den Einzug und die Etablierung
zweier weiterer Parteien im Bundestag seit den 1980er Jahren wurden jedoch die
Koalitionsmöglichkeiten erweitert.

  Den Parteien kommt es darauf an, die jeweils eigenen Ziele vor allem ausgerichtet auf den nächsten Wahlkampf gut darzustellen. Die jeweilige Stellung im

politischen System – in der Regierung bzw. in der Opposition –, künftige Koalitionsoptionen sowie die eigene Historie haben zudem einen Einfluss auf die Ausgestaltung der externen PR-Aktivitäten. Es ist zu vermuten, dass Parteien Wert darauf legen, aus welchem politischen Lager ihre PR-Berater kommen und dass sie vorab nicht für die Konkurrenz gearbeitet haben und dass vor allem die jüngeren Parteien – im Gegensatz z.B. zu Ministerien – eher bereit sind, sich kreatives Potenzial ins Haus zu holen, um auch jugendliche Wähler zu erreichen und generell Aufmerksamkeit zu erzielen. Wenn dies zutreffen sollte, so liegt es natürlich auch daran, dass Parteien weniger einer regierungsamtlichen Informationspflicht nachkommen müssen, sondern sich stärker auf die Kommunikation mit ausgewählten Zielgruppen einlassen können. Interessant ist es daher zu fragen, inwieweit neben der politischen Ausrichtung sowohl die Historie als auch die pekuniäre Situation der jeweiligen Partei einen Einfluss auf die interne PR-Ausrichtung sowie die externe PR-Beratung haben.

Untergeordnete Bedeutung von Parteien-PR auf Schweizer Bundesebene

Die Schweiz ist im Gegensatz zu Deutschland kein Parteienstaat, die Parteien sind im politischen System nicht dominant (vgl. Abromeit/Stoiber 2006: 164). Ein wichtiger Grund hierfür ist sicherlich die festgesetzte Dauerkoalition der größten in der Bundesversammlung vertretenen vier Parteien (vgl. Schubert/Klein 2006). Weitere Gründe sind die Tatsache, dass im Bund wichtige Positionen nach Proporzgesichtspunkten besetzt werden und nicht (nur) nach Parteizugehörigkeit sowie die leichte Zugänglichkeit zur plebiszitären Entscheidung, die es organisierten Gruppen ermöglicht, am Parlament vorbei politische Vorhaben zu lancieren (vgl. Hartmann 2004: 135; Abromeit/Stoiber 2006: 163). Neben den vier großen Parteien sind noch eine Reihe weiterer in der Bundesversammlung vertreten, diese sind zum Teil kantonal wichtiger: die Evangelische Volkspartei (EVP), die Grüne Partei der Schweiz (GPS), die Liberale Partei (LP), der Landesring der Unabhängigen (LdU), die Partei der Arbeit (PdA) und im rechten Spektrum die Schweizer Demokraten (SD) und die Nationale Aktion (NA) (vgl. Schubert/Klein 2006). „Die Parteien bilden die kantonale Vielfalt ab." (Hartmann 2004: 135) Anders als in Deutschland könnte es daher sein, dass Parteien viel stärker dort ihre PR-Aktivitäten verstärken, wo sie Wählerstimmen gewinnen können: auf kantonaler Ebene. Ergebnisse zu den PR-Anstrengungen von politischen Parteien auf Bundesebene sind unter den angeführten Gesichtspunkten zwischen Deutschland und der Schweiz nicht gut vergleichbar bzw. nicht aussagekräftig, da sie wichtige Einflussgrößen des jeweiligen politischen Systems nicht berücksichtigen.

Österreich wie Deutschland klassischer Parteienstaat

Die Republik Österreich zeichnet sich wiederum ähnlich zu Deutschland durch die starke Stellung der beiden größten Parteien SPÖ und ÖVP ebenso wie durch die ausgeprägte Sozialpartnerschaft als Mechanismus der Konsensfindung unter Einbeziehung der Interessenverbände aus (vgl. Abromeit/Stoiber 2006: 137).

Neben Deutschland ist Österreich der klassische Parteienstaat, die Dominanz der Parteien im politischen System ist sehr hoch (vgl. Hartmann 2004: 138; Abromeit/Stoiber 2006: 192f.). Das Parteiensystem Österreichs ist sehr stabil, die wichtigen Parteien entstanden schon Ende des 19. Jahrhunderts und haben im Prinzip mit geringfügigen Namensänderungen bis heute überlebt. Bis weit in die 1970er Jahre konzentrierten die beiden Volksparteien SPÖ und ÖVP einen Großteil der Wählerstimmen auf sich (teilweise über 90%) (vgl. Abromeit/ Stoiber 2006: 190). Erst in den 1990er Jahren änderte sich die Situation im österreichischen Parteiensystem grundlegend. Schon vorher war eine Grüne Partei entstanden, die es in den Nationalrat geschafft hatte. Hinzu kam, dass die „freiheitliche" Partei des Kleinbürgertums, die FPÖ erstarkte und sich zur rechtspopulistischen Protestpartei entwickelte. Im Jahr 2005 spaltete sich dann die BZÖ als weitere Rechtspartei von der FPÖ ab. Heute sind die SPÖ, die ÖVP, Die Grünen, die FPÖ, und deren Abspaltung BZÖ im Nationalrat vertreten. Die Situation der Parteien-PR ist damit in Österreich und Deutschland sicherlich ähnlich. Im Sinne einer ‚most similar and most different case study' wäre es interessant für ersteres Paar Deutschland und Österreich miteinander zu vergleichen und für letzteres bei einem Vergleich intensiver auf die tatsächlichen Differenzen zwischen Deutschland und Großbritannien bzw. den USA einzugehen. So könnte etwa beleuchtet werden, ob sich bestimmte Merkmale tatsächlich durch das politische Spektrum, die feste Etablierung oder die finanziellen Mittel erklären lassen oder andere Beeinflussungen gewichtiger sind.

Untergeordnete Rolle US-amerikanischer Parteien

Die Vereinigten Staaten von Amerika sind eine präsidentielle Demokratie. Diese unterscheidet sich auch hinsichtlich der Rolle der Parteien im politischen System grundlegend von parlamentarischen Demokratien. Während parlamentarische Demokratien auf Parteien angewiesen sind, lassen sich präsidentielle Demokratien zwar mit Parteien vereinbaren, sind jedoch zum Funktionieren keinesfalls auf sie angewiesen. Folgerichtig haben die amerikanischen Parteien mit denen in Europa wenig gemeinsam. Es gibt keine förmliche Parteimitgliedschaft und einen sehr geringen Organisationsgrad. (Vgl. Hartmann 2004: 133) Während Parteien in Deutschland die Fraktions- und Koalitionsdisziplin herstellen und die Regierungsmehrheit sowie die Opposition zusammenschweißen, spielen sie im politischen System der USA eine geringe Rolle (vgl. Lösche 2004).

Faktisch ist das Parteiensystem der USA ein striktes Zweiparteiensystem, das von der Democratic Party und der Republican Party bestimmt wird. Kleinere Parteien haben bestenfalls lokale oder regionale Bedeutung (bspw. Green Party), sind aber nicht im Kongress vertreten. (Vgl. Schubert/Klein 2006) Die amerikanischen Parteien sind Wählerparteien, die hauptsächlich durch Spenden finanziert werden. Die mangelnde Bindung an Parteibasis und Parteiprogramme bewirkt eine starke Personalisierung. Die Kandidaten investieren beispielsweise in den Wahlkampf mehrstellige Millionen-Beträge, oft auch aus ihrem Privatvermögen. (Vgl. bpb 2004) Die Anhänger der jeweiligen Partei werden lediglich für Wahlkampfzwecke aktiv. Die Nominierung der Kandidaten für Wahlämter und Mandate auf niedrigeren politischen Ebenen findet in den USA weitgehend außerhalb der Parteien statt. (Vgl. Hartmann 2004: 133) Im Vergleich zu Deutschland dürfte daher die Parteienzugehörigkeit gerade außerhalb der Bundesebene in den USA eine weniger bedeutende Rolle spielen, da hier vielmehr die kommunikativ herausgestellten Eigenschaften und politischen Einzelansichten und fokussierten Themen eines Kandidaten/sein Gesicht von Gewicht sein dürften.

Es wird damit deutlich, dass empirische Ergebnisse bezogen auf politische PR-Berater zwischen den deutschsprachigen Ländern und den USA kaum vergleichbar sind. Zu unterschiedlich sind die konstitutiven Bedingungen, unter denen PR-Berater für ihre Auftraggeber agieren. Dennoch werden in der Literatur häufig unreflektiert Bezüge hergestellt bis hin zu der Annahme einer vermeintlichen Amerikanisierung etwa der deutschen Wahlkämpfe. Es ist aber wie erwähnt allenfalls davon auszugehen, dass einzelne Instrumente aus Übersee übernommen werden.

Disziplinierung der Parteien durch den britischen Premierminister

Großbritannien kann zwar als Parteienstaat bezeichnet werden, eine Parteien-Dominanz im politischen System des Vereinigten Königreiches ist jedoch allenfalls in sehr geringem Maße zu erkennen (vgl. Abromeit/Stoiber 2006: 160). Die konfrontative Gegenüberstellung von Regierung und Opposition im Parlament ist charakteristisch für den britischen Parlamentarismus. Im Unterhaus vertreten sind die Conservative Party (Konservative), die Labour Party (Sozialdemokraten) sowie die Liberaldemokraten und kleinere regionale Parteien (Schottische Nationalisten, Walisische Nationalisten, Ulster Unionisten etc.), aufgrund des Mehrheitswahlrechtes dominieren jedoch als größte und älteste Parteien nur die Labour und die Conservative Party. (Vgl. Schubert/Klein 2006) Großbritannien gilt daher gemeinhin als Musterfall eines Zweiparteiensystems, was es nach dem numerischen Kriterium inzwischen ja eigentlich nicht mehr ist (vgl. Abromeit/Stoiber 2006: 156).

Als Parteienstaat wird Großbritannien gesehen, da niemand in ein politisches Amt kommt, ohne dass seine Partei zuvor die Wahl gewonnen hat. Alle entscheidungsrelevanten Positionen sind mit Parteiangehörigen des jeweiligen Regierungsführers besetzt. Die Dominanz der Parteien jedoch ist im politischen System Großbritanniens ob der starken Position des Premierministers nicht stark ausgeprägt (vgl. ebd.: 159). Einmal im Amt, verfügt der Premierminister über „hinreichende Mittel, seine parliamentary party zu disziplinieren" (ebd.), die Fraktionsdisziplin bei Abstimmungen ist sehr hoch. Dies hängt damit zusammen, dass Regierungsämter vom Premierminister vergeben werden, die Vergabe führender Positionen in der Opposition wird vom Oppositionsführer beeinflusst (vgl. Hartmann 2004: 136).

3   Kernelemente einer Theorie der PR-Beratung

Gleichwohl PR-Beratung – zumindest bezogen auf den Anspruch der Branche – eine Schlüsselstellung im Berufsfeld einnimmt, steht eine systematische theoretische Fundierung der PR-Beratung bislang aus. Im folgenden Kapitel sollen daher die Grundzüge einer Theorie der PR-Beratung entwickelt und vorgestellt werden.

3.1   Beratung als vielgestaltiges Phänomen

Beratung ist in modernen Gesellschaften ein universelles Phänomen. Der Begriff der „Beratungsgesellschaft" (Fuchs 1994: 76; Kolbeck 2001: 16) zeigt an, dass unterschiedliche Formen und Typen der Organisations- und Individualberatung heute in hohem Maße nachgefragt werden. Ähnlich wie bei politischen Institutionen durch den Wandel von Government zu Governance führen veränderte gesellschaftliche, ökonomische und mediale Bedingungen dazu, dass die Handlungs- und Planungsunsicherheit und damit die Entscheidungsfindungsprozesse von Organisationen in allen gesellschaftlichen Handlungsfeldern immer komplexer werden.

> „Firms are neither fully independent nor is one wholly dependent upon the other. (…) But they do reduce their autonomy, share decision making, interconnect their organization structure, manage jointly some activities or operations, and open their company structure to outside influences." (Badaracco 1988: 73)

Organisationen aller Art nutzen daher unterschiedliche Dienstleistungsangebote, um sich zusätzlich zu ihren internen Spezialisten von externen Experten beraten zu lassen. Beratung umfasst einem Alltagsverständnis folgend ganz allgemein den Prozess des Ratgebens und Ratnehmens und beschreibt mit Blick auf Beratungsdienstleistungen eine auf Problemlösung ausgerichtete Tätigkeit. Der helfende und unterstützende Charakter von Beratung kommt in zahlreichen Definitionen – allerdings mit unterschiedlicher Gewichtung des Berater-Einflusses auf die Problemlösung – zum Ausdruck:

> „Beratung – als professionelle Dienstleistung – ist ein Prozess, in dem die von einem Klientensystem erwünschte Veränderung durch die helfende Beziehung eines Beratersystems ermöglicht wird. Die Beratung leistet also Hilfe zur richtigen Entscheidung." (Witzel 1989: 70)
>
> Beratung ist ein „… Prozess der sozialen Einflussnahme, in dem der Berater im Auftrag des Klienten oder eines Dritten versucht, auf den Klienten Einfluss zu nehmen, um hierüber Einstellungen und Verhaltensweisen des Klienten zu verändern." (Saam 2001: 23)

Beratung verstanden als Dienstleistung gegen Bezahlung ist in der Regel ein Verhältnis auf Zeit. Aufgabe von professionellen Beratern ist es dabei ganz allgemein, die aktuelle und zukünftige Handlungsfähigkeit der Klienten zu optimieren, sie bei der Suche nach Handlungsalternativen bzw. Problemlösungen zu unterstützen und ihnen zu helfen, die erarbeiteten Lösungen umzusetzen. Der Kreis der beratenden Dienstleister umfasst neben Wissenschaftlern, Juristen, IT-Beratern und anderen auch PR-Berater. Je nach Beratungs- bzw. Handlungsfeld und wissenschaftlichen Disziplinen, die den jeweiligen Beratungsfeldern maßgeblich zugrunde liegen, können unterschiedliche Schwerpunktsetzungen hinsichtlich der zentralen Beratungsleistung festgestellt werden (vgl. Steiner 2009: 28ff.): So stehen im Zentrum der betriebswirtschaftlich orientierten Beratungsforschung und -praxis insbesondere Fragen der Steigerung der organisatorischen Effizienz, während die politikwissenschaftliche Beratungsforschung und die damit verbundene wissenschaftliche Policy-Beratung sich in erster Linie mit der Optimierung von Prozessen der Herstellung und Umsetzung kollektiv verbindlicher Entscheidungen befassen. So wird Beratung von Organisationen in Anspruch genommen, um etwa:

- zu einem bestimmten Sachverhalt eine neutrale Meinung zu erhalten
- eine Organisationsveränderung in Gang zu setzen
- auf Potenziale zur Sicherung oder zum Ausbau der eigenen Marktposition hingewiesen zu werden
- Kosten einzusparen, weil Berater auf Zeit günstiger sind als eigene Mitarbeiter
- auf dem neuesten Stand der gängigsten Managementpraktiken zu sein
- Organisationsanalysen durchzuführen.

Die starke Prägung der Beratung durch die jeweiligen Kontexte, in denen sie Anwendung findet, wird sichtbar in der Vielgestaltigkeit der empirisch vorfindbaren Beratung. Auf Basis einer Literatursynopse kommen Preusse und Schmitt bezogen auf PR-Beratung zu folgendem Schluss:

> „Den prototypischen PR-Berater bzw. die PR-Beratung gibt es nicht, zu vielfältig und einem zu kurzfristigen Wandel unterworfen sind die Tätigkeits- und Aufgabenfelder, die an Berater herangetragenen Problemstellungen sowie ihre formellen und informellen Beauftragungsgründe." (Preusse/Schmitt 2009: 84)

Die Vielfalt beraterischer Dienstleistungen geht Hand in Hand mit einer Fülle an Definitionen und Typologisierungsversuchen in Wissenschaft und Praxis (vgl. u.a. Titscher 2001: 17ff.). Die Schwierigkeit der eindeutigen Begriffsklärung wird dadurch verschärft, dass es trotz der Expansion des Beratermarktes keine professionellen Standards für den Beraterberuf gibt. Dieser ist vielmehr gekennzeichnet durch nicht vorhandene Zugangskontrollen (offener Berufszugang, keine geschützten Berufsbezeichnungen) und keine einheitlich geregelte Ausbildung. Es existieren keine den Beruf qualifizierenden (akademischen) Titel und einheitliche Zertifizierungen durch unabhängige Institutionen. Dadurch begründen sich die vorhandene fehlende Transparenz des Beratungsmarktes und die große Zahl an unterschiedlichen Anbietern von Beratungsleistungen. Darüber hinaus fehlt es an Quellen, die die vorhandenen Dienstleistungsangebote vollständig erfassen. Dies hat Folgen für Wissenschaft und Praxis:

- In der Praxis ist es auf Seiten der Auftraggeber kompliziert, aus dem Angebot an Dienstleistungen die richtige auszuwählen – und sich vorab einen Überblick über den Markt zu verschaffen.
- Für die Anbieter von Beratungsleistungen wiederum ist es eine Herausforderung, sich gegenüber ähnlichen Serviceanbietern abzugrenzen und ein eigenes Profil zu entwickeln.
- Wissenschaftler wiederum sind mit der schwierigen Aufgabe der adäquaten Eingrenzung und Identifikation des Untersuchungsgegenstandes und der eindeutigen Systematisierung des Feldes konfrontiert.

Für den deutschsprachigen Raum liegt bezogen auf Organisationsberatung keine brauchbare wissenschaftliche Datensammlung vor und eine Aufarbeitung etwa der historischen Entwicklung der Beratungsbranche steht noch aus. Daher wird im Folgenden teils auf englischsprachige Literatur zurückgegriffen, wenngleich im vorhergehenden Kapitel die Grenzen eines Ländervergleichs deutlich wurden.

Die Geschichte der Unternehmensberatung hat McKenna (2006) für den anglophonen Sprachraum – von dem viele Impulse für die Beratungsbranche in Deutschland ausgingen – aufgearbeitet. Er geht davon aus, dass Beratung ursprünglich auf den politischen und nicht den kommerziellen Sektor ausgerichtet war. So beschrieb Sir Francis Bacon bereits im Jahre 1597 den Wert von Beratern für Könige und politische Philosophen wie Aristoteles warnten davor, zu viel Vertrauen in außen stehende Berater zu investieren (vgl. McKenna 2006: 10f.). Ab den 1930er Jahren vollzog sich – zumindest im anglophonen Sprachraum – nach McKenna in der Beratertätigkeit ein Wandel dahingehend, dass vor allem die Vorstände bzw. die CEO's von Unternehmen beraten wurden und externe Berater sich damit zu Management-Beratern entwickelten. Damit einher ging eine Professionalisierung der Tätigkeit (viele Berater hatten nun einen Universitätsabschluss) und eine zunehmende strategische Ausrichtung (vgl. ebd.: 61f). Zwischen 1930 und 1950 vervielfachten sich die Beraterfirmen und entwickelten sich von einer case-by-case Beratungstätigkeit zu institutionalisierten Organisationen (ebd.: 62-70). In den 1950er Jahren entstand nach McKenna durch den Boom nahezu ein Beraterüberschuss und viele Firmen waren bereits von Beratern reorganisiert worden. Die Beratungsbranche reagierte darauf mit zunehmender Spezialisierung (ebd.: 70-72). Ein besonders schnell wachsender Zweig war dabei die strategische Beratung.

Ab den 1970er Jahren berieten die Firmen vor allem in den zwei Bereichen Strategie und Informationssysteme. Es entwickelte sich eine Situation, in der viele professionelle Berater gleichzeitig bei externen Firmen und beim Federal Government beschäftigt waren. Dies wird als eine Entwicklung vom administrativen zum Auftrag nehmenden Staat bezeichnet (ebd.: 81). Kennzeichen der US-amerikanischen Regierungsbürokratie wurde die intensive Konsultation von externen Beratern („contractor state"; ebd.: 82).

Die „neue Reflexionselite" (Deutschmann 1993) hat sich im internationalen Vergleich allerdings unterschiedlich entwickelt: Großbritannien wird generell als der am weitesten entwickelte europäische Beratermarkt bezeichnet, obschon er im Vergleich zu den USA eher unterentwickelt ist, während in Deutschland zum einen intermediäre Organisationen (etwa Wirtschafts- und Arbeitgeberverbände) lange eine höhere Bedeutung hatten, so dass kommerzielle Berater hier erst spät Fuß fassten. Zum anderen zeigt sich in Deutschland eine relativ starke Stellung interner Experten. Die unterschiedlichen institutionellen Bedingungen resultierten in einem sehr unterschiedlichen Aufschwung externer Organisationsberater (vgl. hierzu ausführlicher Faust 2000: 64-71).

Sicherlich sind die skizzierten einzelnen Phasen der Unternehmensberatung – die zudem genauer von PR-Beratung abgegrenzt werden müsste – nicht 1:1 auf Deutschland übertragbar. Dennoch ist es denkbar, dass die „Ursprungsorganisation" externer Beratung allgemein und damit möglicherweise auch bezogen auf PR-Beratung bei politischen Akteuren zu suchen ist. Dies ist insofern ein interessanter Gedanke, weil damit die Frage verbunden ist, inwiefern Beratungselemente von einem gesellschaftlichen System ins andere übertragen, entsprechend abgewandelt und weiterentwickelt werden. Dessen ungeachtet deutet die beschriebene Entwicklung jedoch wie weiter oben schon aufgezeigt an, dass (PR-)Beratung nicht exklusiv bei bestimmten Organisationstypen oder in speziellen Handlungsfeldern anzutreffen ist, sondern organisationstypübergreifend und gesellschaftsweit Anwendung findet.

3.2 Systemtheoretische Grundlagen einer „Theorie der Beratung"[2]

Die anhaltend hohe und erwartbar steigende Bedeutung von Beratung geht Hand in Hand mit einer voranschreitenden Verwissenschaftlichung der Beratung und einer Zunahme an Reflexionen über die Funktionen und den Sinn von Beratung. Hervorzuheben ist in diesem Zusammenhang der von Adrian Steiner (2009)

---

[2] Einzelne Aspekte aus diesem Kapitel wurden bereits veröffentlicht in Röttger (2006), Zielmann (2006) und Röttger/Zielmann (2009).

vorgelegte elaborierte Theorieentwurf zum „System Beratung". Dies kann jedoch nicht darüber hinwegtäuschen, dass eine große Zahl der einschlägigen Publikationen weniger als wissenschaftlich hochwertige Beiträge, sondern in erster Linie als Vermarktungsinstrument von Beratungskonzepten zu klassifizieren ist. Ein großer Teil der vorliegenden Beratungsliteratur ist durch eine enge Bezugnahme zu praktischen Verwertungszusammenhängen geprägt (vgl. Scherf 2002: 5; Iding 2001: 72). Insbesondere die Literatur zur Unternehmensberatung ist in weiten Teilen praktizistisch und durch eine geringe wissenschaftliche Reflexion beraterischer Praxis gekennzeichnet. Parallel dazu ist die Unternehmensberatungspraxis überwiegend nicht theoriegeleitet, sondern basiert auf Erfahrungswissen, Intuition und Alltagstheorien (Groth 1999: 22; Exner et al. 1988: 19). Guido Wolf kommt in seiner Arbeit zur „Krisis der Unternehmensberatung (2000: 211) zu dem Schluss,

> „dass der Prozess der Unternehmensberatung zu einem nicht geringen Ausmaß durch implizite Annahmen und subjektive Theorien geprägt ist [...]. Diese subjektiven Theorien sind offensichtlich nicht immer Resultat reflektierter Überlegungen und grundlagentheoretischer Auseinandersetzung, sondern aus subjektiven Erfahrungsbeständen kondensierte, nicht weiter hinterfragte und hinterfragbare Alltagskonzepte."

Auch eine „Soziologie der Beratung" steht erst am Anfang, vor allem auch mit Blick auf den Stand der empirischen Forschung. Es fehlen empirische Befunde zu Beratungsprozessen und dem Beratungssystem. Ein weiteres Defizit der Forschung ist darin zu sehen, dass die Analyse von Beratung meist aus der einseitigen Perspektive des Beraters erfolgt (Iding 2001: 10).

Systemische Beratung

Den elaboriertesten theoretischen Zugang zu Beratung bietet derzeit die systemtheoretische Beratungstheorie.[3] Die zu beratende Organisation (Klientensystem) wird in der systemtheoretischen Beratungstheorie als autopoietisches System – und damit als selbstreferentiell und operativ geschlossen – verstanden. Diese Geschlossenheit bezieht sich nur auf die Tiefenstrukturen der Selbststeuerung (Maturana 1982: 35), d.h. auf die basale Zirkularität der Selbststeuerung der eigenen Reproduktion (Willke 1999: 102) und schließt nicht die Möglichkeit der Aufnahme von Energie und Informationen aus. Die Grenzen sozialer Systeme sind Sinngrenzen. Sie bestimmen den Ausschluss und die Bedingungen, unter denen das Eingeschlossene auf sich selbst verwiesen wird. Selbstreferentielle Systeme erfassen Umweltphänomene entsprechend ausschließlich gemäß ihrer ei-

---

[3]   Der Begriff „systemische Beratung" wird im Folgenden als Oberbegriff für die Vielzahl der unterschiedlichen Konzepte und Ansätze systemtheoretisch fundierter Beratung verwendet. Auch der Begriff „systemtheoretische Beratungstheorie" soll nicht verdecken, dass es nicht die eine Theorie, sondern unterschiedliche systemtheoretische Ansätze zur systemischen Beratung gibt.

genen Strukturen. Die Umwelt verliert damit den Status als Beeinflussungsgröße und kann konsequent nur noch in Abhängigkeit vom System gedacht werden. Die Wirkungen beraterischer Interventionen sind folglich abhängig vom internen Operationsmodus des jeweiligen Systems, das Gegenstand von Steuerung (Beratung) ist (vgl. Willke 1999: 109).

Mit Heinz von Foerster (1997: 357ff.) können soziale Systeme als nichttriviale Systeme beschrieben werden. Während bei trivialen Systemen ein bestimmter Input x über die gleich bleibende Operation f(x) immer zum gleichen Output y führt, entziehen sich nicht-triviale Systeme dieser einfachen Kausallogik. Input wird von nicht-trivialen Systemen intern eigenständig und nach eigenen Regeln verarbeitet, so dass der gleiche Input nicht den gleichen Output haben muss und umgekehrt.

Soziale Systeme als nicht-triviale Systeme können also nicht einfach von außen umgepolt, verändert oder umstrukturiert werden – eine Annahme, die weitreichende Konsequenzen für das Verständnis von Beratung und von beraterischer Intervention hat. Willke beschreibt Interventionen als „das Bewirken eines bedeutsamen Unterschieds in der Operationsweise eines Systems." (Willke 1999: 125). Die Wirkungen von externen Interventionen, sind – bei Annahme der Geschlossenheit autopoietischer Systeme im Hinblick auf die Selbststeuerung der eigenen Reproduktion – abhängig vom internen Operationsmodus des jeweiligen Systems, das Gegenstand von Steuerung ist (vgl. Willke 1999: 109). Streng genommen sind Interventionen in operativ geschlossene Systeme im Sinne Luhmanns nicht möglich. Für systemische Berater gilt es damit, sich vom Glauben an die Möglichkeit direkter Einflussnahme auf Organisationen zu befreien. „Es gibt keine einfachen, direkt ‚steuernden' bzw. determinierenden Interventionen von Beratern in eine von ihnen beratende Organisation." (Königswieser/Exner 2001: 22). Berater können Organisationen lediglich – durch Irritationen – zu Veränderungen anregen, denn verändern kann sich ein System nur selbst. Intervention ist damit nicht die Vermittlung fertiger Lösungen oder Informationen, sondern besteht aus Veränderungsimpulsen. Die „Unwahrscheinlichkeit gelingender Intervention" (Willke 1999: 4) wird damit zum Normalfall systemischer Beratung.

Systemische Beratung als (steuernde) Intervention muss sich als Ereignis im Perzeptionsbereich des intervenierten Systems darstellen, um als relevante Information in die operativen Kreisläufe des beratenen Systems eingeschleust werden zu können und letztlich Veränderungsprozesse auszulösen (vgl. Willke 1999: 106f.; 116). Um entsprechende Veränderungsimpulse geben zu können, muss der Berater in der Lage sein, sich ein adäquat komplexes Bild von den Systemoperationsweisen des Klientensystems zu machen, um sich mit dessen Operationslogik koppeln zu können. Dies geschieht im Rahmen des Beratungssystems, das in der Interaktion von Berater und Klient entsteht und durch wechselseitige Interpretationen von Berater und Klient geprägt ist (vgl. Carqueville 1991).

> „Es (das Beratungssystem) stellt sozusagen eine gemeinsame sachliche, zeitliche, soziale und räumliche Schnittmenge des KS (Klientensystems) und des BS (Beratersystems) dar, in der eine aufeinander bezogene und folgenreiche Kommunikation zumindest potentiell ermöglicht werden soll." (Königswieser et al. 1995: 57)

Das Beratungssystem

Beratung erfolgt nicht im Klienten- oder Beratersystem, sondern im Beratungssystem und nur dort finden Veränderungen statt:

> „Nur in diesem eigen kreierten, professionellen Kommunikationszusammenhang passiert Beratung und sonst nirgends. Wenn also in diesem Zusammenhang von Intervention gesprochen wird, dann sind damit alle Kommunikationen gemeint, die in diesem neugeschaffenen Kontext stattfinden." (Wimmer 1991: 82f.)

Abb. 2: Das Beratungssystem

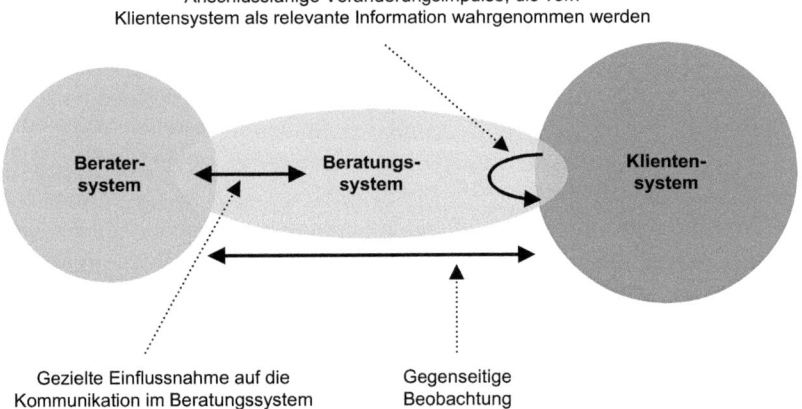

Quelle: Eigene Darstellung

Beratung heißt entsprechend, „zwischen dem Berater und seinem Klienten einen Kommunikationsprozess zu entfalten, in dem der Klient etwas über sich lernt, was nur er wissen kann." (Baecker 1994: 146) Gegenstand von Beratung sind Entscheidungsprobleme des Klienten. Probleme werden hier ganz allgemein verstanden als Situationen, in denen der Klient „ein Ziel hat und nicht weiß, wie er dieses Ziel erreichen soll" (Duncker 1974: 1). Wie nun aber kommt der Berater in die Lage, tatsächlich Rat geben zu können? Die Systemtheorie fordert Berater auf, die System-/Umwelt-Differenz zu nutzen oder anders gesagt: die Berechtigung zur Intervention liegt in den Beobachtungsmöglichkeiten systemexterner Berater, die das System selbst nicht hat. Berater als Beobachter zweiter Ordnung können beobachten, welche Differenz der Beobachtung erster Ordnung zugrunde liegt und welchen Restriktionen die verwendete Unterscheidung unterliegt.

> „Auf der Ebene der Beobachtung erster Ordnung werden Sachverhalte beobachtet. Die Welt erscheint hier objektiv gegeben, ′zwischen Realität und Realitätsillusion [kann] nicht unterschieden werden′(Luhmann 1998a: 93). [...] Auf der Ebene der Beobachtung zweiter Ordnung werden keine Sachverhalte der objektiven Welt beobachtet, sondern Beobachtungen bzw. Beobachter. Die beobachtete Welt erscheint hier als beobachterabhängiger Weltentwurf. Es ist die Ebene komplexer Beobachtung, auf der sich die Frage stellt, wie beobachtet wird." (Steiner 2009: 45)

Die Differenz der Beobachtungsperspektiven von Berater und beratenem Klienten ist konstitutiv für die Beratung: Nur weil Berater Beobachter zweiter Ordnung und nicht Teil des Klientensystem sind, können sie die Kontingenz der Beobachtung des Klientensystem und deren blinde Flecken erkennen (vgl. Groth 1999: 65ff.; Steiner 2009: 44f.). Aus systemischer Sicht basiert die Legitimation der Berater zur Beratung in ihrer außen stehenden Beobachterposition, die ihnen Perspektiven auf die Klientenorganisation ermöglicht, die diese selbst nicht entwickeln kann. Der Wechsel von der Beobachtung erster zur Beobachtung zweiter Ordnung macht den tatsächlichen Mehrwert von Beratung aus und ermöglicht auf Seiten des Klienten einen Reflexionsgewinn.

„Diese Vorstellung der Aktivierung von Reflexionspotenzialen liegt als paradigmatischer Kern unterschiedlichen interdisziplinären Beratungsansätzen zugrunde" (Steiner 2009: 65/FN 2), wobei die Begriffsverständnisse im Detail zum Teil stark variieren. Im Folgenden wird mit Blick auf die im Beratungszusammenhang relevanten reflexiven Strukturen sozialer Systeme in Anlehnung an Willke (2000: 96ff.) und Luhmann (1984) grundlegend zwischen Reflexion und Reflexivität unterschieden.

Reflexivität bezeichnet den Bezug eines sozialen Systems auf eigene, zeitlich vorausgegangene Prozesse – „prozessuale Selbstreferenz" bei Luhmann (1984: 601). Reflexivität bezieht sich damit ausschließlich auf Prozesse, die im System selbst stattfinden. Reflexion kann im Unterschied dazu als Selbstbeobachtung zweiter Ordnung eines Systems auf das gesamte System – und nicht nur auf einzelne Prozesse – sowie seine Beziehungen zur Umwelt verstanden werden (nach Luhmann 1984: 617; Willke 2000: 96ff.). Reflexion bezeichnet damit die Fähigkeit sozialer Systeme „sich selbst zu thematisieren und sich selbst als (geeignete) Umwelt anderer sozialer Systeme zu verstehen" (Willke 2000: 97):

> „The organization observes itself as an observer applying certain contingent distinctions, and further, it sees differently from other perspectives. Consequently, reflection is the production of self-understanding in relation to the environment. [...] reflection enables the organisation to understand itself in a larger interdependent societal context and to develop self-restrictions out of consideration for its environment in order to se-

cure its own independence and self-referential development (autopoiesis) in the long term." (Holmström 2009: 191)

Beratung in dem hier zugrunde liegenden Verständnis trägt idealtypisch sowohl zur entscheidungsbezogenen Steigerung von Reflexivität als auch zur Steigerung der Reflexionsfähigkeit des Klientensystems bei. Die Reflexivität des Klientensystems kann dabei als notwendige Bedingung für Beratung im eigentlichen Sinn angesehen werden – insofern kann Reflexivitätssteigerung als notwendig aber nicht hinreichend für eine Erhöhung der klientenseitigen Reflexionskapazität angesehen werden.

Die Tatsache, dass Berater als Beobachter zweiter Ordnung eine andere Beobachtungsperspektive einnehmen als ihre Klienten und sie daher zu anderen Beobachtungsergebnissen kommen können, bedeutet nicht, dass ihre Beobachtungen höherwertiger oder besser wären: Denn jeder Beobachter – auch der Beobachter zweiter Ordnung – geht mit seiner eigenen Unterscheidung zwangsläufig naiv um:

> „Die jeweils eigene Unterscheidung wird damit zu einer für das System natürlichen Notwendigkeit, die Unterscheidung der anderen dagegen zu einer artefiziellen, kontingenten, gewählten und auswechselbaren Semantik." (Luhmann/Fuchs 1989: 217)

Beobachtungen des Beraters, die zur Diagnose führen, sind Beobachtungen, die zwangsläufig nicht mit denen des Klientensystems und dessen „Selbstverständnis" identisch sind (vgl. Willke 1999: 22f.). Der beraterischen Beobachtung zweiter Ordnung sind weitere Grenzen gesetzt: Die innere Operationsweise eines Systems können Berater weder voll verstehen noch beherrschen; das Kundensystem bleibt für sie partiell intransparent. Diese Undurchschaubarkeit und die operative Geschlossenheit des Klientensystems ist im Sinne der systemischen Beratungstheorie eine hinzunehmende Prämisse, die Folgen für das Beratungsverständnis und die Beraterrolle hat: Unabdingbar für systemische Beratung ist die Berücksichtigung der Eigenlogik autonomer Klientensysteme.

Ansatzpunkt der Beobachtung in der systemischen Beratung sind nicht Individuen, sondern Regeln, Strukturen und Rollen im Klientensystem. Das Klientensystem wird verstanden als „ein sich selbst regulierendes System, das von eigenen Gesetzen regiert wird, die es sich im Laufe der Zeit durch Versuch und Irrtum erarbeitet hat. (...) Hat man erkannt, dass die Symptome ein Teil der diesem System eigentümlichen Transaktionen sind, so bleibt, wenn man die Symptome verändern will, nur der Versuch übrig, die Regeln auszuwechseln." (Selvini-Palazzoli et al. 1984: 134). Explizite und implizite Regeln, die Systemprozesse steuern, sowie Kommunikationsmuster stehen entsprechend im Zentrum systemischer Beratung. Dies betrifft auch die Frage, wie in der Organisation Informationen erzeugt werden, wie sie sich mit ihrer Umwelt und nicht zuletzt mit sich selbst auseinandersetzt und schließlich auch die Frage, wie die Organisation Stabilität erzeugt (vgl. Groth 1999: 36).

Es wurde bereits darauf hingewiesen, dass Berater vor der Aufgabe stehen, ihre Interventionen so zu gestalten, dass sie als Ereignis im Perzeptionsbereich des Klientensystems wahrgenommen und als relevante Information in die operativen Kreisläufe des Systems eingeschleust werden können. Ausgangspunkt ist dabei immer die Wahrnehmung und Darstellung des Entscheidungsproblems durch den Klienten. Der Klient muss „dem Berater Fremdbeobachtung ermöglichen, d.h. er muss ihm einen Einblick in seine Entscheidungssituation und sein Entscheidungsproblem gewähren." (Steiner 2009: 81). Der Berater als Beobachter zweiter Ordnung ist auf Basis dieser Fremdbeobachtung in der Lage zu einem erweiterten Problemverständnis zu gelangen, denn „er sieht nicht nur das Problem des Ratsuchenden, er sieht darüber hinaus, wie der Ratsuchende dieses Problem beobachtet und welche Prämissen dieser Beobachtung zugrunde liegen" (Steiner 2009: 81). Dies ermöglicht ihm, alternative Deutungen des Entscheidungsproblems und alternative Lösungswege zu identifizieren, die der Klient aufgrund seiner Position selbst nicht sehen kann. Beratung vergrößert damit für den Klienten über eine Erweiterung der Optionen und Handlungsalternativen zunächst Komplexität und beinhaltet entsprechend zunächst eine Zunahme an Unsicherheit.

Beratung ist als eigenständiger Interaktionstyp anzusehen, der sich von verwandten Interaktionsformen wie z.B. der Belehrung abgrenzt (vgl. Schützeichel 2004: 279; Steiner 2009: 83f.). Beratungskommunikation ist als asymmetrischer Dialog angelegt, der durch unterschiedliche Beobachtungspositionen bezüglich des Entscheidungsproblems des Klienten sowie unterschiedliche Prozesssteuerungs- und Fachkompetenzen von Beratern und Klienten geprägt ist. Es ist Aufgabe des Beraters, dem Klienten Zugang zu neuen Beobachtungspositionen zu verschaffen, die dieser zunächst aus seiner Position heraus nicht hat (vgl. Steiner 2009: 83). Dies schließt die Verantwortung für die Steuerung und Strukturierung des Beratungsprozesses im Allgemeinen und der Beratungsgespräche im Speziellen ein. Zur Gestaltung der Beratungskommunikation und zu den verschiedenen Interventionstechniken liegt eine Fülle an in der Regel praxisorientierter Literatur vor (vgl. u.a. König/Volmer 2005: 44ff.; Königswieser/Hillebrand 2005 u. 2006; Hackney/Cormier 2004), auf die hier aber nicht weiter eingegangen werden soll, da diese Aspekte zwar für die Praxis der PR-Beratung, nicht aber für ein grundlegendes theoretisches Verständnis von PR-Beratung bedeutsam sind.

Das Beratungssystem grenzt sich sozial, zeitlich und sachlich von der Umwelt ab und ist intern durch eigene Formen der Kommunikation und eigene Strukturen gekennzeichnet. Im Interaktionszusammenhang des Beratungssystems entstehen differenzierte Rollenmuster (vgl. Kap. 3.4.4), die wesentlich zur sozialen Strukturierung beitragen. Rollen sind zu verstehen als Aggregate der Leistungserwartungen und der durch Rolleninhaber interpretierten Erwartungen, die an die Beratung gestellt werden bzw. der Realisierung eigener Verhaltensvorstellungen – im Sinne des Role-Making (Mead 1934) und Role-Taking (Turner 1962). Rollen werden in kommunikativen Interaktionsbeziehungen durch die Betrachtung und die Deutung von Erwartungen und durch den Abgleich dieser mit den eigenen Rollenvorstellungen ausgehandelt und „sorgen für regelmäßiges, vorhersagbares Verhalten als Voraussetzung für kontinuierlich planbare Interaktionen" (Peuckert 2000: 290).

Grundsätzlich können im Beratungskontext zwei komplementäre Rollen – die des Beraters und die des Beratenen (Ratsuchenden) – unterschieden werden (siehe auch Kap. 3.4.4). Während allerdings die Beraterrolle in der Literatur intensiv und umfassend reflektiert wird, finden sich bislang nur wenig Überlegungen zur Klientenrolle (siehe allerdings Carqueville 1991). Die unterschiedlichen Erwartungen, die mit der Rolle des Beraters und der Rolle des Ratsuchenden verbunden werden, folgen der Differenz von Rat und Tat (Steiner 2009: 12): Von Beratern werden in erster Linie besondere Beobachtungs- und Reflexionskompetenzen erwartet, die in ihrer externen Beobachtungsposition gründen. Zudem sind für Berater kommunikative Kompetenzen bzw. Vermittlungskompetenzen sowie spezifische Kenntnisse des jeweiligen Gegenstandsbereichs der Beratung und des Ratsuchenden (kontextspezifische Sachkompetenzen) von herausgehobener Bedeutung (vgl. Steiner 2009: 94f.). Der Berater ist kein Umsetzer, sondern „vielmehr der distanzierte Beobachter, der eine externe Reflexionsstelle einnimmt und dem Ratsuchenden mithilfe kommunikativer Irritationen zu mehr Reflexivität verhilft." (Steiner 2009: 94)

Von der komplementären Rolle des Ratsuchenden wird – die grundsätzliche Handlungsfähigkeit des Beratenen vorausgesetzt – allgemein eine Beratungsbereitschaft erwartet, die über die Festlegung eines Beratungskontraktes hinaus geht und eine auf das Entscheidungsproblem bezogene Handlungs- und Veränderungsbereitschaft umfasst. „Auf der Seite des Ratsuchenden erzeugt erst die Freiheit, unterschiedlich handeln zu können, das beratungsrelevante Problem der Auswahl zuträglicher Handlung." (Steiner 2009: 32) Carqueville nennt zudem die Fähigkeit zur kritischen Selbstreflexion (Carqueville 1991: 269) als zentrale Kompetenzerwartung an den Ratsuchenden.

Funktionen von Beratung

Der zentrale Unterschied zwischen klassischen Organisationsberatungsansätzen und der systemischen Beratung liegt im Verständnis der Beraterrolle und der daran gekoppelten Funktion von Beratung: Während in der systemischen Beratung die Rolle des Beraters in erster Linie die eines Beobachters ist, der das Klientensystem bei der Entwicklung von Handlungsspielräumen und der Steigerung der eigenen Problemlösungsfähigkeit unterstützt, wird Beratern in klassischen Ansätzen eine direktivere Rolle zugewiesen. Im Zentrum steht die Einbringung von Expertenwissen zur Problemlösung, die Vermittlung von Inhalten oder auch von Prozesswissen durch den Berater. Die Funktion von Beratung ist hier sehr eng an eine konkrete Problemlösung gekoppelt, während Beratung im systemischen Verständnis eine reflexive Funktion einnimmt. Der Vorstellung einer möglichen und erfolgversprechenden Fremdsteuerung durch direkte Interventionen in klassischen Ansätzen steht die Annahme der Selbstorganisation, die kontextuelle Interventionen erfordert, in systemischen Ansätzen gegenüber. (Vgl. Steiner 2009: 64; Groth 1999: 30 u. 47ff.)

Das skizzierte Verständnis von den Möglichkeiten beraterischer Interventionen in klassischen Ansätzen und den entsprechenden Beraterrollen geht Hand in Hand mit spezifischen – in der Regel stark interventionsorientierten – Beratungsfunktionen. Biedermann und Seidel (2007: 251ff.) nennen beispielsweise als allgemeine Funktionen von Beratung:

1. *Beratung als Legitimation:* Beratung dient hier dem Reputationsaufbau und der Legitimation gegenüber Stakeholdern und soll z.B. die Fortschrittlichkeit und Dynamik sowie Wandlungsfähigkeit des Unternehmens hervorheben. Auch werden Berater benutzt, um strittige Entscheidungen zu legitimieren. Dabei steht die Außenwirkung der Beratung im Vordergrund, nicht die Ergebnisse eines Prozesses.

1. *Beratung als Motivation:* Intern hat zuvor genannter Modernitätsanspruch zur Folge, dass Mitarbeiter bei Problemlösungsprozessen involviert werden sollen. Berater sollen durch ihre kommunikativen Fähigkeiten und ihre Glaubwürdigkeit die entsprechende Mitarbeitermotivation schaffen.

2. *Beratung als Munitionierung für Mikropolitik:* Hier werden Berater eingesetzt, um eigene strategische Interessen innerhalb interner Machtspiele durchzusetzen oder andere zu schwächen, indem der Expertstatus von Beratern als Machtfaktor benutzt wird.

3. *Beratung als Entlastung von Verantwortung:* Die Verantwortung für Probleme und deren (nicht-)erreichte Lösungen wird auf die Berater übertragen. Der Berater steht hier oftmals vor dem Problem, die aktive Mitarbeit des Klienten bei der Problemlösung einfordern zu müssen, der jedoch in erster Linie vom Berater Aktivitäten erwartet und selbst passiv bleiben möchte. Eine spe-

zielle Problemantik entsteht zudem, wenn die Beratung oktroyiert wird, z.B.
von einer übergeordneten Abteilung. In diesem Fall ist die Motivation und
Teilnahmebereitschaft an der Durchführung des Projektes gering.

4. *Beratung als Zeitgewinn:* Beratungsprozesse verlangsamen den Arbeitsfluss
und können Entscheidungssituationen hinauszögern. Wenn Beratung nur
zum Zeitgewinn stattfindet, entsteht die Gefahr, dass tatsächliche Ursachen
für Probleme nicht aufgedeckt werden.

Problematisch erscheint an dieser Auflistung, dass die genannten Funktionen
nicht trennscharf sind und dass weniger abstrakte Beratungsfunktionen für das
System, sondern eher Möglichkeiten der Instrumentalisierung von Beratungsleistungen z.B. zum Machterhalt oder zur Interessendurchsetzung thematisiert
werden. Ähnlich werden in der klassischen – nicht-systemtheoretisch ausgerichteten – Beratungsliteratur als Gründe für die Zusammenarbeit mit externen
Beratern die folgenden fünf Aspekte genannt, die mit den jeweiligen Funktionen
der Beratung korrespondieren (vgl. Strasser 1992: 15; Nicolai 2000: 246ff.):

1. Transfer von Erfahrung und Wissen (Wissenstransferfunktion)
2. Bereitstellung von z.B. technischen oder personellen Kapazitäten (Kapazität-
serweiterungsfunktion)
3. Einbringen einer neutralen Perspektive (Neutralitätsfunktion)
4. Unterstützung des Auftraggebers bei der Durchsetzung bereits getroffener
Entscheidungen (Durchsetzungs- bzw. Politikfunktion)
5. Einsatz externer Berater zur Legitimation strittiger Entscheidungen oder bestimmten strategischen Verhaltens auf Klientenseite (Legitimationsfunktion).

Vor dem Hintergrund eines systemischen Beratungsverständnisses und der hier
erarbeiteten Beratungsfunktion einer entscheidungsbezogenen Steigerung von
Reflexion und Reflexivität (Steiner 2009: 63ff.) sind die in der Aufzählung genannten Aspekte nicht als idealtypische Funktionen von Beratung im engeren
Sinne zu verstehen, sondern eher als mögliche, empirisch beobachtbare Erwartungen von Klienten an die Leistungen von Beratern bzw. als Gründe für die Inanspruchnahme von Beratern zu interpretieren.

In einem systemtheoretisch fundierten Beratungsverständnis und allgemein
in Ansätzen, die die reflexive Funktion der Beratung in den Vordergrund stellen,
ist die zugrunde liegende Leitdifferenz von Rat und Tat zentral (vgl. Steiner
2009: 30). Beratung ist demnach bezogen auf das Problem des Ratsuchenden
Rat und nicht Tat:

> „Die Unterscheidung von Rat und Tat muss [.] als eine Differenz von Reflexions-
> stellen oder Beobachtungsstandpunkten verstanden werden: Die Tätigkeit des
> Beratens bezieht sich reflexiv auf die Tat des Ratsuchenden und setzt die Reflexion
> dieser Tat und ihrer Umstände aus einer anderen Perspektive voraus." (Steiner 2009:
> 32)

Beratung in diesem Verständnis setzt eine grundsätzliche Handlungsfähigkeit des Beratenen und des Beraters voraus: Handlungsfähigkeit umfasst nicht nur die Möglichkeit, laufend Ereignisse zu beeinflussen, sondern auch, dass den Akteuren grundsätzlich Handlungsalternativen zur Verfügung stehen, dass sie so oder auch anders handeln können. „Anders handeln zu können" setzt eine relative Autonomie der Ratsuchenden voraus und gibt ihnen die Möglichkeit, aus unterschiedlichen Handlungsoptionen auswählen zu können – zugleich schafft genau diese Handlungsfreiheit entscheidungs- und damit beratungsrelevante Probleme (vgl. Steiner 2009: 32).

Folgende allgemeine Charakteristika von Beratung, des Beratungssystems und Beratungsprozesses können vor dem Hintergrund der bisherigen Argumentation und unter Bezugnahme auf ein systemtheoretisches Beratungsverständnis ausgemacht werden:

- Berater sind eher Beobachter als Macher, d.h. sie sind primär zuständig für den Prozess und nicht für die inhaltliche Lösung. Sie geben keine Lösung vor, gehen aber zielorientiert vor.
- Beratung trifft immer auf ein Spannungsfeld von Verändern/Nicht-Verändern.
- In der Organisationsberatung liegen häufig Dreiecksverträge vor, d.h. Auftraggeber und Klient sind nicht unbedingt identisch. Definition und Bildung des Klientensystems sind Teil des Beratungsprozesses.

Ansätze oder Modelle, die die unterschiedlichen Erwartungsdimensionen im Kontext der PR-Beratung erfassen und systematisieren, liegen bislang nicht vor. Bevor diese inhaltlich konkretisiert werden können, ist es erforderlich, ein angemessen komplexes Verständnis von PR allgemein zu explizieren und die Spezifika der PR-Beratung im Speziellen herauszuarbeiten.

Die systemtheoretische Beratungstheorie liefert für die theoretische und empirische Analyse der (politischen) PR-Beratung eine fundierte Ausgangsbasis, indem sie beispielsweise die Grundkonstellation der Beratungssituation mittels des Klienten-, Berater- und Beratungssystem systematisiert und den Blick auf Potenziale und Grenzen beraterischer Intervention wie auch auf mögliche Interventionswiderstände auf Seiten des Klientensystems richtet.

Was genau unter PR-Beratung verstanden werden soll und worin die spezifischen Eigenschaften dieses Beratertypus liegen, ist Gegenstand des nachstehenden Abschnitts.

3.3 Definition und Funktionen von PR-Beratung

Das übergeordnete Ziel der PR liegt in der Legitimation ihrer auftraggebenden Organisation. PR strebt an, dass die Ziele der Organisation und die Art und Weise, in der diese Ziele erreicht werden sollen, als legitim angesehen werden und bestenfalls als im gemeinsamen bzw. gesellschaftlichen Interesse liegend wahrgenommen werden (vgl. Hoffjann 2009: 304ff.). Denn für Organisationen, deren Existenz und deren Interessen von der Umwelt als legitim angesehen werden, erhöht sich die Wahrscheinlichkeit, dass ihre Entscheidungen akzeptiert werden und dies auch, wenn diese im Konflikt mit anderen Interessen stehen (vgl. Hoffjann 2001: 128). Über die dauerhafte Sicherung von Legitimation reduziert Public Relations damit für Organisationen externe Unsicherheit, erhöht die Freiheitsgrade von Entscheidungen und schafft so kommunikative Voraussetzungen für den Organisationserfolg.

Die Komplexität der Organisationsumwelten und die Dynamik und Vielgestaltigkeit der Erwartungshaltungen in der Organisationsumwelt lassen aber Legitimation zu einer fragilen Größe werden. Gleichwohl von Organisationen nicht alle Fremdbeobachtungs- und Fremdbeschreibungsperspektiven erkannt und bearbeitet werden können, gilt es doch, diejenigen externen Perspektiven zu berücksichtigen, die in positiver (Chancen) und negativer (Risiken) Hinsicht als besonders relevant für deren Legitimität und damit für die organisationale Existenzsicherung einzustufen sind. Organisationen müssen, zumal unter polykontexturalen Beobachtungsverhältnissen, die Fähigkeit entwickeln, zu beobachten, wie die eigene Organisation von ihren Stakeholdern bzw. anderen Organisationen beobachtet wird. Organisationen sind daher aufgefordert, zur Legitimitäts- und Existenzsicherung Querbezüge zu unterschiedlichen funktionalen gesellschaftlichen Teilsystemen mit ihren je spezifischen Rationalitäten zu pflegen und diese Rationalitäten in der eigenen Entscheidungsfindung zu berücksichtigen. In diesem Sinne können Organisationen als multireferentiell bezeichnet werden (vgl. Kussin 2009: 121).

Mit anderen Worten: PR leistet unter Bezugnahme auf die Leitdifferenz legitim/nicht-legitim einen Beitrag zur Selbst- und Umweltbeobachtung der Organisation und zu der auf die Zukunft gerichteten, situativen Steuerung von Beobachtungs- und Interaktionsprozessen zwischen dem Auftraggeber und seinen Umwelten (vgl. ausführlicher Jarren/Röttger 2009). Damit leistet PR einen relevanten Beitrag zur Umweltkontrolle und Umweltbeeinflussung auf der Basis von Beobachtungen und mittels der Ressource Kommunikation.

Es wird deutlich, dass PR ohne ein Mindestmaß an Beobachtungshandeln nicht denkbar ist. Entsprechend lassen sich die spezifischen, unverzichtbaren und nicht -ustauschbaren Leistungen der PR nicht rein outputorientiert z.B. über die Beeinflussung der öffentlichen Meinung und der Imagekreation beschreiben. PR-Leistungen sind insbesondere auch auf der Ebene des Inputs zu sehen, d.h. in der Fähigkeit zur umfassenden Beobachtung verschiedener Umweltsysteme im Interesse der jeweiligen Organisation. Der Beitrag der PR zum Organisationserfolg liegt nicht nur in ihrer Thematisierungsfunktion, sondern mindestens ebenso in ihrer Beobachtungs- und Empathiefunktion, ihrem Verständnis für komplexe Prozesse und Wirkungszusammenhänge öffentlicher Kommunikation, die erfolgversprechende Steuerungsversuche der Organisationsumwelt erst möglich machen.

Schließlich ermöglicht PR organisationale Selbstbeobachtung. Steuerung und Selbstbeobachtung haben das Ziel, die Koorientierung zwischen der Auftrag gebenden Organisation und Akteuren der Umwelt zu fördern und zielen auf eine Harmonisierung von Selbst- und Fremdbeschreibungen im Sinne der Organisation ab. PR-Berater können demnach einen Beitrag dazu leisten, durch die Irritation von Selbstbeschreibungen auf Beobachtungen beruhende Entscheidungsfindungen zu erleichtern (vgl. Jansen 2007: 111f.).

Im Zuge der Reflexion (vgl. Kap. 3.2) kann ein System seine Umweltbedingungen und -abhängigkeiten beobachten und gegebenenfalls in den eigenen Operationen berücksichtigen. Damit ein Organisationssystem die Fähigkeit zur Reflexion erwerben kann, ist die Ausdifferenzierung von Strukturbereichen (Stellen und Rollen) erforderlich, die für reflexive Selbstbeobachtung zuständig sind. Hierzu ist die PR-Abteilung geradezu prädestiniert. Die Schaffung reflexiver Strukturen, z.B. durch die Einrichtung von PR-Abteilungen, ermöglicht es Organisationen, von laufenden Prozessen und Routinen zu abstrahieren und auf die dahinterliegenden Strukturen und Entscheidungsprämissen zu blicken. Organisationen beobachten sich im Zuge von Reflexionsprozessen gleichsam von außen, und zwar aus unterschiedlichen Außenperspektiven.

PR-Beratung kann als ein Spezialfall der Organisationsberatung betrachtet werden. In Anlehnung an gängige Definitionen der Organisationsberatung (vgl. u.a. Hafner/Reineke 1992: 30f.) und an Röttger/Zielmann (2009: 40) wird PR-Beratung hier definiert als fallspezifische, von externen Einzelberatern oder Organisationen angebotene komplexe Dienstleistung, die zur Erhöhung der Reflexivitäts- und Reflexionskapazitäten und zur Lösung von Entscheidungsproblemen der Klientenorganisation beiträgt, welche den Aufbau und die Gestaltung von kommunikativen Beziehungen zu internen Bezugsgruppen und externen Umwelten betreffen bzw. von diesen tangiert werden.

Gegenstand von PR-Beratung sind damit zum einen für die Erreichung der Organisationsziele relevante Aspekte der Information, Kommunikation und Wahrnehmung in Beziehungen zu externen Umweltbereichen bzw. externen

Stakeholdern. Bedeutsam sind hier insbesondere Entscheidungsprobleme, die die Legitimität unternehmerischen Handelns betreffen und die sich als Folge aus der Tatsache ergeben, dass Organisationen in der Mediengesellschaft unter potenzieller öffentlicher Dauerbeobachtung stehen. Zum anderen bezieht sich PR-Beratung auf Aspekte der Information, Kommunikation und Wahrnehmung innerhalb von Organisationen, d.h. zwischen Organisationseinheiten und Organisationsmitgliedern.

Unterscheidung von internen und externen PR-Funktionsstellen

Die Spezifika der (externen) PR-Beratung werden insbesondere bei einem Vergleich mit internen PR-Funktionsträgern deutlich. Externe PR-Berater stehen nicht nur als wirtschaftlich eigenständige Einheiten in einem gewerblichen Dienstleistungsverhältnis zu ihrem Auftraggeber (vgl. Nöthe 1994: 66), sondern können gegenüber internen PR-Praktikern systematisch anhand der je relevanten Beobachtungsoperationen unterschieden werden (siehe Abb. 3).

**Abb. 3: Beobachtungsoperationen
          interner und externer PR-Funktionsstellen**

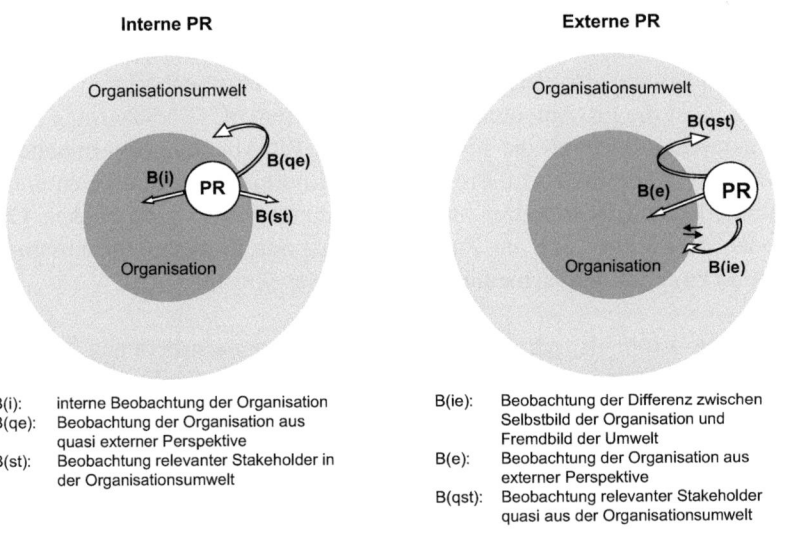

B(i):   interne Beobachtung der Organisation
B(qe):   Beobachtung der Organisation aus
         quasi externer Perspektive
B(st):   Beobachtung relevanter Stakeholder in
         der Organisationsumwelt

B(ie):   Beobachtung der Differenz zwischen
         Selbstbild der Organisation und
         Fremdbild der Umwelt
B(e):   Beobachtung der Organisation aus
         externer Perspektive
B(qst): Beobachtung relevanter Stakeholder
         quasi aus der Organisationsumwelt

Quelle: Röttger 2005: 16

Interne PR optimiert als Grenzstelle von Organisationen deren Beobachtungskapazitäten. Ihr obliegt als Bestandteil der Organisation die interne Beobachtung der Organisation selbst (B(i)) und die Beobachtung relevanter Stakeholder in der

Organisationsumwelt aus Perspektive der Organisation (B(st)). Um der Organisation Reflexion zu ermöglichen und Input für Entscheidungen im Umgang mit den Divergenzen zwischen Selbst- und Fremdbeschreibungen zu liefern, versucht PR zudem die Perspektive externer Stakeholder zu antizipieren: Interne PR beobachtet die Organisation im Sinne einer Simulation der Fremdperspektive durch die Brille der Stakeholder. Dies ist das zentrale Dilemma interner PR: Sie muss die Organisation quasi aus einer externen Perspektive beobachten, ist aber Teil der Organisation selbst.

Demgegenüber können externe PR-Funktionsträger, die als eigenständige Einheiten nicht Teil der Organisation sind, diese nicht nur aus einer simulierten, sondern tatsächlich externen Perspektive beobachten. Externalität kann in dieser Beziehung als günstige Voraussetzung für die Erzeugung von Reflexivität angesehen werden (vgl. Hoffmann/Steiner/Jarren 2007: 49). Die Externalität hat zudem weitere Konsequenzen, zum Beispiel in Bezug auf das den Externen zur Verfügung stehende Wissen (3.4.2).

Die Bezeichnung externer PR-Dienstleister als Berater unterstreicht deren starke Beratungsorientierung, ohne damit zu unterstellen, dass interne PR-Experten keine Beratungsfunktionen übernehmen. Zugleich impliziert die Berater-Bezeichnung nicht, dass externe PR-Berater ausschließlich Beratungsleistungen erbringen, nicht aber an der konkreten Kommunikationsproduktion beteiligt sind. Beratungsdienstleistungen können zwar analytisch klar von operativ ausgerichteten Dienstleistungen unterschieden werden, in der Praxis sind allerdings fließende Grenzen erwartbar, die Gegenstand der Untersuchung sein werden.

Da PR-Beratung wie bereits erwähnt kommunikativ zu bearbeitende Entscheidungen fokussiert, die sich aus wechselseitigen Beobachtungs- und Interaktionsbeziehungen zwischen einer Organisation und ihren Umwelten ergeben, agiert PR-Beratung immer unter Bezugnahme auf öffentliche Kommunikation, sei es im Versuch der Verhinderung öffentlicher Kommunikation oder Bezug nehmend auf öffentlich vermittelte bzw. zumindest partiell öffentlich beobachtbare Kommunikationsbeziehungen. Dies schließt auch die Ebene der Organisationsöffentlichkeit ein. Dies hat Folgen für die Minimalstruktur der Interaktionsbeziehungen: Während in der klassischen Organisationsberatung die Dyade von Berater und Beratenem (Klient) als Standardstruktur angesehen werden kann (vgl. Buchholz 2008: 25), ist in der PR-Beratung die Triade (Berater/Klient/Bezugsgruppen bzw. Öffentlichkeit) als Minimalstruktur anzusehen (vgl. Saam 2009: 33). Die im Kontext öffentlicher Kommunikation angesiedelten Gegenstände der Beratung und die sich daraus ergebenden Anforderungen an Beratung verlangen im Kontext einer Theorie der PR-Beratung also ebenfalls besondere Aufmerksamkeit (vgl. Kap. 3.4).

3.4 Merkmale und Spezifika der PR-Beratung

Beratung des internen Kommunikationsmanagements oder der Organisationsleitung, Beratung in Fragen der Organisationskultur oder von Innovationsprozessen: Immer wieder fällt die große Heterogenität der angebotenen Dienstleistungen, der anbietenden Dienstleister und der je angesprochenen Bezugsgruppen auf. Die für PR-Beratung typische triadische Struktur zwischen Auftraggeber, PR-Dienstleister und den jeweiligen Bezugsgruppen (vgl. Bentele/Nothhaft 2004; Nothhaft 2002; Röttger/Zielmann 2009) verdeutlicht, dass Auftraggeber und Dienstleistungsnutzer im Fall der PR-Beratung regelmäßig nicht identisch sind. PR-Dienstleistungen werden oftmals nicht am Kunden (Auftraggeber) selbst, sondern an dessen Bezugsgruppen erbracht. Dies hat u.a. Folgen für die Leistungs- und Qualitätsbewertung, die der Auftraggeber nicht oder nur sehr begrenzt aus eigenem Erleben oder eigener Erfahrung heraus treffen kann. Um PR-Beratung und insbesondere deren Effekte bewerten zu können, müssen daher die unterschiedlichen Leistungserwartungen der zentralen Anspruchsträger „Auftraggeber" und „Bezugsgruppen" berücksichtigt werden.

Gegenstände von PR-Beratung sind potenziell öffentlich beobachtbare (Kommunikations-)Beziehungen einer Organisation mit ihren Stakeholdern. Die Zahl der Beziehungspartner geht theoretisch ins Unendliche. Ihre jeweilige Beziehungsintensität ist oftmals unbekannt und ändert sich im Zeitverlauf. Die Reaktanz des Feldes sowie die Dynamik und die Komplexität öffentlicher Kommunikationsprozesse führen dazu, dass PR-Beratung von hohen Unsicherheiten begleitet ist und in der Folge Beratungsprozesse und deren Konsequenzen nur begrenzt plan-, steuer- und voraussagbar sind.

> „Der Prozess der Beratung bleibt bei aller Sorgfalt in Vorbereitung, unmittelbarer Leistung am Kunden, Reflexion und Evaluation ein extrem sensibles, leicht zu irritierendes Unterfangen." (Staubach 2008: 6)

Dabei wird deutlich, dass einige Spezifika der PR-Beratung für deren Klienten besondere Risiken darstellen: Neben der triadischen Struktur, die zum einen die Komplexität der Effektbewertung für die Auftraggeber erhöht und zum anderen eine potenzielle Informationsasymmetrie zugunsten der PR-Beratung impliziert, z.B. weil diese über spezifisches Detailwissen bzgl. ausgewählter Bezugsgruppen verfügt, sind insbesondere die für Klienten schwer evaluierbaren Wirkungen von (öffentlicher) Kommunikation zu nennen.

3.4.1 Komplexität von Kommunikationswirkungen

Der vielschichtige Wirkungsbegriff wird klassisch definiert als „Veränderung von Wissen, Einstellungen oder Verhalten als (kausal verursachte) Folge von Kommunikation" (Schmidt/Zurstiege 2000: 93). In der PR-Praxis finden sich weitverbreitet unilineare Steuerungsannahmen, die eine eindeutige Kausalität zwischen Kommunikationsmaßnahmen und ihren Wirkungen unterstellen. Regelmäßig wird hier klassischen Stimulus-Response-Modellen gefolgt, deren Wirkungsbeziehung analog dem Einwirken einer physikalischen Kraft auf einen Gegenstand konzipiert wird (vgl. dazu Merten 1999: 334). Ein solcher Rückgriff auf Stimulus-Response-Annahmen und die damit verbundenen Annahmen der Transitivität, Proportionalität und Kausalität als elementaren Funktionsprinzipien von Kommunikation (vgl. ebd.) wird der alltäglichen PR-Realität aber nicht gerecht. Denn wie auch immer geartete Wirkungen von Kommunikation beruhen letztlich auf dem mehrteiligen Zusammenspiel von einzelnen Faktoren, die analytisch nur isoliert und damit unter Ausklammerung permanent einwirkender intervenierender Variablen erfassbar sind. Insofern sind Wirkungen immer nur partiell zu erfassen. Aufgrund der Mittel- und Langfristigkeit von Kommunikations- bzw. PR-Wirkungen ergeben sich zudem Probleme der zeitlichen Zurechenbarkeit von Kommunikationsmaßnahmen und Kommunikationswirkungen.

Die allgemeinen Probleme der Erfassung und Bewertung von Kommunikationswirkungen potenzieren sich im Falle öffentlicher Kommunikation u.a. durch die Komplexität der verschiedenen Öffentlichkeitsebenen und Selektionsstufen (siehe hierzu u.a. Gerhards/Neidhardt 1991) sowie der Vielzahl vorab unbekannter Sprecher und Akteure, die sich zu einem Thema äußern, es kommentieren und bewerten oder es in den Kontext anderer Themen stellen und somit neu interpretieren.

Öffentlich kommunizierende Organisationen sind gezwungen, sich an die Laienorientierung ihrer Umwelten anzupassen, ohne vorab im Detail zu wissen, welche Mitglieder dieser Umwelten im Einzelnen aufmerksam sein werden und wie daher die Reaktion voraussichtlich ausfallen wird. Damit handeln auch die im Auftrag dieser Organisationen agierenden PR-Berater letztlich ohne exakte Kenntnisse der Wirkungsfolgen. Aus dem Blickwinkel der PR-Berater heißt das, dass diese Lösungsvorschläge zum Umgang mit unsicheren Situationen entwickeln müssen, in denen ihnen Kenntnis über die Wirkungen des Klienten-Handelns fehlen und Mittel und Wege zur Zielerreichung unklar sind: Beratung, die sich mit dem Beziehungsfeld von Organisationen, mit wechselseitigen Beobachtungen und Beschreibungen befasst, ist regelmäßig mit komplexen, schlecht strukturierbaren Situationen, mit nicht vorhersehbaren Entwicklungen konfrontiert, in denen kausal-lineare Lösungen nur begrenzt erkennbar sind und konkrete Interventionen mit hoher Wirkungssicherheit eingesetzt werden können.

3.4.2 Wertwissen als Orientierungsmaß

PR-Dienstleistungen sind in hohem Maße auftraggeber- und kontextabhängig. Entsprechend hat das Klientensystem bezogen auf branchenrelevante Daten und vor allem auf die organisationseigenen Prozesse (u.a. ökonomische Daten, soziale Verhaltensmuster) regelmäßig einen Wissensvorsprung. Zur Entwicklung adäquater Problemlösungen sind PR-Berater daher auf Informationen durch ihre Klienten angewiesen, auf deren Input und deren Unterstützung. Im Folgenden sollen zentrale Spezifika des PR-Beratungswissens in der Zeit-, Sach- und Sozialdimension herausgearbeitet werden.

Das prozesshafte PR-Beratungswissen ist in Anbetracht der allgemeinen Schnelllebigkeit von Informationen sowie dynamischer Entwicklungen von Klientenorganisationen und deren Umwelten rasch veraltet. Darüber hinaus kann sich der Beratungsgegenstand gleichfalls durch den Einsatz von Beratungswissen wandeln. Die lernende Organisation ist dabei die eine Seite der Medaille, die andere bilden ihre Umwelten. Sogar der Umstand, dass sich ein Klient für die Kooperation mit einem PR-Berater entschließt, kann Veränderungen hervorrufen. Und letztlich verändert sich das Klientensystem bedingt durch die Beobachtung durch den Berater, indem es auf die Beobachtung reagiert (vgl. Willke 1998: 122; 1999: 12ff.).

PR-Beratung als Dienstleistung ist durch ihr immaterielles Leistungsergebnis und einen hohen Integrationsgrad des Leistungsprozesses gekennzeichnet (vgl. Meffert 2000: 50). Als relevante Fremdfaktoren, die PR-Beratung integrieren muss, sind insbesondere die Abnehmer der Dienstleistung zu nennen, die aktiv und nachhaltig Einfluss auf die Art und Weise der Dienstleistungserstellung sowie deren Ergebnis nehmen können. Prozess und Ergebnis der Beratung werden vom Berater *und* vom Klienten gestaltet (vgl. hierzu auch Martini 2008: 4).

Im Blickfeld von PR-Beratungsleistungen stehen organisationale Probleme, die den Aufbau und die Gestaltung von kommunikativen Umfeldbeziehungen betreffen bzw. von diesen tangiert werden. PR-Beratung muss daher die konkrete Umweltsituation des Dienstleistungsabnehmers, die Erwartungen und Ansprüche der jeweils für den Kunden relevanten Stakeholder als externen Faktor ebenfalls berücksichtigen. Die Klientenorganisation, deren Umweltbedingungen und die jeweils problemrelevante Akteurskonstellation sind potenziell oder tatsächlich in ständiger Veränderung. Lediglich das Ausmaß der Dynamik variiert je nach Beratungsaufgabe und Klientenorganisation.

Die skizzierte Dynamik und die Reaktanz des Feldes verweisen erneut auf die hohe Unsicherheit, unter der PR-Beratung erfolgt und machen die begrenzte Plan-, Steuer- und Voraussagbarkeit des Beratungsprozesses erneut deutlich. Im Rahmen der PR-Beratung ist eine schematisierte, regelgeleitete Wissensanwendung nur sehr begrenzt sinnvoll und möglich. Probleme im Kontext der Gestaltung kommunikativer Umfeldbeziehungen und der Perzeption der Klientenorganisation sind aufgrund der Vielzahl der intervenierenden Variablen und der kaum kontrollierbaren Wechselwirkungen zwischen zahlreichen Einflussfaktoren nicht mittels einfacher Standardlösungen zu bearbeiten. An die Stelle von Regelanwendung und kausaladäquaten Lösungen treten damit Fallverstehen und sinnadäquate Lösungen. Es gibt nicht die eine richtige Lösung. Damit lässt sich auch der Erfolg von Beratung nicht eindeutig bestimmen. Ansätze, die die eine richtige Lösung oder den einen richtigen Lösungsweg für sich in Anspruch nehmen, sind eher als Akquisitionsinstrument denn als adäquater Problemlösungsansatz anzusehen. PR-Beratung verlangt von den Beratern mehr als nur reines Experten-Fachwissen. Sie erfordert die Fähigkeit zu Sinn- und Bedeutungsverstehen und Kompetenzen in der kontextsensitiven Verwendung von Wissen (vgl. Willke 1998: 115f.).

Der Wirtschaftswissenschaftler und Psychologe Timo Meynhardt (2003) hat darauf hingewiesen, dass Organisationen (und folglich auch deren Berater) heute immer häufiger mit komplexen Situationen konfrontiert sind, in denen Sach- und Faktenwissen und einfache Standardlösungen an Grenzen stoßen. Er unternimmt daher mit seinem Ansatz des „Wertwissens" den Versuch, den vermeintlichen in der betriebswirtschaftlichen und organisationstheoretischen Literatur vorhandenen Gegensatz von Wissen und Werten aufzuheben und Werte als handlungsleitende Wissensform in Organisationen aufzuwerten. Je weniger kausal-lineare Lösungen für Handelnde erkennbar sind bzw. angewendet werden können (z.B. in komplexen, schlecht strukturierten Situationen), desto eher greifen sie auf scheinbar irrationale Orientierungshilfen wie Meinungen, Einstellungen, Überzeugungen oder Intuition zurück. Dies wird von Meynhardt als Wertwissen beschrieben. Wertwissen umfasst Phänomene, die Bewertungsmaßstäbe und Orientierung bieten, wie man typischerweise mit bestimmten Problemen umgeht (vgl. Meynhardt 2003: 53).

Letztlich beinhaltet Wertwissen Bewertungsprozesse, die nicht gänzlich durch (wissenschaftlich) gesicherte Erkenntnisse begründet werden können. Dieses Wissen ist als Ausdruck einer Beziehung zwischen einem wertendem Subjekt und einem bewerteten Objekt zu verstehen, das nicht außerhalb der Beziehung existiert. Wertwissen und Sachwissen konstituieren sich gegenseitig, wenngleich fließende Grenzen zu beobachten sind, sie also selten in Reinform auftreten. Im Kontext öffentlicher Kommunikation, in Bezug etwa auf die Prognose der Entwicklung öffentlicher Thematisierungsprozesse oder die Chancen einer De-Thematisierung spielt Wertwissen im Sinne Meynhardts eine zentrale Rolle. Dies unterstreicht wiederholt die Situationsgebundenheit und die Komplexität von PR-Beratung.

3.4.3 Vertrauen in PR-Beratung

Was schlechte PR ist, scheint einfach zu benennen zu sein: Negative Beispiele unprofessioneller oder moralisch bedenklicher PR-Aktivitäten bestimmen in weiten Teilen das öffentliche Bild von Public Relations (vgl. u.a. Bentele/ Seidenglanz 2004). Deutlich schwieriger scheint es zu sein, zu beschreiben, wann PR gut im Sinne von qualitativ hochwertig ist. Kennzahlen und eindeutige konsensualisierte Kriterien für die Qualität von PR und insbesondere auch der PR-Beratung liegen nicht vor und sind in allgemeingültiger, direkt messbarer Form angesichts der Kontextabhängigkeit der PR auch nur begrenzt zu formulieren. Auch bezogen auf andere Kommunikationsbereiche, wie etwa den Journalismus oder die Werbung, wird argumentiert, Qualität könne nicht objektiv gemessen werden, sondern beziehe sich immer auf den Bewertungsmaßstab bestimmter Zielgruppen (vgl. Daschmann 2009: 257; Arnold 2008: 265).

Bezogen auf die Qualitätsbewertung durch Konsumenten oder auch Rezipienten werden grundsätzlich folgende drei Güter unterschieden (vgl. Heinrich 1996: 168):

- Suchgüter, bei denen eine Qualitäts-Einschätzung vor dem Kauf durch Beobachtung erfolgen kann (z.B. Schmuck)
- Erfahrungsgüter, deren Qualität erst nach dem Kauf/Konsum beurteilt werden kann (z.B. ein Motorrad) und
- Vertrauensgüter, deren Qualität beim Verbrauch nicht ohne Weiteres bewertet werden kann (z.B. Steuerberatung).

Aus Sicht der Dienstleistungsabnehmer weist PR-Beratung insbesondere Erfahrungs- und Vertrauenseigenschaften auf, ist entsprechend ein Erfahrungs- und Vertrauensgut. Klienten der PR können die Qualität der Dienstleistung weder vor dem Kauf, noch nach dem Kauf oder der Nutzung vollständig und zuverlässig überprüfen (vgl. Meffert 2000: 54; Martini 2008: 11). Zudem können sie die Beratungsleistung bei Nichtgefallen nicht „umtauschen". Der Informationsmangel der PR-Klienten bezieht sich nicht nur auf die Qualität der Dienstleistung, sondern auch auf Fragen der Effektivität und Effizienz des Beraterhandelns und den tatsächlichen Nutzen der Beratung für den Klienten. Bei der Auswahl geeigneter PR-Berater müssen sich Klienten daher in hohem Maße auf Ersatzcodes verlassen, z.B. die Reputation der PR-Berater oder eingeführte Kennziffern, Standards und Gütesiegel der Branche – wie sie z.B. im

Kontext des Qualitätsmanagements in Agenturen eingeführt wurden (vgl. Willke 1998: 115f.; Röttger/Hoffmann/Jarren 2003: 233f.). Auch in der Zusammenarbeit mit Beratern bleibt für Klienten immer ein Restrisiko bestehen, das über Verträge oder Kontrollmechanismen nicht vollständig aufzulösen ist.

Beratung als Vertrauensgut verlangt auf Seiten der Berater Kompetenzdarstellungskompetenz oder auch Inszenierungskompetenz. Beratung und Beratungskompetenz müssen gegenüber den Klienten als professionelle, nicht-austauschbare und nicht-verzichtbare Leistung dargestellt werden. Dabei ist die dramatische Gestaltung der PR-Beratung – wie auch bei zahlreichen anderen Dienstleistungen – gegenüber den Kunden in Teilen problematisch: Die kostspieligen und aufwändigen Aspekte der Dienstleistung sind für den Kunden häufig nicht erkennbar. Ziel des Beraters muss es daher sein, Kosten sichtbar zu machen: Mit aufwändigen Booklets werden Konzeptionsideen dargestellt und in ihrer Wertigkeit sichtbar gemacht, Beratungsmodelle werden neu kreiert und patentiert, um zwei Beispiele für die Ausgestaltung von PR-Beratungsleistungen zu nennen (vgl. Goffman 2002: 31ff.).

Eine wichtige Funktion übernehmen in diesem Rahmen zudem Titel, Diplome und Zertifikate, die über die konkret bescheinigten Wissenselemente und Kompetenzen hinaus eine Symbolfunktion haben und ihren Besitzern Prestige und Ansehen verschaffen sollen. Dabei ist die Inszenierung von Kompetenz und Professionalität umso glaubwürdiger, desto stärker das inszenierte Bild mit den tatsächlichen Kompetenzen und dem substantiellen Wissen übereinstimmt (vgl. Pfadenhauer 1998: 294ff.; 2003).

Die Zusammenarbeit mit externen Dienstleistern und hier insbesondere Beratern ist für ist Klienten stets risikobehaftet – dies verdeutlichen die Probleme der eingeschränkten Qualitätsbeurteilung und der Informationsasymmetrie zulasten der Klienten. Die Probleme des Klienten, Vertragspartner und deren Leistungen vollumfänglich beurteilen zu können, verschärfen sich im Falle der PR-Beratung aufgrund der genannten Spezifika der Beratungsgegenstände. Die Eigenschaften und Effekte der PR-Beratungsleistungen können in der Regel aufgrund der komplexen Problemstellung nicht exakt beziffert werden (vgl. Kaiser/Ringlstetter 2006: 101) Beratene müssen daher ihren PR-Beratern Vertrauen schenken.

Vertrauen in Personen gilt als Voraussetzung jedweder sozialen Beziehung und gilt zusammen mit dem Vertrauen in Organisationen sowie dem Vertrauen in soziale Systeme (Wahlsystem, Gesundheitssystem etc.) zugleich als ein universelles Phänomen. Entsprechend ist Vertrauen Gegenstand der Auseinandersetzung vieler unterschiedlicher wissenschaftlicher Disziplinen: Die Soziologie, die Psychologie, die Politikwissenschaft, die Wirtschaftswissenschaft und in jüngster Zeit auch die Kommunikationswissenschaft befassen sich mit unterschiedlichen Aspekten des komplexen Konstruktes Vertrauen (für einen knappen Überblick siehe Bentele/Seidenglanz 2005: 347ff.). Ein kontinuierliches Bestreben ist disziplinübergreifend die Erforschung von Vertrauen zwischen Organisationen (vgl. u.a. Sako 1992; Loose/Sydow 1994). Vertrauen realisiert sich jedoch erst in den sozialen Beziehungen und zwar basierend auf den Erfahrungen der Interaktion, den Interpretationen der Handlungen des anderen (z.B. Kompetenzzurechnungen) (vgl. Raschke/Tils 2007: 403f.).

Empirische Studien, die sich allgemein mit der Zusammenarbeit von Unternehmens- bzw. Organisationsberatern und deren Klienten befassen und das Kriterium Vertrauen dabei explizit abfragen, betonen durchweg die Relevanz von Vertrauen als Auswahlkriterium (vgl. u.a. Wick 2000; Meffert 1990; Greschuchna 2006). In einer landesweiten Berufsfeldstudie (in der Schweiz) ermittelten Röttger, Hoffmann und Jarren (2003: 234) als zentrale Faktoren, die bei der Agenturauswahl aus Sicht der Klienten eine Rolle spielen, neben Branchenkenntnissen, einer stimmigen und adäquaten Konzeptpräsentation und einer ähnlichen Philosophie von Agentur und Unternehmen insbesondere auch die vorherige erfolgreiche Zusammenarbeit und den guten Ruf der Agentur. Die letztgenannten Aspekte verweisen ebenfalls auf die Relevanz der Vertrauensdimension.

Die wenigen vorliegenden Arbeiten zur Rolle von Vertrauen im Kontext der PR-Beratung stammen überwiegend aus den Wirtschaftswissenschaften (Greschuchna 2006; Gierl 1999; Wiedenfels 2007). In der Kommunikationswissenschaft wurde Vertrauen bislang eher vereinzelt und in nicht aufeinander Bezug nehmenden Arbeiten analysiert. Es liegen nur wenige grundlegende Konzepte von Vertrauen vor (Kohring 2004; Bentele 1994). Gleiches gilt auch für Analysen zu Vertrauen im Kontext von Organisationen und ihrer internen und externen Kommunikation.

Es ist aufschlussreich, sich an dieser Stelle die Differenz von interner PR-Arbeit und externer PR-Beratung vor Augen zu führen: Im Falle interner PR-Funktionsträger werden vorhandene Risiken u.a. durch Mitgliedschaftsregeln kompensiert. Im Fall der PR-Beratung kommt demgegenüber viel stärker zum Tragen, dass Vertrauen ein zirkuläres Phänomen ist; Vertrauensbeziehungen stabilisieren sich rekursiv (Drepper 2006: 195f.; Sydow 1998: 40f.). Das heißt, Vertrauen setzt ein gewisses Maß an Vertrauen auf der Grundlage von Vor-Erfahrungen voraus (Mencke 2005: 149). Dieses kann beispielsweise bei der allerersten Begegnung und Interaktion geprägt werden und wird dann in der wieteren Kooperationsfolge verfestigt oder erschüttert bzw. zerstört. Klienten, die die Erfahrung gemacht haben, dass ihre Vertrauensentscheidung in einen PR-

Berater positiv bestätigt wurde, werden diesem am ehesten erneut Vertrauen schenken (vgl. auch Ahlert/Kenning/Petermann 2001: 287).

Theoretisch bedeutsam zur weiteren Beschreibung von Vertrauen im Kontext von PR-Beratung sind vor allem der funktionalistische Ansatz von Luhmann, der als „Referenzpunkt der jüngsten Konjunktur des Vertrauensthemas" (Endreß 2002: 28) gilt, sowie die Theorie des Vertrauens von Kohring (2004). Ausgangspunkt der dahinter stehenden Überlegungen ist, Vertrauen als Mechanismus zu konzeptualisieren, der die soziale Komplexität reduziert und Unsicherheit bzw. Risiko tolerierbar macht (vgl. Luhmann 1989: 5), wobei der Bedarf für Vertrauen auch von der Verfügbarkeit bzw. Nichtverfügbarkeit funktionaler Äquivalente abhängig ist. Vertrauen ist ein wesentliches Element im Umgang mit wahrgenommenen Risiken in Beratungsbeziehungen. Weitere Mechanismen zur Minimierung von Risiken sind beispielsweise Verträge oder speziell eingerichtete Kontroll- und Informationssysteme.

Vertrauen bringen sich mindestens zwei in einem sozialen Kontext involvierte Akteure entgegen, die sich wechselseitig beeinflussen können und die nicht vollständig determiniert sind (vgl. Möllering/Sydow 2005: 66).Vertrauen bietet Handlungsoptionen in Situationen, in denen Akteure eigentlich aufgrund unvollständigen Wissens und mangelnder Informationen handlungsunfähig wären. Vertrauen ist damit zugleich eine „riskante Vorleistung" (Luhmann 1973: 23), eine als-ob-Unterstellung, die enttäuscht werden kann (Kron/Schimank/Lasarczyk 2003: 376).

„Allgemein geht es bei einer vertrauensbasierten Handlung um eine Handlung, die Risiko kompensiert und dadurch Handlungsoptionen aufrecht erhält, die sonst nicht möglich gewesen wären. Indem es selektives Anschlusshandeln ermöglicht, reduziert Vertrauen Komplexität. Vertrauen bezieht sich zuallererst auf Selektivität." (Kohring 2004: 129)

Ähnlich wie bei der Unterscheidung von Rollenerwartungen auf der Mikro- und Meso-Ebene gilt es bei Vertrauenssituationen zu differenzieren zwischen einzelnen Personen, d.h. interpersonalem Vertrauen und Systemvertrauen, d.h. Vertrauen in (Organisations-)Systeme als Vertrauensobjekte. So ist danach zu fragen, ob und inwieweit Systemvertrauen im Kontext der PR-Beratung eine Rolle spielt. Erste empirische Befunde (vgl. Löhn 2008: 105f.; vgl. Löhn/Röttger 2009) weisen darauf hin, dass der Stellenwert von Systemvertrauen und interpersonalem Vertrauen sich im Laufe des Beratungsprozesses verändert: Während zu Beginn des Beratungsprozesses Systemvertrauen von hoher Bedeutung für die Klienten ist, gewinnt im voranschreitenden Beratungsprojekt das interpersonale Vertrauen deutlich an Bedeutung und das Systemvertrauen wird nachrangig (vgl. zu der Aufteilung – erweitert in Personen-, Institutionen und Systemvertrauen – auch Kaiser/Ringlstetter 2006: 104). Zugleich ist davon auszugehen, dass personales und System-Vertrauen nicht nur wesentliche Auswahlkriterien sind, sondern sich zudem im Beratungsprozess gegenseitig (positiv) beeinflussen (vgl. Greschuchna 2006: 169).

Zentral ist in diesem Zusammenhang die Frage, wie im Gegenüber Gründe für eine Vertrauenswürdigkeit bzw. einen Vertrauensentzug in der Interaktion identifiziert werden. Faktoren von Vertrauenswürdigkeit umfassen a) die erwartete Handlungsfähigkeit (Kompetenz, Können; ability), b) Aspekte der Handlungsbereitschaft (Integrität, Wollen; integrity) als auch c) Wohlwollen gegenüber dem Klienten (benevolence) (vgl. Mayer/Davis/Schoorman 2006: 90ff.). Des Weiteren ist von Interesse, welcher Art, Dauer und Variabilität die Erwartungen sind, die sich auf den Interaktionspartner richten. Dies inkludiert zu beschreiben und zu analysieren, welche Merkmale im PR-Beratungsprozess ausschlaggebend für die Entgegenbringung von Vertrauen sind: Während z.B. Ärzte durch den Doktortitel, Symbole wie den weißen Kittel und eventuell auch die Benutzung einer Fachsprache (kompetent und) vertrauenswürdig erscheinen, so ist in Bezug auf PR-Berater unklar, woran sich Klienten orientieren, um zu entscheiden, ob sie einem Berater vertrauen können oder nicht. Ein weiterer offener Punkt sind etwaige ‚Vertrauensstrategien‘ der Berater selbst, inwiefern sie also aktiv versuchen, einen Beitrag zu ihrer Vertrauenswürdigkeit zu leisten.

Vertrauensrelationen implizieren eine Delegation von Handlungsverantwortung seitens des Vertrauenssubjektes, trotz des damit verbundenen und wahrgenommenen Risikos, das nicht durch anderweitige Mechanismen abgesichert ist. Die Übertragung von Handlungsverantwortung ist seitens des Vertrauenssubjektes mit spezifischen Erwartungen an das Vertrauensobjekt verbunden und sie ist dann erfolgreich, wenn das Vertrauensobjekt die an sie gerichteten Leistungserwartungen erfüllt.

Vertrauen richtet sich demnach auf bestimmte empirische Leistungen (vgl. Kohring 2004: 122), auf spezifische Funktionen, die von dem Vertrauensobjekt erwartet werden. Diese Dimensionen von Vertrauen sind jeweils im Einzelfall zu bestimmen. Es ist davon auszugehen, dass die unterschiedlichen Erwartungen des Vertrauenssubjektes simultan durch das Handeln des Vertrauensobjektes erfüllt werden müssen, um Vertrauen zu ermöglichen. Ein solcher Vertrauensbegriff löst sich von statischen Merkmalszuschreibungen zu einzelnen Akteuren und betont stattdessen die Wichtigkeit von Interaktionen in Vertrauensrelationen (Kohring 2002: 108).

Welche Vertrauensdimensionen im Detail in Interaktionen zwischen PR-Beratern und Klienten bedeutsam sind, lässt sich letztlich nur empirisch beantworten. Auf der Grundlage der bisherigen Überlegungen zu PR, zu Organisationsberatung allgemein und PR-Beratung im Speziellen lassen sich jedoch erste Annahmen über mögliche Funktionserwartungen treffen, die aus Sicht der Klienten von den Beratern im Beratungshandeln erfüllt werden müssen, um Vertrauen zu ermöglichen. Mögliche Dimensionen von Vertrauen in PR-Beratung sind:

- Vertrauen in die neutrale („interessenlose") Außenperspektive des Beraters
- Vertrauen in die richtige Problem- und Situationsanalyse durch den Berater (u.a. wegen seiner Beobachtungsperspektive zweiter Ordnung)
- Vertrauen in die Anregung neuer Reflexionsprozesse und deren Etablierung in der Organisation durch den Berater (inkl. Steigerung der Entscheidungsfähigkeit der Klientenorganisation)
- Vertrauen in die Formulierung von relevanten Veränderungsimpulsen sowie die Irritation in Bezug auf dysfunktionale Routinen und die Implementierung einer neuen Selbststeuerungskompetenz
- Vertrauen in die Ausarbeitung einer adäquaten Problemlösungsstrategie: Vertrauen nicht nur in die Fähigkeit der Formulierung, sondern auf Wunsch auch Umsetzung einer tragfähigen Problemlösung
- Vertrauen in die Loyalität des Beraters und sein Engagement für den Kunden
- Vertrauen in die Handlungsfähigkeit und Handlungsbereitschaft des Beraters (operatives Geschäft)
- Vertrauen in die Unterstützung durch den Berater bei der Legitimation und Durchsetzung strittiger Entscheidungen
- Vertrauen in die Fähigkeit und Bereitschaft des Beraters, Erfahrungen und Wissen in die Organisation einzubringen

Die Auflistung macht deutlich, dass zahlreiche vertrauensrelevante Erwartungen (u.a. Umsetzung einer tragfähigen Problemlösung, Einsatz des Beraters im operativen Geschäft), die vermutlich in der Praxis von hoher Relevanz sein werden, mit der zuvor vorgenommenen Konzeptionalisierung eines autonomen Beraters als Beobachter zweiter Ordnung nur begrenzt kompatibel sind. Hier können die angenommenen Ansprüche von Klienten an PR-Berater identifiziert werden, die den idealtypischen systemischen Beratungsfunktionen zuwiderlaufen und die Autonomie der PR-Beratung tendenziell in Frage stellen. Zugleich ist aus anderer Perspektive danach zu fragen, ob die idealtypischen Beratungsfunktionen seitens der Klienten überhaupt nachgefragt werden. Ob und inwieweit ein hier skizziertes Berater-Ideal, dass der Differenz von Rat und Tat folgt, im Falle der PR empirisch belastbar ist, muss Gegenstand weiterer Forschung sein.

Welche Aspekte spielen nun bei konkreten Vertrauensentscheidungen und Vertrauenshandlungen in der PR-Beratung eine ausschlaggebende Rolle? Was sind Gründe für Vertrauen? Die zuvor aufgeführten theoretischen Näherungsversuche müssten in empirischen Studien überprüft werden. Ob eine Vertrauens-

entscheidung richtig war oder nicht, ist in letzter Konsequenz von den Ver-
trauensgebern allerdings erst im Nachhinein zu beurteilen. Luhmann geht insofern davon aus, dass „der Vertrauende um Gründe nicht verlegen sein wird"
(Luhmann 1973: 26); die eigene – riskante – Vertrauensentscheidung also letztlich immer legitimieren wird. Angesichts der Tatsache, dass Vertrauensentscheidungen immer riskant bleiben und diese in der Regel nicht völlig unreflektiert und spontan erfolgen, ist davon auszugehen, dass Menschen, die vor einer
Vertrauensentscheidung stehen, alle verfügbaren Anhaltspunkte zur Absiche-
rung ihrer Entscheidung nutzen werden.

3.4.4   PR-Beratungsrollen

Die sich aus dem bisherigen Interaktionsprozess herauskristallisierende bereits
angesprochene PR-Beratungsrolle ist nicht Merkmal eines einzelnen Akteurs,
sondern Abstraktion von Aufgaben und Leistungen seiner Organisation. Die Unterscheidung von Mikro- und Meso-Ebene und damit von individuellem PR-
Berater einerseits und der Beratungsorganisation (Agentur) andererseits ist bedeutsam. Zudem sind beide Ebenen interdependent: Erwartungen an die Rolle
der Beratungsorganisation schlagen sich auf der Mikroebene in Erwartungen an
die Rolle individueller Berater nieder und umgekehrt.

Eine differenzierte Betrachtung der Rollenkonstellationen von PR-Beratung
steht noch aus; vorliegende Typologisierungen wurden in der Regel nicht theoriegeleitet entwickelt und sind entsprechend unsystematisch (vgl. u.a. Haf-
ner/Reineke 1992). Aus der Literatur lassen sich allerdings zwei konkretere zentrale Rollendimensionen ableiten, die sich auf entgegengesetzten Polen gegenüberstehen und die die Differenz von Rat und Tat als Ausgangspunkt nehmen:

- Rollendimension 1: Experten- versus Prozessberatung
- Rollendimension 2: Konzeptionelle versus umsetzungsorientierte Beratung

Typisch für die Expertenberatung ist die Delegation der Problemlösung vom
Klienten an den Berater; Expertenberater liefern Ideen, Informationen und Inter-
pretationen und entwickeln für das Klientensystem konkrete Lösungsvorschläge.
„In der Expertenberatung löst der Berater für den Klienten das Problem, wäh-
rend in der Prozessberatung der Klient durch den Berater befähigt wird, sein
Problem selbst zu lösen." (Iding 2000: 26)

Experten bearbeiten Probleme im Sinne von begründbaren, sachlogischen
und regelgeleiteten Ableitungen, sie wenden primär Regelwissen in einem tech-
nisch-instrumentellen Sinne an (vgl. Dewe et al. 1995; 17f.). Demgegenüber
steht bei der Prozessberatung stärker die „Hilfe zur Selbsthilfe" im Vordergrund:
Der Berater initiiert und strukturiert den Problemlösungsprozess ohne selbst in-

haltlich an der Entwicklung der Lösung beteiligt zu sein. Ihm kommt insbesondere die Aufgabe zu, dem Klientensystem das notwendige Prozess-Know-how zur Verfügung zu stellen und dessen Problemlösungskapazität zu verbessern. Die Unterscheidung in Experten- und Prozessberatung entspricht im Wesentlichen der Unterscheidung von „counseln" und „advisen" nach Wilhelmer (2009).

Abb. 4: Idealtypische Rollendimensionen der PR-Beratung

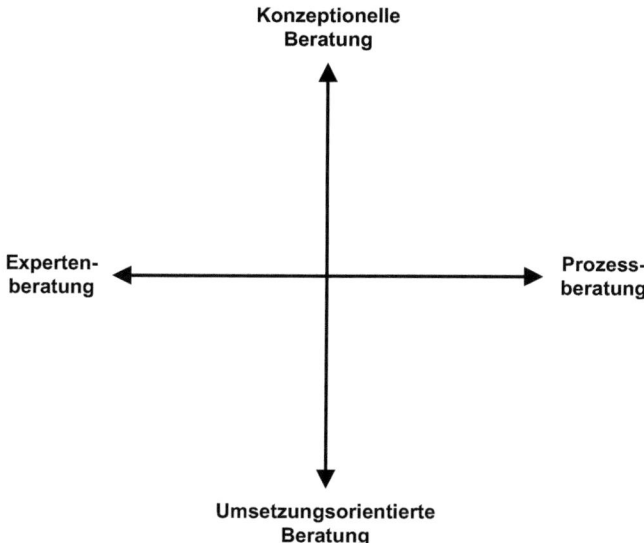

Quelle: Eigene Darstellung.

Die Prozessberatung lässt sich auch als eine Co-Produktion beschreiben, bei der der Berater und der Beratende kooperativ Handlungsoptionen und deren Konsequenzen erörtern und darüber zu einer Entscheidung finden. Diese Co-Produktion in der Prozessberatung, bei der der Berater einerseits dem Klienten neue Perspektiven aufzeigen soll, sich zugleich aber auch an der Logik des Klienten orientiert, um anschlussfähig und letztlich für den Klienten verwertbaren Input liefern zu können, verlangt von Beratern bestimmte Kompetenzen zur Gestaltung und Steuerung. (Vgl. Staubach 2008: 9f.). Dazu zählen die Fähigkeit zur Orientierung an Theorie, zur Reflexion und Prozesssteuerung sowie die Fähigkeit in unterschiedlichen Kontexten zu agieren (siehe Abb. 5).

Abb. 5: Kompetenzfelder der Co-Produktion in der Prozessberatung

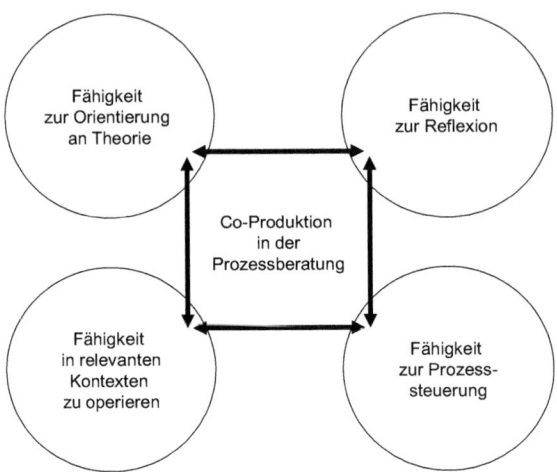

Deutlich wird hier, dass Prozessberatung und systemische Beratung in Bezug auf die grundlegende Haltung des Beraters gegenüber dem Klienten große Gemeinsamkeiten haben. Groth (1999: 81) weist drauf hin, dass systemische Berater eine Zwischenstellung zwischen Experten- und Prozessberatern einnehmen, da sie keine Lösungen vorgeben, zugleich aber sehr zielorientiert im Beratungsprozess agieren. Bezogen auf die zweite Rollendimension – konzeptionelle versus umsetzungsorientierte Beratung – ist grundsätzlich festzuhalten, dass Beratung analytisch von operativ ausgerichteten Dienstleistungen zu unterscheiden ist: Beratung ist nicht Entscheidung und Beratung ist nicht Umsetzung. Gleichwohl können aber unterschiedliche Formen der PR-Beratung nach ihrer Nähe zu konkreten Umsetzungsfragen unterschieden werden: Während konzeptionelle Beratung an grundlegenden Fragen der Kommunikationsstrategie und des Kommunikationsmanagements ansetzt, gibt umsetzungsorientierte Beratung Rat mit Blick auf die Planung und Umsetzung konkreter Kommunikationsmaßnahmen. Beide Formen der Beratung – und dies ist entscheidend – greifen die grundlegende Differenz von Rat und Tat auf, gleichwohl ist insbesondere bei der umsetzungsorientierten Beratung die Nähe zu operativ ausführenden Tätigkeiten deutlich größer.

Wenngleich das Idealbild von Beratung im unsetzungsfernen Rat liegt, zeigt sich mit Blick auf die Praxis jedoch, dass die Übergänge von Rat zu Tat fließend sind und Beratung in der Reinform in der empirischen Wirklichkeit nicht oder nur eingeschränkt anzutreffen ist (vgl. Steiner 2009: 13). Viele Formen der empirisch vorfindbaren „Beratung" müssen daher eher als operative Dienstleistung und weniger als Beratung im engeren Sinne bezeichnet werden. Dies stellt den hier skizzierten Beratungsbegriff keineswegs in Frage:

> „Der Idealtypus bildet gleichsam die identische Projektionsfläche, auf der die ausschlaggebenden Unterschiede empirischer Beratung beobachtet werden." (Steiner 2009: 13)

Auch in der PR ist eine reine Rat gebende Beratung vermutlich eher selten anzutreffen. Dies gilt für PR-Beratung wahrscheinlich sogar noch ausgeprägter als für andere Formen der Organisationsberatung. So fokussiert etwa Unternehmensberatung auf die Bearbeitung betriebswirtschaftlicher Probleme, ohne dabei in der Regel für die Implementierung der vorgeschlagenen Problemlösungen engagiert zu werden. „PR-Beratung" ist demgegenüber in der Praxis regelmäßig in hohem Maße in die Implementierung involviert.

Die teils fließenden Übergänge von Rat und Tat bei empirischer Beratung sind auch vor dem Hintergrund der in der Praxis vorfindbaren Erwartungen der Klienten an Beratung zu sehen. Steiner (2009: 121) stellt dazu fest:

> „Der Ratsuchende erwartet lösungsorientierte Instruktionen (empirisch), Beratung verspricht dagegen problemorientierte Reflexion (idealtypisch)". Diese lösungsorientierte Erwartungshaltung der Klienten ist für Beratung und Berater folgenreich, stellt sie doch die grundsätzliche Funktionalität von Beratung in Frage: „Die Gefahr, dass einseitige, lösungsorientierte Erwartungen des Ratsuchenden die Beratung deformieren, ist somit nicht von der Hand zu weisen. Sie ist um so ausgeprägter, je stärker der Berater auf den Ratsuchenden bzw. auf bestimmte Beratungsmandate angewiesen ist. (..) Die Inklusion des Beraters in den Kontext des Ratsuchenden führt dann dazu, dass der Berater seine externe Beobachtungsposition verliert." (Steiner 2009: 121)

Eine Befragung in Österreich von über 200 Unternehmen, die mit PR-Agenturen zusammenarbeiten, zeigt beispielsweise, dass Agenturen dort quasi als verlängerte Werkbank zu betrachten sind: Über die Hälfte der Auftraggeber entwickelt PR-Konzepte selbst und nur ein geringer Teil erarbeitet sie zusammen mit der Agentur (9%) bzw. lässt das PR-Konzept allein durch die Agentur entwickeln (6%) (vgl. Jurik 2008: 60); die Agenturen dienen hier in erster Linie zur Ausführung bereits ausgearbeiteter Konzepte.

PR-Beratung, die völlig losgelöst von Fragen der Umsetzung erfolgt, existiert in der Praxis im Unterschied zur Unternehmensberatung eher nur in Ausnahmefällen. In der Konsequenz ist daher eine Distanzierung des Beraters von konkreten Ergebnissen oder Effekten des Beratungsprozesses in der PR-Beratung weniger möglich als bei anderen, stärker managementorientierten Formen der Organisationsberatung. Grundsätzlich ist allerdings davon auszugehen, dass sich unterschiedlich ausgeprägte PR-Beratungsrollen zwischen den skizzierten

Polen beschreiben lassen. Zugleich ist anzunehmen, dass Berater in der Praxis mehrere Rollen im Portfolio haben, die sie jeweils situationsspezifisch und gemäß den konkreten Kundenerwartungen einsetzen.

Die ausgeprägte Umsetzungsnähe externer PR-Dienstleister hat erwartbar Folgen: Sofern PR-Berater auch eine Umsetzung ihrer Beratungsinhalte anbieten, droht möglicherweise ein Verlust an Autonomie durch die eigene Involvierung in organisationale Prozesse. Denn PR-Berater, die stark umsetzungsorientiert arbeiten, werden partiell zu Betroffenen, denen geringere Glaubwürdigkeit und höhere Eigeninteressen als nicht-involvierten Akteuren zugeschrieben werden.

3.5   Phasen des PR-Beratungsprozesses

Eine wesentliche Strukturierung erfahren Beratungssysteme und -prozesse durch ihre zeitliche Befristung. Anfang und Ende eines Beratungsprozesses und damit der Eintritt in das und der Austritt aus dem Beratungssystem müssen für die Beteiligten klar erkennbar sein. Damit verbunden ist die Festlegung des „Entscheidungsaufschubs" (Fuchs/Mahler 2000: 356), d.h. der Zeit für Reflexion im Beratungsprozess und des Zeitpunkts am Ende des Beratungsprozesses, zu dem eine Entscheidung erfolgen soll. „Die zeitliche Eingrenzung schließlich verhindert, dass es nicht zur Entscheidungsverhinderung durch ‚endlose' Beratung kommt. Der Befristung von Beratung kommt die Funktion zu, Entscheidungsnotwendigkeiten auf beiden Seiten präsent zu halten und wieder zu aktualisieren, um auf diese Weise riskanten Entscheidungsaufschub zu verhindern." (Steiner 2009: 92)

Die zeitliche Strukturierung des PR-Beratungsprozesses unterscheidet sich nicht von allgemeinen Beratungsprozessen. Sie erfolgt über die Unterscheidung verschiedener Phasen des Beratungsprozesses. In der Literatur finden sich dazu unterschiedliche Systematisierungsvorschläge, die zwischen drei und bis zu acht Phasen differenzieren (vgl. Rauen 2003: 58; Lippitt/Lippitt 2006: 18ff.; Steiner 2009: 92f.). Abgesehen von Variationen in der Begrifflichkeit unterscheiden sich die Phasenmodelle des Beratungsprozesses inhaltlich nicht substanziell. Im Mittelpunkt stehen die Orientierungs-, Diagnose-, Lösungs- und Abschlussphase (vgl. Whitmore 2006: 60ff.; König/Volmer 2008: 68ff.).

Die Orientierungsphase dient der gemeinsamen Definition der Situation der Beratung. Dies beinhaltet eine Verständigung über die Mitglieder des Beratungssystems, über die Ziele und den Ablauf der Beratung sowie die wechselseitigen Erwartungen der Mitglieder des Beratungssystems (vgl. König/Volmer 2008: 83ff.). Im Zentrum der Diagnosephase steht die Identifikation und Deutung von Problemen mit dem Ziel, dass der Klient die Situation für sich klärt (König/Volmer 2008: 93). Darauf aufbauend werden in der Lösungsphase neue

Lösungsmöglichkeiten im Umgang mit den im Beratungsprozess analysierten Problemen erarbeitet, die dann in der Abschlussphase in einen möglichst konkreten Handlungsplan überführt werden (vgl. König/Volmer 2008: 105ff.).

Dem eigentlichen Beratungsprozess vorgelagert ist die Auftragsklärung. Gerade die ersten Kontakte zwischen Klient und Berater im Rahmen der Auftragsklärung und der Orientierungsphase sind aus Sicht der systemischen Beratung von besonderem Interesse, denn die „Kontaktaufnahme ist „ein Fingerzeig, wie auch andere Probleme von der Organisation angegangen und perpetuiert werden" (Groth 1999: 78). Die Art und Weise der Bezugnahme auf und der Erwartungen an externe Berater liefert relevante Informationen darüber, wie die Organisation sich mit der Umwelt in Bezug setzt. In der Anfangsphase der Zusammenarbeit stehen daher Prozesse der Problem- und Zieldefinition im Zentrum (vgl. Biedermann/Seidel 2007). Als Herausforderung für Berater erweist sich dabei, dass Organisationen als black box nie vollständig durchschaut oder verstanden werden können. Soziale Systeme bleiben aufgrund ihrer Selbstorganisation über zirkuläre Mechanismen mit Rückkopplungen letztlich immer bis zu einem gewissen Grad intransparent und unkalkulierbar. Zentrale Aufgabe des Beraters ist daher von der Beobachtung äußerer Zeichen – und hier insbesondere von Regeln, Strukturen und Kommunikation – auf systeminnere Prozesse zu schließen und so die Druckpunkte zu finden, auf die das System sensibel reagiert (Willke 1994: 73f.). Bedeutsam ist dabei für den Berater als Beobachter zweiter Ordnung auch der Nachvollzug der systemeigenen Differenzierung und der Operationslogik des Klientensystems: Wie kommt das System zu seinen Einschätzungen und Entscheidungen?

Eine weitere Herausforderung liegt in der Orientierungs- und Diagnosephase häufig im zeitlichen Aufwand der gemeinsamen Problemdefinition und -analyse. Aufgrund ihres Entscheidungs- und Handlungsdrucks ist für Klienten häufig die konkrete Zielerreichung von größerem Interesse als die detaillierte Problemanalyse. Hinzu kommt, dass dem Klienten die Ziele zu Beginn häufig noch nicht klar sind bzw. sich verschiedene Interessen gegenüberstehen. Wenn diese Probleme nicht zu Beginn geklärt werden, begleiten sie den ganzen Beratungsprozess. Die genannten latenten Störungen und Verzerrungen müssen von Beratern erkannt und in Einklang mit den Zielen gebracht werden, um die Beratung zufriedenstellend für beide Seiten durchführen zu können (vgl. Biedermann/Seidel 2007).

4 Externe PR-Dienstleister als Berater in der Politik

Nachdem im vorangegangenen Kapitel die Kernelemente einer Theorie der Beratung skizziert wurden, stehen im folgenden Kapitel die wichtigsten Anbieter von PR-Beratung – PR-Agenturen und Einzelberater – sowie Befunde zur empirischen PR-Beratung im Zentrum. Da jedoch kaum wissenschaftliche Forschung zur PR-Beratung in der Politik vorliegt, muss dazu vielfach auf Befunde zur PR-Beratung bzw. PR allgemein zurückgegriffen werden.

4.1 Die Anbieter von PR-Beratung: Ab- und Eingrenzung

Eine zentrale Schwierigkeit bei der „Vermessung" des Feldes externer politischer PR-Beratung besteht darin, dass PR-Experten ebenso wie PR-Berater in der Praxis nicht eindeutig über ihre Funktionsbezeichnung zu identifizieren sind. Dies gilt insbesondere für den politischen Sektor, da hier der Begriff „PR" eher ungern verwendet wird, weil ihm das negative Urteil der Manipulation anhaftet.

Mit Blick auf die Anbieter von PR-Beratung muss zudem festgehalten werden, dass Personen oder Organisationen, die sich als PR-Berater oder PR-Beratung bezeichnen, nicht zwingend auch PR-Beratungsleistungen im engeren Sinn (vgl. Kap. 3) anbieten. Die alltagssprachliche Verwendung des Begriffs PR-Berater/PR-Beratung weist erhebliche Unschärfen auf und lässt zum einen nicht zweifelsfrei erkennen, ob damit in erster Linie externe PR-Funktionsträger oder interne PR-Funktionsträger gemeint sind. Zum anderen lässt die Verwendung des Berater-/Beratungsbegriffs nicht den verlässlichen Rückschluss zu, dass die Dienstleister ihren Klienten tatsächlich in erster Linie Rat geben und nicht in die operative Umsetzung von PR-Programmen involviert sind. Wie bereits erwähnt (vgl. Abschnitt 3.4.4), sind die Grenzen zwischen Beratung im eigentlichen Sinn und Umsetzung in der PR-Praxis fließend.

Das zugrunde liegende systemtheoretische Verständnis von Beratung als Beobachtung zweiter Ordnung durch externe Beobachter legt nahe, dass der Beraterbegriff im Folgenden ausschließlich für externe PR-Funktionsträger reserviert ist. Im Umkehrschluss bedeutet dies, dass „interne PR-Beratung" per definitionem nicht existiert. Dies impliziert selbstverständlich nicht, dass interne PR-Funktionsträger nicht beratend tätig werden bzw. externe Dienstleister nicht auch operativ tätig sind. Allerdings soll die gewählte semantische Unterscheidung die vorhandene funktionale Differenzierung zwischen externer PR-Dienstleistung und Inhouse-PR widerspiegeln und deutlich machen, dass externe Dienstleister gerade aufgrund ihrer Externalität besonders günstige Voraussetzungen für das Geben von Rat mitbringen. Inwieweit sich empirische Beratung von dem vorab ausgearbeiteten theoretischen Beratungskonzept unterscheidet, muss Gegenstand empirischer Forschung sein und wird auch in der folgenden Analyse der politischen PR-Beratung auf Bundesebene berücksichtigt.

Um das Feld der Anbieter von PR-Beratung näher zu bestimmen, ist zunächst eine Abgrenzung zu benachbarten Dienstleistungsanbietern erforderlich. Im Zuge der externen Abgrenzung können zunächst Beratungsangebote, die sich nicht oder nicht primär auf (Kommunikations-)Probleme im Kontext des Aufbaus und der Gestaltung von kommunikativen Umweltbeziehungen beziehen, ausgeschlossen werden. Hierzu zählt beispielsweise die Rechtsberatung und auch die traditionelle wissenschaftliche Beratung, d.h. z.b. der Sachverständigenrat zur Begutachtung der gesamtdeutschen Entwicklung, wissenschaftliche Beiräte bei den Bundesministerien für Wirtschaft und Finanzen, Forschungsinstitute und Think Tanks (vgl. Cassel 2001; Becker 2004: 404).

Zunehmend schwierig gestaltet sich in der Praxis die trennscharfe Unterscheidung von Unternehmensberatern und PR-Beratern. Das „International Council of Management Consulting Institutes" (ICMCI) definiert Unternehmensberatung folgendermaßen: (Management Consulting is) „the rendering of independent advice and assistance about the process of management to clients with the management responsibilities." (www.icmci.org 2009: 6) Diese Definition bleibt wie viele andere auch sehr allgemein, lässt viel Interpretationsspielraum hinsichtlich der beratenen und beratenden Organisationen, der Inhalte, Methoden, Prozesse und Ziele der Beratung offen. Sie spiegelt damit die inhaltliche und konzeptionelle Heterogenität, die sich hinter der Bezeichnung Unternehmensberatung verbirgt und die Schlussfolgerung nahelegt, „dass es *die* Unternehmensberatung nicht gibt" (Kolbeck 2001: 3).

Zudem führen hoch komplexe Steuerungsprobleme von Organisationen zu einer Ausweitung der Beratungsbedürfnisse und damit auch der Beratungsanwendungsbereiche. Insbesondere ist eine Ausweitung der Unternehmensberatung von Ansätzen, die sich auf die Optimierung einzelner Funktionsbereiche (u.a. Management, Logistik, Fertigung) und Rationalisierung einzelner betrieblicher Funktionen beschränken hin zu „ganzheitlichen" Beratungsansätzen festzustellen, die auch Aspekte von Kultur, Kommunikation und Identität einbeziehen (vgl. Deutschmann 1993: 61f.). Entsprechend ist eine Ergänzung, teils sogar Verschmelzung der klassischen Unternehmensberatung mit Formen der Organisations-, Personal- und Kommunikationsberatung immer häufiger zu beobachten (Thinnes 1998: 217). Diese Tendenz spiegelt auch folgende Definition von Unternehmensberatung wider:

> „Unternehmensberatung wird definiert als höherwertige, persönliche Dienstleistung, die durch eine oder mehrere unabhängige und qualifizierte Person(en) erbracht wird. Sie hat zum Inhalt, Probleme zu identifizieren, zu definieren und zu analysieren, welche die Kultur, Strategien, Organisation, Verfahren und Methoden des Unter-

nehmens des Auftraggebers betreffen. Es sind Problemlösungen (Sollkonzepte) zu
erarbeiten, zu planen und im Unternehmen umzusetzen." (Niedereichholz 2004: 1)

Eine präzise und absolut eindeutige Unterscheidung von Unternehmensberatung
und PR-Beratung ist damit mit Blick auf die Praxis kaum möglich. PR-Beratung
kann jedoch idealtypisch und unter Anerkennung von teils verschwommenen
Grenzen zwischen verschiedenen Beratungsbereichen als diejenige Beratung
bezeichnet werden, die sich primär auf Entscheidungsprobleme des Auftraggebers bezieht, welche kommunikative Umfeldbeziehungen betreffen und
bezieht sich damit anders als die Unternehmensberatung nicht auf betriebswirt-
schaftliche Probleme im engeren Sinne. Ebenso wenig bezieht sie sich ausschließlich auf Unternehmen, sondern findet in allen gesellschaftlichen Funk-
tionsbereichen und bei unterschiedlichen Organisationstypen Anwendung. Seit
einigen Jahren ist zudem eine zweiseitige Annäherung zu beobachten, die eine
klare Unterscheidung beider Dienstleistertypen erschwert: So haben zahlreiche
Unternehmensberatungen ihr Leistungsportfolio um PR-Dienstleistungen bzw.
Kommunikationsberatung erweitert und Kommunikationsagenturen bezeichnen
sich als „Unternehmensberatung für Kommunikation".

Unscharf ist schließlich auch die Trennungslinie zwischen Werbeagenturen
und PR-Agenturen. Die Grenzen verschwimmen in Zeiten des Primats der inte-
grierten Kommunikation sowohl auf der Ebene der Kommunikationsprodukte –
etwa im Bereich der Kampagnenkommunikation (vgl. Röttger 2009b) als auch
auf Ebene der Organisationen: Vielfach bieten Agenturen heute sowohl Dienstleistungen im Bereich der Werbung als auch der PR an. Eine zuverlässige Differenzierung anhand externer Kriterien ist in der Praxis immer seltener möglich –
insofern erscheint es sinnvoll, als PR-Agenturen solche Agenturen zu bezeichnen, die PR (nach eigener Auskunft) zu ihrem Kerngeschäft zählen.

In Abgrenzung zu Einzelberatern sind zentrale Definitions- und Eingren-
zungskriterien für PR-Agenturen neben der wirtschaftlichen Eigenständigkeit
und der Festlegung dieser Unternehmen auf den Arbeitsbereich Öffentlichkeits-
arbeit/PR vor allem ihre Beschäftigtenzahl:

> „Public Relations-Agenturen sind erwerbswirtschaftlich orientierte Dienstleistungs-
> unternehmen, die im Auftrag anderer Unternehmen, Institutionen, gesellschaftlicher
> Gruppen oder Einzelpersonen Funktionen im Bereich Public Relations übernehmen.
> Mit einer Mindestbelegschaft von fünf festangestellten Mitarbeitern (sowie eventuell
> projektbezogenen freie Mitarbeitern) verwalten PR-Agenturen treuhänderisch Etats
> zur Lösung kommunikativer Aufgaben und erzielen durch diese Tätigkeit vollständig
> oder hauptsächlich ihre Erlöse." (Nöthe 1994: 66)

Um Hinweise auf die quantitative Bedeutung der PR-Agenturlandschaft zu
bekommen, ist aufgrund fehlender amtlicher Statistiken ein Rückgriff auf Agen-
turverzeichnisse und Rankings der Branche erforderlich. Auch die aktuellste
vorliegende Berufsfeldstudie (Szyszka/Schütte/Urbahn 2009) bezieht sich bei

der Ermittlung der Grundgesamtheit zentral auf diese Quellen und bestimmt für das Jahr 2003 1.146 PR-Agenturen (ebd.: 201). Die Datenbank der Fachzeitschrift PR-Journal verzeichnete Anfang 2009 1.960 PR-Agenturen (http://datenbanken.pr-journal.de/agenturen/alle-agenturen.html). Die Fachzeitschrift PR Report legt einmal jährlich eine Neuauflage seines Compendiums vor, in dem etwa 1.000 PR-Agenturen aufgeführt werden (vgl. www.prreport.de). Allerdings befinden sich darunter auch solche mit weniger als drei Mitarbeitern – und auch Einzelberater. Politische PR-Beratung wird hier allerdings nicht berücksichtigt, sondern ausschließlich der Bereich „Public Affairs" – für den es im Jahr 2009 vier Einträge von Agenturen gibt, die zwischen 2006 und 2009 gegründet wurden (vgl. www.prreport.de).

Das PR-Agenturranking von Gerhard Pfeffer, das 2011 zum 15. Mal veröffentlicht wurde (www.datenbanken.pr-journal.de) und sich auf das Jahr 2010 bezieht, beruht auf der Auswertung der Meldungen von PR-Agenturen, also von Selbstdeklarationen. Das Ranking berücksichtigt 142 PR-Agenturen, in denen knapp 4.750 Mitarbeiter tätig sind. Eine eigene Auswertung nach Branchen-Kompetenzfeldern listet in Bezug auf Agenturen, die für Parteien und Behörden tätig sind, 23 Agenturen auf. Doch längst nicht alle unter den Kompetenzfeldern Parteien/Behörden angeführten Agenturen sind auf politischer Bundesebene aktiv, im Gegenteil, unter den online angegebenen Referenzen finden sich mehrfach gar keine Klienten aus der Politik, sondern lediglich allgemeine Angaben zu Public Affairs-Dienstleistungen.

Die Aussagekraft der vorhandenen branchenspezifischen Rankings ist aus zahlreichen Gründen eingeschränkt: So dürfte die „Dunkelziffer" recht hoch sein, da nicht jede PR-Agentur daran interessiert ist, ihre Umsätze für solche Rankings offenzulegen, also auf eine Auflistung verzichtet oder diese sogar verhindert und zudem die Fluktuation in der Branche recht hoch ist bzw. beständig neue Agenturen gegründet werden, so dass die Praxis selbst für die Praxis ein großes Stück weit undurchschaubar bleibt. Dennoch zeigen die Rankings grobe Tendenzen auf und machen deutlich, dass der PR-Beratermarkt in Deutschland insbesondere quantitativ relativ begrenzt zu sein scheint. Wie in Kapitel 2.2 dargelegt, können Gründe dafür bezogen auf die politische PR-Beratung in der weniger personenorientierten PR-Beratung sowie der stärkeren Bindung an bestimmte Parteien gesehen werden, welche den Markt an dieser Stelle schwerfälliger sein lässt.

Die Berufsfeldstudie von Szyszka/Schütte/Urbahn (2009: 206f.) macht deutlich, dass unter den PR-Dienstleistern mit 33 Prozent Kleinstanbieter vorherrschen (siehe Abb. 6). Es zeigt sich – wenig überraschend – ,dass unter den Klienten Wirtschaftsunternehmen dominieren: Nach Angaben der befragten PR-Dienstleister stammen 87 Prozent ihrer Mandate aus dem Wirtschaftssektor und nur fünf Prozent der Mandate aus den Bereichen „Nonprofit/Verbände", „Politik" und „Sonstiges" (Szyszka/Schütte/Urbahn 2009: 213f.). Die Befragungsergebnisse bestätigen die bereits erwähnte Diffusität des Beratungsbegriffs in der Praxis: Gefragt nach ihrem Selbstverständnis bezeichnen sich 34 Prozent der Einzelberater und 38 Prozent der Kleinagenturen, überraschenderweise aber nur elf Prozent der Großagenturen als Beratung (Szyszka/Schütte/Urbahn 2009: 207). „Dies kann dahingehend interpretiert werden, dass der Begriff ‚PR-Berater' in erster Linie als Berufsbezeichnung Anwendung findet, unabhängig davon, ob die betreffende Person auch *PR-Beratung* in einem engeren Sinne als Spezialisierung auf Problemanalyse und Problemlösungsexpertise für Kommunikationsprobleme tatsächlich ausübten." (ebd., H.i.O.). Gleichzeitig geben 99,5 Prozent aller befragten PR-Dienstleister an, dass Beratung zu ihrem Leistungsangebot zählt und 71 Prozent beraten Fachabteilungen sehr häufig bzw. eher häufig (ebd. 220ff.). Dass zugleich Situationsanalysen, die zentrales Element in der Diagnosephase des Beratungsprozesses darstellen, nur von 54 Prozent der befragten Dienstleister durchgeführt werden, spricht für ein eingeschränktes Beratungsverständnis der Befragten. Dass der größte Anteil der PR-Dienstleister vor allem operativ tätig ist, verdeutlicht auch eine Befragung von 190 PR-Agenturen aus dem deutschsprachigen Raum, die im Rahmen einer Abschlussarbeit an der FH Osnabrück (Urbahn 2007 zit. n. Fuhrberg 2010: 26) durchgeführt wurde. Demnach sind rund 75 Prozent der Agenturen vor allem operativ tätig, ca. 15 Prozent gleichermaßen mit beratungs- wie umsetzungsorientierten Mandaten befasst und nur zehn Prozent sind überwiegend beratend tätig.

Abb. 6: PR-Agenturgrößen (Szyszka/Schütte/Urbahn 2009: 206)

	Anteil in %
Einzelberatung (1-2 Mitarbeiter)	33,0
Kleinagentur (4-10 Mitarbeiter)	42,3
Standardagentur, klein (11-20 Mitarbeiter)	17,6
Standardagentur, groß (21-40 Mitarbeiter)	3,1
Großagentur (über 40 Mitarbeiter)	4,0
Gesamt (n=227)	100

Während in Frankreich oder Großbritannien die PR-Agenturen vornehmlich in der Hauptstadt angesiedelt sind, zeigt sich in Deutschland – analog zu der Dezentralisierung der Medien – kein Ballungszentrum in der Hauptstadt (vgl. Szyszka/Schütte/Urbahn 2009: 203f.). Zwar sind seit der Wiedervereinigung und stärker noch seit dem Umzug der Bundesregierung von Bonn nach Berlin viele Agenturen mit einer Dependance in Berlin vertreten, eine Konzentration auf die Hauptstadt ist – abgesehen von Pfeffers PR-Ranking (www.datenbanken.pr-journal.de/) – aber insgesamt nicht festzustellen. Im PR-Ranking waren im Jahr Jahr 2010 17 von insgesamt 142 PR-Agenturen in Berlin angesiedelt. Damit ist Berlin in diesem Jahr von Platz 3 auf Platz 1 im Ranking vorgerückt. Allerdings können aus dieser unvollständigen Auflistung an PR-Agenturen keine validen Rückschlüsse auf die Gesamtlage gezogen werden.

Diese Dezentralisierung der PR-Branche ist Ausdruck der Tatsache, dass in Deutschland die Wirtschaft dezentral strukturiert ist und sich externe Dienstleister räumlich an den Standorten ihrer Kunden bzw. der Wirtschaft orientieren. Da die Nähe zu Redaktionen der jeweils relevanten Medienorganisationen für PR-Agenturen bedeutsam ist, ist es darüber hinaus naheliegend, dass die großen PR-Standorte neben Berlin auch Hamburg, München und Köln sind.

Unter den PR-Beratern gibt es eine unüberschaubare Anzahl an auf PR spezialisierten Einzelberatern. Da diese in ganz Deutschland verteilt sind, zudem kein Register existiert, in dem ihre Dienstleistungen gebündelt werden, ist es nahezu unmöglich, sich eine Übersicht über ihr Angebot zu verschaffen. Gleiches gilt für einzelne Segmente wie z.B. das der politischen PR. Auch hier wird die Eingrenzung der in diesem Bereich tätigen Personen erschwert, da keine konsensualisierten Berufsbezeichnungen existieren. Zudem erfolgt für sie die Akquise oftmals über Mund-zu-Mund-Weiterempfehlungen – und Klienten nennen einem nicht ohne Weiteres, mit wem sie zusammenarbeiten. Es liegen bislang weder für Einzelberater von Wirtschaftsunternehmen noch für Einzelberater von politischen Akteuren umfassende Systematisierungen des Feldes vor. Es kann zwar mit Sicherheit davon ausgegangen werden, dass gerade das Spitzenpersonal aus Politik und Wirtschaft die Leistungen von Einzelberatern in Anspruch nimmt. Wer jedoch dabei genau die Anbieter sind und was ihr Leistungsspektrum umfasst, kann kaum näher spezifiziert werden. Die wenigen allgemein bekannten Namen dürften jedenfalls nicht das tatsächliche Spektrum widerspiegeln.

Ohne dass zu den PR-Einzelberatern in Deutschland auf politischer Bundesebene Literaturverweise vorliegen wird hier angenommen, dass es sich um denjenigen Typus eines externen Beraters handelt, der eher Spitzenpolitiker berät und nicht Organisationen als Ganzes. Dies geschieht etwa hinsichtlich des Politikerauftritts auf dem Parteitag – und hier wiederum in Bezug auf die Kleidung, Gestik und Mimik bis hin zu Elementen, die bestmöglich in einem Statement oder an anderer Stelle in einer Rede verwendet werden soll. Ein Politikercoaching kann sich natürlich auch auf Aspekte beziehen, die außerhalb des Medienspektrums liegen, so z.B. der Abgrenzung innerhalb des eigenen Lagers, sei es die eigene Partei oder die eigene Behörde oder aber es könnte darum gehen, wie ein Politiker bestimmte Neustrukturierungen besser durchsetzen kann, etc. Diese

Form der Beratung ist jedoch äußerst schwierig systematisch zu erfassen, weil die Beteiligten in der Regel keine externen Beobachter dulden werden. Während in den USA Einzelberater von Politikern nahezu ebenso bekannt sein können wie die Politiker selbst kommt eine solche Konstellation in Deutschland nicht in Frage. Die politischen Kulturen sind hier sehr verschieden.

4.2 Inhalte und Formen von PR-Dienstleistungen

Grundlegend für die Rekonstruktion der Sachdimension von PR-Beratung ist zunächst die Frage, wie sich die beratene Organisation mit ihrer Umwelt in Beziehung setzt und wie diese Bezugnahme seitens des Beraters beobachtet wird. Gemeinsamer Bezugspunkt von PR-Beratern und beratenen Akteuren sind Entscheidungsprobleme des Klienten im Kontext von Kommunikationsbeziehungen. Da empirische Beratung – wie bereits ausführlich erörtert – fließende Übergänge zu Dienstleistungen im Bereich der operativen Umsetzung von PR-Programmen aufweist, ist es sinnvoll, die Inhalte und Formen der politischen PR-Beratung im Gesamtzusammenhang des PR-Dienstleistungsspektrums zu betrachten. Dabei stellt sich u.a. die Frage, ob sich PR und PR-Beratung für Organisationen aus unterschiedlichen gesellschaftlichen Handlungsfeldern grundlegend unterscheiden. Hinsichtlich des Forschungsstandes ist zunächst zu konstatieren, dass kommunikationswissenschaftliche Forschungsarbeiten, die PR in Deutschland im organisationalen Kontext beschreiben und analysieren, bislang entweder einen Organisationstyp – vor allem Wirtschaftsunternehmen – berücksichtigt haben (siehe exemplarisch Zerfaß 2004; Zühlsdorf 2002) oder das PR-Berufsfeld als Ganzes in den Blick nehmen (z.B. Szyszka/Schütte/Urbahn 2009; Röttger/Hoffmann/Jarren 2003; Röttger 2010). Es besteht entsprechend Forschungsbedarf hinsichtlich einer differenzierteren Überprüfung der Merkmale politischer, wirtschaftlicher oder anderer handlungsfeldspezifisch geformter PR(-Beratung). Unklar ist, ob sich beispielsweise die PR von Unternehmen systematisch unterscheidet, wenn Automobil-, Energie- und Pharmaunternehmen verglichen werden. Oder wenn die Charakteristika der PR unterschiedlicher Organisationen im staatlichen Bereich verglichen werden, etwa die PR der Regierung mit der PR von Gesundheitsbehörden. Für die PR-Beratung allgemein gilt, was Iding für die Organisationsberatung feststellt:

> „Völlig ungeklärt ist bislang der Zusammenhang von Feld- und Beratungskompetenz in der Organisationsberatung. Es geht dabei darum, ob der Berater Kenntnisse über die zu beratende Organisation benötigt oder ob er sich allein auf die Beherrschung von Beratungsmethoden zurückziehen kann." (Iding 2000: 104)

Zur Differenzierung unterschiedlicher Handlungskontexte der PR(-Beratung) bietet sich der Rückgriff auf die gängige Differenzierung zwischen den drei

Sektoren Staat, Markt und soziokulturellem Handlungsfeld an (vgl. etwa Herger 2004). So können wesentliche Unterscheidungskriterien benannt werden, wie etwa die der verschiedenen Zielsetzung und Finanzierung der Organisationen (ebd.: 148). Organisationszweck und -ziele prägen die Unterscheidung, die der Beobachtung der Umwelt durch die Organisation und den Organisations-Umwelt-Beziehungen zugrunde liegt. Daraus folgen unterschiedliche Funktionen und Ziele der PR sowie eine unterschiedliche Ausrichtung auf Zielgruppen, Strategien und Instrumente der PR (vgl. Röttger 2010). Allerdings zeigt sich, dass eine eindeutige und feste Zuordnung von Organisationen zu einem gesellschaftlichen Funktionssystem zunehmend in Frage gestellt werden muss (vgl. Kneer 2001). Organisationen können als „multireferentielle" Sozialsysteme (Wehrsig/Tacke 1992) bezeichnet werden, die Referenzen zu verschiedenen Funktionssystemen aufweisen und mit einer Vielzahl von Funktionssystemen operativ und strukturell gekoppelt sind (vgl. Kneer 2001: 416f.). Unmittelbar einleuchtend ist diese Multireferentialität z.b. bei Universitäten, für die sich nicht klar entscheiden lässt, ob sie sich primär an Gesichtspunkten der Forschung (Wissenschaft) oder der Lehre (Erziehung) orientieren (vgl. Schimank 1993: 41).

Die Überlegung der Multireferentialität gilt grundsätzlich für alle Organisationen, allerdings schließt sie nicht zugleich aus, dass einzelnen Organisationen eine primäre Leitdifferenz gemäß eines gesellschaftlichen Funktionssystems zugewiesen werden kann: So agieren politische Parteien in erster Linie gemäß einer politischen Rationalität, während Unternehmen in erster Linie einer ökonomischen Logik verpflichtet sind (vgl. hierzu ausführlicher Kussin 2009). Ob die Multireferentialität von Organisationen und damit auch deren partielle Angleichung gleichzeitig eine Homogenisierung der PR zur Folge haben wird, ist allerdings ungeklärt. Wünschenswert wäre daher auch eine differenziertere Betrachtung der PR leistenden Organisationen innerhalb der einzelnen Sektoren.

Jenseits der Diskussion um eine handlungsfeldspezifische Prägung von PR stellt sich die Frage nach den unterschiedlichen Typen und Formen von PR-Dienstleistungen. Die Mehrzahl der vorliegenden Klassifizierungsversuche von PR-Dienstleistungen stammt aus der Praxis. Die Deutsche Gesellschaft für Public Relations (DPRG) fasst die Kernaufgaben der PR beispielsweise mittels der AKTION-Formel zusammen (vgl. DPRG 1999: 10f.; o.J. [1998]: 7): Analyse, Strategie, Konzeption; Kontakt, Beratung; Text und kreative Gestaltung; Implementierung; Nacharbeit (Evaluation). Das Spektrum der unterschiedlichen PR-Tätigkeiten wird in der Literatur zudem häufig anhand von fünf sogenannten Grundfunktionen der Öffentlichkeitsarbeit – Konzeption, Redaktion, Kommunikation, Organisation und Abwicklung, Controlling – systematisiert (vgl. DPRG o.J. [1998]: 17). Beide Systematisierungsansätze sind für wissenschaftliche Analysen der PR jedoch wenig brauchbar – zum einen sind die einzelnen Aufgaben bzw. Funktionen nicht PR-spezifisch, zum anderen sind sie weder theoretisch abgeleitet noch trennscharf formuliert.

PR-Beratung kann sich grundsätzlich auf alle Phasen strategisch-konzeptioneller PR (Situationsanalyse, Strategie, taktische Planung, Umsetzung und Evaluation (vgl. u.a. Szyszka 2008; Bentele/Nothhaft 2007; Merten 2000) beziehen und dies bezogen auf den kompletten Prozess strategisch-konzeptioneller PR oder auch nur auf einzelne ausgewählte Phasen. So kann Beratung in der Reinform des Ratgebens prinzipiell auch in der Umsetzungsphase stattfinden. Aufgrund der ausgesprochenen Nähe zu konkreten Ausgestaltungen einzelner PR-Maßnahmen ist jedoch davon auszugehen, dass der Berater hier stärker eine Expertenrolle einnimmt als z.B. bei der Strategieberatung und in dieser Phase von den Klienten in erster Linie Dienstleister zur operativen Unterstützung und weniger zwecks Beratung angefragt werden.

Fuhrberg schlägt zur Systematisierung der PR-Dienstleistungsangeboten eine mehrdimensionale Matrix vor (Fuhrberg 2010: 30): Neben Bezugsgruppen- und Branchenkenntnissen beinhaltet sie zudem Instrumente der Information und Kommunikation sowie schließlich die klassischen Schritte konzeptioneller PR (Situationsanalyse, Strategie, taktische Planung, Umsetzung und Evaluation), die er als Arbeitselemente der PR bezeichnet. Die Matrix ist durchaus in der Lage, Dienstleistungen der PR umfassend abzubilden, allerdings ist die Kombination von Wissenselementen und Instrumenten bzw. Handlungsformen in dieser Form überraschend. Sie impliziert, dass z.B. die Dienstleistung Homepageerstellung je nach Zielgruppe und Auftraggeber in verschiedene, begrifflich zu differenzierende Dienstleistungen unterschieden werden müsste.

Eine weitere Systematisierung unterscheidet Aufgabenfelder der PR systematisch nach Bezugsgruppen, Themen bzw. „Beziehungsproblemen" und nach Instrumenten bzw. Kommunikationsformen (vgl. Abb. 3; vgl. Barthenheier 1988: 27; Röttger 2008: 54f.). Zu Dienstleistungen, die primär durch die jeweils adressierte Bezugsgruppe beschrieben werden können, zählen beispielsweise interne Kommunikation und Presse-/Medienarbeit. Dienstleistungen, die durch die Bearbeitung spezifischer Themen/Beziehungsprobleme gekennzeichnet sind, sind z.B. den Bereichen Issues Management und Krisenkommunikation, Wahlkampfkommunikation oder auch Corporate Identity zuzuordnen. Beratung als eigenständige Dienstleistung kann sich grundsätzlich auf alle genannten Arbeitsfelder beziehen. Im Bereich der politischen PR-Beratung dürften insbesondere Arbeitsfelder, die über Bezugsgruppen bzw. über Instrumente und Kommunikationsformen definiert sind, eine zentrale Rolle einnehmen.

Abb. 7: Systematisierung der Arbeitsfelder der PR

Arbeitsfelder, definiert über		
Bezugsgruppen	Themen/Beziehungs-probleme	Instrumente/Kom-munikationsformen
Interne Kommunikation Medienarbeit Kundenkommunikation ...	Issues Management Krisen-PR Public Affairs Corporate Identity Investor Relations ...	Online-PR Kampagnen Messen Mediengestaltung ...

Erschwert wird die Identifikation von unterschiedlichen PR-Beratungsleistungen in der Politik zudem durch unklare und uneinheitliche Begriffverständnisse und -verwendungen. So differenzieren manche Agenturen inhaltlich und teils auch organisatorisch zwischen Public Relations und Public Diplomacy, andere wiederum nicht. Andere Agenturen hingegen verwenden den Begriff Public Affairs. Darüber hinaus verschwimmen in der Praxis die unterschiedlichen Kommunikationsbereiche: So weist manche Agentur Public Diplomacy als eigenständigen Arbeitsbereich aus, während andere alle Dienstleistungen unter dem Begriff politische Werbung zusammenfassen und dabei z.B. PR-Beratung im vorab beschriebenen Sinn (vgl. Kap. 3) explizit ausklammert.

4.3 Interaktionsbeziehungen zwischen PR-Dienstleistern und ihren Klienten

Beratung als soziale Situation ist sowohl für Berater als auch für die Ratsuchenden von zahlreichen Unsicherheiten und Risiken begleitet. So sind der Beratungsprozess und seine Ergebnisse für alle Beteiligten nur eingeschränkt plan- und voraussagbar. Dies gilt für Beratungsprozesse generell; die Spezifika der Gegenstände der PR-Beratung (vgl. Kap. 3.4) verschärfen dabei das daraus resultierende Konfliktpotenzial nochmals: So ist das Erreichen von Zielen im Bereich der öffentlichen Kommunikation aufgrund der Abhängigkeit von zahlreichen – nicht oder nur wenig steuerbaren Drittfaktoren – nur partiell planbar und stets unsicher. Dass kommunikative Zielsetzungen nicht oder zumindest nicht vollständig erreicht werden, ist damit sehr wahrscheinlich. Auf die daraus resultierende besondere Bedeutung von Vertrauen im Beratungsprozess wurde bereits ausführlich eingegangen (vgl. Kap. 3.4.3). Die generellen Unsicherheiten im Beratungsprozess und die Notwendigkeit der beidseitigen Koorientierung lassen zudem erahnen, dass die Arbeitsbeziehung von PR-Beratern und ihren Klienten regelmäßig von Konflikten begleitet werden (vgl. hierzu beispielhaft die praxisorientierten Beiträge in Güttler/Klewes 2002). PR-Berater stehen dabei in einem Spannungsfeld zwischen Auftraggeber-, Klienten- und Eigeninteressen: Sie verfolgen als wirtschaftlich selbständige Einheiten bzw. als deren Angestellte Eigeninteressen, müssen zugleich aber als Dienstleister die Erwartungen und Interessen ihrer Klienten möglichst optimal befriedigen. Da der Auftraggeber der PR-Dienstleistung überwiegend nicht identisch ist mit den Personen, die die Dienstleistung nutzen bzw. rezipieren (z.B. bei der Presse- und Medienarbeit oder in der Wahlkampfkommunikation), müssen PR-Berater sich – vor dem Hintergrund ihrer eigenen professionellen Standards – sowohl an den Erwartungen ihrer Klienten als auch an denen der eigentlichen Zielgruppen der Kommunikation orientieren.

Die Analyse von Konflikten in der Zusammenarbeit zwischen PR-Beratern und ihren Klienten liefert Hinweise auf das PR-Verständnis der Beteiligten sowie auf grundlegende Erwartungen und Werte (vgl. Fuhrberg 2010: 151). Allerdings werden diese Konflikte in der Regel hinter verschlossenen Türen ausgetragen und sowohl Berater als auch die Klienten haben ein großes Interesse daran, dass Konflikte nicht öffentlich werden. Entsprechend liegen nur wenig wissenschaftliche Befunde zu Agentur-Kunden-Konflikten in der PR vor (für die PR: Fuhrberg 2010: 344ff. und Bourland 1993; für Werbeagenturen siehe z.B. Murphy/Maynard 1999).

Patzak und Rattay (1998: 369) unterscheiden sieben mögliche Konfliktarten in der Projektzusammenarbeit, die im Wesentlichen der Zusammenarbeit im Beratungssystem vergleichbar scheinen:

- Rollenkonflikte basieren auf unterschiedlichen Rollenerwartungen und/oder unklaren rollenbezogenen Aufgaben
- Beziehungskonflikte entstehen bei ungeklärten Beziehungen bzw. aufgrund von persönlichen Verletzungen oder Formen der Missachtung zwischen den Beteiligten
- Wahrnehmungskonflikte resultieren aus unterschiedlichen Wahrnehmungen und Interpretationen von Situationen und Handlungen
- Zielkonflikte entstehen aufgrund unklarer oder unterschiedlicher Zielsetzung der Beteiligten oder unterschiedlicher Erwartungen an die Zusammenarbeit
- Bewertungskonflikte basieren auf unterschiedlichen Werten, Normen und Einstellungen
- Verteilungskonflikte beziehen sich auf Konkurrenz um Ressourcen oder Einfluss.

Fuhrberg ergänzt den sogenannten „Potenzkonflikt" als eine Form des Rollenkonflikts in der Berater-Klienten-Zusammenarbeit:

> „Er basiert auf einer Kränkung im Unbewusstsein, da der Kunde seine Kommunikationsprobleme nicht selber lösen kann und er den Berater als Eindringling, als Personifizierung der eigenen Inkompetenz begreift. [...] „... Im Grunde will der Auf-

traggeber ständig beweisen, dass er selber doch potent ist, und den Berater eigentlich nicht braucht, oder dass der Berater Fehler macht (auf diese Weise kann dann dessen Potenz in Frage gestellt werden)' (Hofmann 1991b: 153)" (Fuhrberg 2010: 153)

Für die USA analysierte Bourland auf Basis einer Inhaltsanalyse des Public Relations Journals Konflikte zwischen PR-Agenturen und ihren Klienten. Sie unterscheidet dabei auf die Agentur bezogene und auf den Klienten bezogene Konfliktgründe sowie Konfliktgründe, die sich auf beide zugleich beziehen (vgl. Bourland 1993). Auf Seiten der Agenturen basieren Konflikte demnach z.B. in fehlendem Wissen hinsichtlich des Kundengeschäfts, unfairen Geldforderungen bzw. überzogenen Budgets oder der Tatsache, dass die Agentur aus Kundensicht Versprechen nicht einhält. Konfliktgründe auf Seiten der Klienten liegen u.a. in unpünktlichen Zahlungen, schlechtem Informationsfluss oder mangelndem PR-Wissen. Als Konfliktgründe, die beide Parteien gleichermaßen betreffen, ermittelte Bourland eine schlechte Chemie, ein fehlendes gemeinsames Verständnis über Ziele und unorganisierte Arbeitstreffen. (Vgl. Bourland 1993: 393f.)

Ähnliche Aspekte spielen auch in der PR-Berufsfeldstudie von Szyszka et al. (2009: 232ff.) eine Rolle: Zentrale Konflikte aus Agenturperspektive liegen demnach in Abstimmungsproblemen und falschen Erwartungen bzw. einer mangelhaften Expertise auf Kundenseite begründet. Kunden benennen vor allem die mangelnde Kundenkenntnis und Kosten- und Budgetprobleme als zentrale Konfliktfelder in der Zusammenarbeit mit Agenturen. Insgesamt kommen die Autoren jedoch zu dem Schluss, dass Konflikte in der Zusammenarbeit eine weit geringere Rolle spielen als vielfach angenommen:

> „Zusammenfassend lässt sich festhalten, dass Agenturen und Kunden offensichtlich recht kooperativ zusammenarbeiten, denn Beratungsresistenz als eine zentrale fachliche Diskrepanz und fehlende Zahlungsmoral als eine zentrale ökonomische Diskrepanz solcher Beziehungen spielten agenturseitig nur in 7,1 bzw. 4,7 Prozent eine Rolle. Umgekehrt wurden allgemeine Qualitätsprobleme (8,9%) und spezielle Qualitätsprobleme mit der Medienarbeit (6,3%) auf Kundenseite vergleichsweise selten bemängelt und Kommunikations- und Zeitprobleme deutlich niedriger bewertet als auf Agenturseite." (Szyszka/Schütte/Urbahn 2009: 233)

Zu etwas anderen Ergebnissen kommt Fuhrberg (2010: 344ff.) im Rahmen einer qualitativen und quantitativen Befragung von 40 Agenturberatern und 33 Kundenvertretern zu den Konfliktfeldern in der Zusammenarbeit von PR-Beratern und deren Kunden. Demnach besteht in der Agentur-Kunden-Beziehung ein hohes Konfliktpotenzial bei Verteilungsfragen und hier sowohl bezogen auf die Kostenhöhe als auch auf die Kostentransparenz (Fuhrberg 2009: 363). Sachkonflikte treten insbesondere in Bezug auf die Durchführung von Maßnahmen bzw. bei Fragen bezüglich der Messung und Bewertung von Medienresonanz auf. Wenig überraschend zeigt sich, dass Berater die Konfliktursachen v.a. bei ihren Kunden sehen und umgekehrt die Kunden in erster Linie die Beraterseite als Konfliktursache bezeichnen. Insgesamt fällt auf, dass Konflikte eher für die operative Umsetzungsphase und weniger für die Phasen der systematischen Analyse, Planung und Evaluation genannt werden. Fuhrberg interpretiert dies als Dominanz des Arbeitsprozesses über den Kommunikationsprozess bei der Bewertung der Öffentlichkeitsarbeit bzw. der erbrachten Dienstleistungen:

> „Kunden empfinden in der mangelnden systematischen Analyse und Kontrolle des Kommunikationsprozesses keinen so eklatanten Mangel, als dass er zum Konflikt führen würde. Der Arbeitsprozess (insbesondere die Umsetzung, die Vergütung und die Beziehung) liefert neben dem eigentlichen Kommunikationsprozess (insbesondere seine Analyse, Planung und Kontrolle) in erheblicher Weise die Grundlagen für die Bewertung der Öffentlichkeitsarbeit." (Fuhrberg 2010: 364)

Interessant ist, dass sowohl in der Studie von Fuhrberg als auch bei Szyszka/ Schütte/Urbahn das Konfliktpotenzial in der PR-Berater-Klienten-Beziehung von den Beratern kritischer bewertet wird als von den Klienten. Dies kann Ausdruck der Intensität des Beziehungserlebens sein – PR-Berater sind kontinuierlich in Kundenbeziehungen involviert, PR-Kunden investieren in der Regel nur einen geringen Teil ihrer Arbeitszeit in Interaktionen mit PR-Beratern oder allgemein PR-Dienstleistern –, aber auch Folge einer intensiveren Reflexion über Beratungssituationen und damit verbundene Rollenerwartungen seitens der Berater.

Jenseits von Konflikten stellt sich bei der Analyse der Interaktionsbeziehungen zwischen PR-Dienstleistern und ihren Klienten ganz allgemein die Frage nach den wechselseitigen Einflüssen und Machtpotenzialen. Ein differenzierter Machtbegriff findet sich bei Giddens: Im weiteren Sinne bezieht sich Macht auf das grundsätzliche Handlungsvermögen des Menschen und die transformatorische Fähigkeit, in den Lauf der Dinge einzugreifen und diesen zu beeinflussen. Insofern ist Macht elementarer Bestandteil menschlichen Handelns und nicht gebunden an Interaktionen. „Power, in its broadest sense, is precisely the capability of making a ‚difference' to a course of events" (Giddens 1982: 30). Im engeren Sinne versteht Giddens Macht als Merkmal von sozialen Beziehungen und bezieht sich damit auf einen relationalen Machtbegriff; Macht entsteht in diesem Sinne in der Nutzung und Anwendung von Ressourcen in Interaktionsbeziehungen (vgl. Giddens 1984: 135f.).

Macht wird hier als spezieller Grundzug bestimmter sozialer Situationen verstanden:

> Macht „ ... entsteht und ‚besteht' als Folge einer besonderen Verteilung von Interesse und Kontrolle an Ressourcen. Sie ist damit ein Teil und die Folge von Transaktionsbeziehungen und damit aus der Dependenz der Akteure voneinander." (Esser 2000: 386)

Akteure, die über Ressourcen verfügen, die andere benötigen, aber selber nicht besitzen, können diese Ressourcen gewinnbringend einsetzen und tauschen, oder aber auch verweigern und damit ihre Verhandlungsposition stärken und ihr Verhalten über die tatsächliche oder potenziell mögliche Verweigerung relativ unvorhersehbar gestalten (vgl. Friedberg 1988: 42). Macht ist aber nicht nur von der Unberechenbarkeit des eigenen Verhaltens abhängig, sondern insbesondere auch von der Relevanz des eigenen Verhaltens für andere. Die Macht von einzelnen Akteuren wächst mit ihren Möglichkeiten, für die Organisation oder andere Organisationsmitglieder bedeutsame Ressourcen zu kontrollieren und die Austauschbarkeit dieser Fähigkeit zugleich zu minimieren und damit die Handlungsalternativen anderer Akteure zu begrenzen.

Die strategische Organisationsanalyse beschreibt als potenzielle Machtquellen die Kontrolle von Handlungsmöglichkeiten/Ressourcen, die für andere Akteure relevant bzw. unentbehrlich sind. Konkret handelt es sich dabei um Expertenwissen, Umweltbeziehungen, Kontrolle von Informations- und Kommunikationskanälen und die Nutzung organisationaler Regeln (vgl. Crozier/Friedberg 1979: 49ff.; Ortmann 1995: 52).

- Expertenwissen als Machtquelle gründet in wichtigem und schwer ersetzbarem Expertenwissen, spezialisierten Qualifikationen und Problemlösungskompetenzen, die für den reibungslosen Ablauf der Organisationsprozesse erforderlich sind.
- Umweltnahtstellen: Die Kontrolle der Kontaktstellen zur Umwelt und damit Kontrolle und Beeinflussung der Beziehungen und Austauschprozesse zwischen Organisation und Umwelt stellt eine Machtquelle dar, da Umweltbeziehungen für Organisationen eine Ungewissheitszone darstellen.
- Informationskontrolle: Aus der Kontrolle von Informationen, Wissen und Kommunikationskanälen in Organisationen kann in erheblichem Umfang Macht abgeleitet werden, da Informationsvorsprünge das Verhalten anderer vorhersehbarer macht und das eigene Verhalten für Dritte unbestimmbarer.

Organisationsregeln stellen eine Machtquelle dar, da die Anwendung und Nutzung von Vorschriften und Verfahren das Verhalten der Organisationsmitglieder steuert, koordiniert und vorhersehbarer macht. Einzelne Akteure können Organisationsregeln als Machtquelle nutzen und Ungewissheitszonen schaffen, indem sie beispielsweise andere Akteure darüber im Unklaren lassen, ob und in welchen Situationen sie einzelne Organisationsregeln geltend machen. Machtquellen – darauf verweist auch Saam (2009: 28) – stellen allerdings zunächst nur ein Potenzial dar und sagen noch nichts darüber aus, inwiefern die beteiligten Akteure diese tatsächlich zum Machtaufbau nutzen. Zentrale Machtquellen der Klienten im Beratungssystem stellen Organisationsregeln und die Informationskontrolle dar.

„Man sollte erwarten, dass Mitglieder des Klienten im Beratungsprojekt sowohl den Kontakt zwischen verschiedenen Einheiten einer Organisation monopolisieren, indem sie wichtige Informations- und Kommunikationskanäle kontrollieren, als auch Unsicherheitszonen, um Vorschriften und Verfahren, die ursprünglich geschaffen wurden, um die Unvorhersehbarkeit des Verhaltens der Organisationsmitglieder zu verringern." (Saam 2009: 27)

Auch Expertenwissen des Klienten, z.b. Wissen, das zur Lösung alltäglicher Funktionsprobleme erforderlich ist, kann im Beratungsprozess eine bedeutsame Rolle einnehmen und insofern von ihnen als Machtquelle eingesetzt werden. Auch auf Seiten der Berater existiert allerdings Expertenwissen – z.b. bezogen auf einzelne Instrumente und Maßnahmen oder bezogen auf spezifische Zielgruppen oder Sachfragen – , das als Machtquelle fungieren kann. Dies spielt bei der Expertenberatung eine größere Rolle als bei einer reinen Prozessberatung, bei der der Berater „einen Teil seiner Dominanz zugunsten einer kompetenten Teilnahme des Klienten am Problemlösungsprozess" aufgibt (Saam 2009: 28). Das Expertenwissen der PR-Berater wird zudem insbesondere dann als Machtquelle bedeutsam, wenn es darum geht, neues Wissen in die Organisation einzuspeisen. Bezogen auf die PR-Beratung liegen bislang allerdings keine Erkenntnisse dazu vor, bei welchen Klientenproblemen und welchen Mandaten typischerweise eher eine symmetrische bzw. asymmetrische Kompetenzverteilung im Beratungssystem vorhanden ist.

Organisationsregeln spielen für PR-Berater und Dienstleister generell als Machtquelle keine Rolle, da sie keinen Zugriff auf Organisationsregeln des Klientensystems haben und als auftragsabhängige Dienstleister auf Zeit die Regeln im Beratungssystem nicht maßgeblich steuern und bestimmen können. Unklar ist die Rolle, die die Kontrolle des Kontakts der Klientenorganisation mit seinen Umwelten, also die Art und Ausgestaltung der Kommunikationsbeziehungen der Organisation zu relevanten Umweltbereichen als Machtquelle für Berater bzw. Klienten einnimmt. Zunächst ist davon auszugehen, dass die Kontakte zwischen der Klientenorganisation und ihren Stakeholdern bzw. der Öffentlichkeit unvermittelt und direkt stattfinden – Berater hier entsprechend nicht maßgeblich kontrollierend eingreifen können. Anders sieht dies in den Fällen aus, in denen Berater bzw. Dienstleister ihr eigenes Beziehungsnetzwerk für den Kunden einsetzen und in Vertretung des Kunden Beziehungen zu einzelnen Stakeholdern aufbauen und auf Dauer stellen. Dies ist insbesondere denkbar im Bereich der (Fach-)Pressearbeit oder auch im Bereich des Lobbyings.

Mit Blick auf die zeitliche Struktur des Beratungsprozesses kann tendenziell eine Verschiebung der Machtverteilung vom Klienten zum Berater konstatiert werden. „Zu Beginn eines Beratungsprojektes dominiert die Klientenrolle die Beraterrolle, weil es der Klient ist, der den Berater auswählt. Der Berater kann in dieser Situation nichts anderes tun, als die ihm angebotene Rolle zu übernehmen und die geäußerten Erwartungen in seine Verhaltensdispositionen aufzunehmen." (Saam 2009: 28) Im weiteren Verlauf des Beratungsprozesses steigt der Beratereinfluss tendenziell, wobei dies insbesondere für die Expertenberatung gilt, bei der zumeist der Transfer neuen Wissens in die Organisation im Mittelpunkt steht (vgl. ebd.).

4.4   Stellenwert der PR in politischen Organisationen als Rahmenbedingung der PR-Beratung

Bevor der Stellenwert externer PR-Berater in der Politik näher betrachtet wird, soll zunächst auf die bei den Organisationen intern zur Verfügung stehenden PR-Ressourcen eingegangen werden. Dies dient dazu, den Beratungsbedarf politischer Akteure durch externe PR-Funktionsträger und die entsprechenden Beratungsformen in ihrer Gesamtheit besser einordnen zu können. Schließlich entscheidet bereits die Anzahl interner PR-Mitarbeiter ebenso wie deren Spezialisierung darüber, inwiefern überhaupt externe Unterstützung benötigt wird. Organisationen mit einer geringen Anzahl interner PR-Mitarbeiter werden in erster Linie externe PR-Dienstleistungen zur Umsetzung alltäglicher Aufgaben engagieren und darüber hinaus nur sehr eingeschränkt Beratung im engeren Sinn anfragen. Demgegenüber scheinen die Voraussetzungen für externe PR-Beratung im Sinne einer Steigerung der entscheidungsbezogenen Reflexivität und der Reflexionsfähigkeit von Organisationen mit umfangreicheren personellen PR-Ressourcen eher gegeben. Was wissen wir also über die PR-Ressourcen der politischen Organisationen in Deutschland, konkret der Bundesregierung und der Bundesparteien?

Eine erste systematische Beschreibung stammt von Tenscher. Er hat die heterogene Gruppe politischer PR-Praktiker eingeteilt in funktionale Politikvermittlungsexperten (Politiker) sowie interne und externe PR-Berater und gliedert diese wiederum jeweils in Subgruppen, die nach der Größe ihres Aufgabenspektrums und den spezifischen Inhalten der Politikvermittlungstätigkeit unterschieden werden können (vgl. Tenscher 2003: 113ff.). Diejenigen, die in einer politischen Organisation arbeiten, unterscheidet er in Generalisten, die mindestens leitend für die Gesamtplanung von Politikvermittlungsprozessen zuständig sind (und meist ein Partei- oder Regierungsamt bekleiden) und in Spezialisten, die etwa als Redenschreiber oder Pressesprecher für abgegrenzte Aufgabenbereiche zuständig sind. Tenscher zeigt auf, dass das Feld der politischen PR-Beratung zunehmend in den politischen Alltag integriert und nicht nur Bestandteil in Wahlkampfzeiten ist. Die von ihm vorgeschlagene Systematisierung ist allerdings im Kontext der hier vorgestellten Studie nur bedingt weiterzuverwenden, da sein Ziel vor allem war, einen Überblick über das gesamte Tätigkeitsfeld interner und externer Berater zu liefern.

Das konkrete Wissen über die internen Ressourcen von Ministerien und Parteien ist bis heute äußerst gering. An Forschungsarbeiten liegen solche vor, die

sich a) mit den Merkmalen und Einstellungen der PR-Praktiker auf der Mikroebene befassen, ohne dabei die strukturellen Voraussetzungen der jeweiligen
Organisation einzubeziehen (etwa Marx 2008; Tenscher 2002), daneben b) Arbeiten, bei denen es sich um zeitlich überholte Einzelfallstudien handelt (z.B.
Pauli-Balleis 1987) und c) rein deskriptive Arbeiten über eine bestimmte Organisation (u.a. Knoll 2004; Mertes 2003).

In Bezug auf die Ministerien und Parteien ist die Gründung der Bundesrepublik Deutschland 1949 Ausgangspunkt ihrer heutigen internen Öffentlichkeitsarbeit. Mit dem Bundespresseamt leistet sich die Regierung zum einen eine
ganze Informationsbehörde, in der zurzeit rund 600 Mitarbeiter für die Informa-
tionssammlung, Informationsauswertung und Informationsaussendung tätig sind
(vgl. Zielmann 2009). Darüber hinaus verfügt jedes Bundesministerium über eigene Stellen für Presse- und Öffentlichkeitsarbeit. Gleiches gilt für die Bundesparteien, die alle ein Team von Kommunikationsverantwortlichen beschäftigen.
Dass dabei die Anzahl der Mitarbeiter – häufig, aber nicht immer gemessen an
der Größe – bei den Ministerien ebenso wie bei den Parteien (Größe meint hier
am ehesten die Anzahl der zahlenden Parteimitglieder und damit die Zahlungs-
fähigkeit der Partei) variiert, überrascht kaum. Allerdings sind die Ressourcen
für PR – gemessen sowohl an der Anzahl der internen PR-Funktionsträger als
auch an dem insgesamt zur Verfügung stehenden Etat – im Vergleich zu denen
von großen Wirtschaftsunternehmen verschwindend gering: Eine aktuelle Studie
zur Regierungs-PR[4] in Deutschland zeigt, dass in den Ministerien und Parteien
in der Öffentlichkeitsarbeit häufig unter zehn PR-Mitarbeiter angestellt sind. Es
handelt sich bei den internen PR-Funktionsträgern zwar um fest institutionali-
sierte Stellen, aber deren Anzahl reicht kaum aus, um umfängliche Kommunikationsmaßnahmen zu lancieren. Hinzu kommt der Umstand, dass es sich bei den
internen PR-Funktionsträgern häufig nicht um auf PR spezialisierte Personen
handelt, sondern beispielsweise um in anderen Bereichen des Hauses beschäftig-
te Mitarbeiter, die einen ganz anderen Ausbildungshintergrund mitbringen (u.a.
Juristen) und für die die PR-Abteilung nur eine vorübergehende Karrierestation
darstellt.

Allgemeine Charakteristika von politischer PR

Interne PR-Funktionsträger sind über ihre Mitgliedsrolle Teil der politischen
Organisation und bearbeiten hier einen definierten Aufgabenbereich. Szyszka/
Urbahn/Schütte 2009: 27) unterscheiden bezüglich Parteien und Ministerien

---

[4]   Es handelt sich um das zum Zeitpunkt der Drucklegung dieses Buches noch nicht abgeschlos-
        sene Dissertationsprojekt „Regierungs-PR. Die Presse- und Öffentlichkeitsarbeit der Bundes-
        regierung unter besonderer Berücksichtigung ihrer dezentralen Organisation" (Arbeitstitel) von
        Sarah Zielmann.

analytisch, aber nicht empirisch, in zwei unterschiedliche Organisationstypen: Parteien ordnen sie den sogenannten Solidarorganisationen zu, die ein Gruppeninteresse verfolgen, um mehr Gestaltungsmacht zu erlangen, zu erhalten oder zu erweitern. Dies versuchen sie vor allem über öffentliche Präsenz, allen voran über die Massenmedien, zu erreichen. Ministerien finden sich in diesem Raster in der Gruppe der öffentlichen Organisationen, die dem Gemeinwohl dienende Interessen verfolgen. Allerdings benennen die Autoren nicht, über welche Kommunikationskanäle diese Gemeininteressen typischerweise kundgetan werden (vgl. auch Szyszka 2005: 316ff.)

Da bislang keine empirischen Arbeiten zur PR von Ministerien und Parteien vorliegen, dient ein Blick auf Befunde zur PR von Behörden als erster Näherungswert. Wenngleich diese Daten bereits 1996 erhoben wurden, so bilden sie noch immer die umfangreichste und so nicht aktualisierte Datengrundlage[5]: Demzufolge ist die finanzielle Situation von PR-Abteilungen bei Behörden als schlecht zu bewerten. Mehr als ein Drittel der befragten Behörden verfügt über keinen eigenen PR-Etat – bei Wirtschaftsunternehmen trifft dies nur auf 13 Prozent zu (vgl. Röttger 2010: 213). Die fehlenden finanziellen Mittel sind vermutlich auch ein wesentlicher Grund dafür, warum bei fast einem Drittel der Behörden keine Maßnahmen zur Wirkungskontrolle durchgeführt werden, wohingegen dies nur auf 17 Prozent der Unternehmen zutrifft (ebd.: 287). Während bei Behörden im Schnitt nur 2,2 PR-Praktiker beschäftigt sind, sind es bei Unternehmen immerhin 3,4 (ebd.: 241). Bezogen auf die konkreten Aufgaben steht die Beratung der obersten Führungsebene neben dem direkten Kontakt zu Zielgruppen bei Behörden an erster Stelle, während es bei Unternehmen vor allem die Information der Mitarbeiter ist. Interne Kommunikation ist bei Behörden ein stark vernachlässigter Bereich, es dominiert die Darstellung nach außen, neben der direkten Zielgruppenansprache insbesondere über die Massenmedien (vgl. ebd.: 281f.). Die Ausrichtung der PR auf den Bürger ist bei Behörden zentral. Ziel ist es, Vertrauen in staatliches Handeln und darüber Akzeptanz beschlossener Maßnahmen zu fördern. Wirtschaftsunternehmen fokussieren demgegenüber den Charakter der PR als strategische Kommunikation (vgl. ebd.: 305f.). Die Befunde deuten darauf hin, dass bei Behörden – wie auch bei einer Vielzahl von Wirtschaftsunternehmen – PR oftmals die Funktion eines mehr oder weniger handwerklich-technisch ausgerichteten Veröffentlichungsorgans einnimmt, das auf die Produktion von Mitteilungen an Öffentlichkeiten beschränkt ist (vgl. Röttger 2010).

Aufschlussreiche handlungsfeldspezifische Unterschiede weist zudem eine Studie aus der Schweiz aus: Gefragt nach den fünf wichtigsten Erfolgskriterien

---

[5]   Die 2009 veröffentlichte Studie „Public Relations in Deutschland" (Szyszka et al. 2009) berücksichtigt ausschließlich Unternehmen, Wirtschaftsverbände und PR-Agenturen.

der PR von Unternehmen nannten die Befragten (n=243) in der folgenden Reihenfolge als TOP 3 (1) eine positive Resonanz in den Medien, (2) eine Profilie-
rung durch ein einheitliches Erscheinungsbild und (3) die Mobilisierung der
Mitarbeiter für Organisationsziele. Die Befragten aus Behörden (n=105), die
zwar nicht im engeren Sinne die hier fokussierten Regierungsorganisationen abbilden, doch noch am ehesten vergleichbar sind, nannten die folgenden TOP 3:
(1) Information der Bevölkerung über eine wichtige Sachproblematik, (2) Herstellung eines Dialogs zwischen Organisation und Bezugsgruppen und (3) eine
positive Resonanz in den Medien (vgl. Röttger/Hoffmann/Jarren 2003: 148f.).
Es ist demnach zu vermuten, dass vor allem die Ministerien eine dialogorientier-
te Informationspolitik der Bürger bzw. Wähler verfolgen und dabei im Gegensatz zu Wirtschaftsunternehmen interne Kommunikationsmaßnahmen so gut wie
gar nicht in den Blick nehmen.

Rezipientenorientierung der PR der Bundesregierung

Weitere Hinweise auf die Charakteristika politischer PR liefert eine Analyse der
politischen Entscheidungsprozesse und der damit verbundenen Kommunikationsprozesse der Bundesregierung mit unterschiedlichen öffentlichen Arenen[6].
Es wurde empirisch geprüft, welche Zielgruppen aus der Perspektive der hierfür
zuständigen PR-Verantwortlichen jeweils relevant sind. Hinter der Untersuchung dieses Rezipientenbildes, die auf dem theoretischen Konzept moderner
Öffentlichkeit von Gerhards und Neidhardt basiert (1991; vgl. dazu auch Zerfaß
2010: 195ff.), liegt die soziologische Grundfrage nach Integration und Differenzierung moderner Gesellschaften (vgl. Hoffmann 2003: 57).
    Die analysierten politischen Organisationen umfassen nach einem engen
Verständnis der Bundesregierung das Bundeskanzler- und Bundespresseamt sowie die Bundesministerien. Normativ betrachtet müssten sich die dort institutionalisierten Presse- und Öffentlichkeitsarbeiter an die allgemeine, in modernen
Mediengesellschaften überwiegend massenmedial konstituierte Öffentlichkeit
wenden. Dies wäre gleichzeitig zweckgerichtet, um Resonanz herzustellen. Dahinter steht die Überlegung, dass politische Herrschaft legitimiert werden muss,
somit Öffentlichkeit ein zentrales Element demokratischer Kontrolle jeder
Staatstätigkeit ist (vgl. Sarcinelli 2005: 54). Öffentlichkeit verstanden als eine
Gliederung in verschiedene Arenen u.a. zwischen Souverän und politischen Akteuren wird dafür vorausgesetzt, dass sich die Gesellschaft in ihr selbst beobachten und Politik in diesem Raum mit gestalten kann bzw. politische Akteure hier

---

[6]   „Regierungs-PR. Die Presse- und Öffentlichkeitsarbeit der Bundesregierung unter besonderer
    Berücksichtigung ihrer dezentralen Organisation" (Arbeitstitel), laufendes Dissertationsprojekt
    von Sarah Zielmann.

Themen und Meinungen der Gesellschaft beobachten können und darauf reagieren müssen (vgl. Gerhards/Neidhardt 1991: 41f.).

Es wurde vermutet, dass faktisch jede Organisation der Bundesregierung – nicht zuletzt in Abhängigkeit von der Betrachtungsweise politischer PR seitens der hauptamtlichen Kommunikatoren – unterschiedliche Publika (neben den Massenmedien und auch innerhalb dieser) fokussiert. Daneben stellt sich die Frage, inwieweit die Bundesregierung ihre Umwelt systematisch beobachtet und deren Meinungen auswertet, um wiederum darauf Bezug nehmend neue Informationen (massenmedial) zu vermitteln. Eine Voraussetzung für die erfolgreiche Legitimation der eigenen Entscheidungen ist schließlich, Wissen über die Wahrnehmung durch die Umwelt zu sammeln, um die Regierung(sakteure) daran orientiert entsprechend (neu) zu positionieren. Die Fragen nach einer „Outside-in-Orientierung" in Form einer Integration von Außenansprüchen in Balance zur „Inside-Out-Orientierung" (vgl. Kamps 2007: 370) wird daher herausgestellt: Inwieweit wird die Resonanz der eigenen Aussagen in den Medien und deren Spiegelung in der Gesellschaft erfasst und einbezogen?

Zur Ermittlung des vorherrschenden Rezipientenbildes der PR-Verantwortlichen der Bundesregierung sowie der Eruierung des Wissens über diese Rezipienten wurden 39 Leitfadengespräche mit PR-Verantwortlichen des Bundeskanzleramtes, des Bundespresseamtes und von acht Bundesministerien der Regierungen Schröder und Merkel ausgewertet. Im Ergebnis zeigt sich, dass eine Auswertung der öffentlichen Kommunikation, eine Evaluation der Einwirkung darauf sowie die direkte Erreichung der Bürger nicht systematisch und vor allem nicht gestützt auf Zeitreihenanalysen erfolgen. Nur bei einem Teil der PR-Verantwortlichen ist ein klar umrissenes, anhand spezifischer Kriterien festgemachtes Rezipientenbild erkennbar. Ministerien, die nur unsystematisch und punktuell Evaluationen durchführen und diejenigen, die eher systematische Evaluationen unter Einbezug u.a. von professioneller Meinungsforschung durchführen, halten sich in etwa die Waage.

Die bezogen auf die Presse genannten Evaluationsmaßnahmen sind eher tagesaktuell und dienen weniger der kontinuierlichen, langfristigen Überprüfung der eigenen Leistungen, sondern mehr der spontanen Orientierung für die aktuelle Kommunikationsarbeit. Um im Sinne der Umweltkontrolle umfänglichere Informationen generieren und entsprechend verwenden zu können, scheint die Bundesregierung zwingend auf die Unterstützung von externen PR-Beratern angewiesen zu sein, zu gering ist die Reichweite, die sie aus eigener Kraft erreichen kann und zu wenig umfänglich sind die interne Men Power und das eigene Know-how.

4.5   PR-Beratung in der Politik: empirische Befunde

Die Funktion des politischen Systems besteht in der Herstellung und Durchsetzung kollektiv verbindlicher Entscheidungen. Akteure des politischen Systems
sind in ausdifferenzierten demokratischen Gesellschaften auf die öffentliche
Darstellung dieser Entscheidungsprozesse angewiesen. Sie sind permanent legitimationsbedürftig und produzieren regelmäßig Kommunikationsangebote, um
politische Ideen in politische Entscheidungen überführen zu können und diese
Entscheidungen zu rechtfertigen (vgl. Pfetsch 2003: 37ff.). Die Darstellung von
Politik ist somit kein Anhängsel politischer Entscheidungen, sondern integraler
Bestandteil des politischen Prozesses selbst. Die Mehrzahl der Kommunikationsangebote der Politik wird durch den Journalismus, dem dominanten Leis-
tungssystem des Funktionssystems Öffentlichkeit, an ein disperses Publikum
vermittelt. Um die vielfältigen Beziehungen zur Öffentlichkeit u.a. über die
Massenmedien dauerhaft sicherstellen und gestalten zu können, haben die Akteure des politischen Systems spezialisierte Funktionsrollen ausgebildet: PR-
Experten, die insbesondere die Kommunikationsbeziehungen zwischen politischen Akteuren und Journalisten herstellen, managen und stabilisieren sollen.

Die Bedeutung der internen und externen PR-Funktionsträger ist vor allem
innerhalb der vergangenen zehn Jahre gestiegen, da politische Kommunikation
seitdem einen tief greifenden Wandel durchläuft, der eng mit einer Reihe gesellschaftlich bedeutsamer Veränderungsprozesse wie der Differenzierung von Me-
dienangeboten und -anbieterstrukturen, einem Wandel journalistischer Programme und Rollen oder der Herausbildung neuer digitaler Medienformate verknüpft ist (vgl. u.a. Sarcinelli 1998a, b). Als Phänomene einer veränderten und
sich verändernden politischen Kommunikation werden neben den bereits angeführten u.a. Aspekte der Talkshowisierung, Emotionalisierung, Skandalisierung
und des Permament Campaigning diskutiert und unter Stichworten wie Auf-
merksamkeitsmanagement, politische Ästhetisierung und symbolische Politik in
wissenschaftliche Modelle überführt (vgl. u.a. Wiesendahl 1998: 447). Dieser
Wandel impliziert steigende Anforderungen an die Fähigkeiten politischer Akteure zur systematischen Umweltbeobachtung und darauf aufbauend zur medi-
enwirksamen und publikumsgerechten Selbstdarstellung. Damit gewinnt auch
die strategische und operative Bedeutung von spezialisierten PR-Experten für
politische Akteure an Bedeutung.

Es sind zugleich Prozesse der Externalisierung von PR-Leistungen dahingehend zu beobachten, als dass etwa eine „Verlagerung der Kampagnenorganisati-
on aus den Parteien hin zu den Spezialisten der persuasiven Kommunikation,
also Engagement und zunehmender Einfluss von politischen Beratern, die außerhalb des politischen Systems stehen", stattfindet (Holtz-Bacha 1999: 10).
Dies dokumentiert sich nicht nur anhand einer wachsenden Zahl von öffentlich

wahrgenommenen politischen PR-Beratern (vgl. Glaab/Metz 2006), der öffentlichen Thematisierung der Summen, die z.B. Parteien für Kampagnen ausgeben, sondern auch an wissenschaftlichen Fachkongressen sowie praktischen als auch wissenschaftlichen Fachzeitschriften zu dem Thema. Dennoch ist bislang eine „Vermessung" des Feldes ausgeblieben. Das Interesse galt in der Regel einzelnen Ausschnitten des Tätigkeitsspektrums der politischen PR-Berater, wohl auch, weil dies forschungsökonomisch einfacher zu handhaben ist.

Eine erste Herausforderung besteht also darin, den Gegenstand des Forschungsinteresses so einzugrenzen und zu beschreiben, dass eine fokussierte und aussagekräftige wissenschaftliche Analyse möglich ist und die Eingrenzungen und Begrifflichkeiten zudem anschlussfähig sind an das vorherrschende Verständnis der Praxis. Politische PR-Beratung im Auftrag der Beratenen kann von unterschiedlichen externen Dienstleistern erbracht werden – u.a. Rechtsanwälten, Markt- und Meinungsforschungsinstituten, Unternehmensberatungen, Werbeagenturen und klassischen PR-Agenturen. Das Feld der politischen Kommunikationsberatung ist also sehr heterogen und PR-Beratungstätigkeiten können nicht immer trennscharf von anderen Formen der politischen Beratung abgegrenzt werden.

Trotz des angenommenen Bedeutungszuwachses der externen PR-Beratung in der Politik fehlen hierzu – wie bereits erwähnt – mit Ausnahme der bereits erwähnten Studien zum Kampagnenmanagement im Wahlkampf systematische, aktuelle Analysen. (Wahl-)Kampagnen lassen sich zeitlich relativ genau abgrenzen und aufgrund hoher medialer Berichterstattung ex post besser analysieren als die ruhigere politische Normalität außerhalb des Wahlkampfes. Dieser methodische Vorteil bringt jedoch einen gravierenden Nachteil mit sich: die Vernachlässigung von PR-Beratung im politischen Alltag, für die in steigendem Umfang ebenfalls professionelle Einzelberater und Agenturen herangezogen werden.

Eine Ausnahme im deutschsprachigen Raum bildet die Studie von Hoffmann, Steiner und Jarren (2007). Sie haben drei Typen externer politischer Dienstleistungen in der Schweiz in einer explorativen Studie analysiert, die sie unter dem Begriff Public Affairs subsumieren. Die drei Typen umfassen a) politische PR, b) Lobbying und c) die Durchführung von Abstimmungs-/Wahlkampagnen. Hoffmann, Steiner und Jarren identifizieren auf Basis einer schriftlichen Befragung drei Rollenselbstbilder der Berater (ebd.: 145ff.): Den „horizontalen Vermittler", der zwischen unterschiedlichen gesellschaftlichen Interessen vermittelt, den „vertikalen Vermittler", der zwischen Bürgern und politischen Entscheidungsträgern vermittelt sowie den „politischen Interessenvertreter", der die Partikularinteressen seiner Klienten mit einer genuin politischen

Funktionswahrnehmung verknüpft. Nach einer ergänzenden qualitativen Befragung kommen die Autoren zu dem Schluss, dass es ein allgemein akzeptiertes
Berufsverständnis externer politischer Dienstleister in der Schweiz kaum gibt
(ebd.: 242).

Nicht ganz zu überzeugen vermag allerdings die für die Schweizer Studie
zentrale Begriffswahl des Public Affairs Managers, die das in Wissenschaft und
Praxis übliche Verständnis von Public Affairs ignoriert. Nach gängigem Verständnis sind Politik und Bürokratie Adressaten der Public Affairs-Aktivitäten
v.a. ökonomischer Organisationen. Public Affairs-Berater agieren entsprechend
nicht im Auftrag der Politik, sondern von Dritten und Public Affairs umfasst
kommunikative Maßnahmen von Unternehmen, die auf eine Beeinflussung von
Politik durch Mobilisierung und öffentliche Meinung abzielen. Entsprechend
des eigenen Begriffsverständnisses werden in der Schweizer Studie politische
PR-Berater nur als ein Subtyp von Public Affairs-Beratern betrachtet. Zudem
wird ausschließlich die Beraterseite hinsichtlich ihrer Rollenwahrnehmung befragt.

Mit Blick auf den aktuellen Forschungsstand ist außerdem die zum Zeitpunkt
der Drucklegung dieses Buches noch nicht abgeschlossene Studie „politische
Kommunikationsdienstleister" (Vowe/Opitz 2006; Opitz/Vowe 2007 u. 2009) zu
nennen. Ziel des Forschungsprojektes ist eine Exploration des Berufsfeldes politischer Kommunikationsdienstleister durch Typologisierung. Empirisch basiert
die geplante Strukturierung und Beschreibung des Feldes auf 50 problemzen-
trierten, leitfadengestützten Interviews. Das Sample umfasst 45 anhand einer
theoriebasierten Idealtypologie bewusst ausgewählten prototypischen Organisationen aus dem Feld der politischen Kommunikationsberatung (vgl. www.kom-
munikationsdienstleister.de).

Die theoretisch basierte Idealtypologie unterscheidet politische Kommunikationsdienstleister anhand des Handlungsfeldes (Wahlkampf, Politische PR, Public Affairs), der Organisationsform (Binnen- oder Dachkapazität, Spezialunternehmen oder Einzelberater) sowie in der zeitlichen Dimension anhand des aktuellen Entwicklungsstadiums (Gründung, Etablierung, Schließung). Die sich
durch Kombination der unterschiedlichen Merkmalsausprägungen ergebenden
36 Idealtypen wurden jeweils anhand eines Leitfadeninterviews mit einem bewusst ausgewählten Prototypen untersucht. Lediglich im Bereich der sehr heterogenen Spezialunternehmen wurden mehrere Organisationen berücksichtigt
(vgl. Opitz/Vowe 2009: 189f.).

Der Studie liegt dabei ein sehr weites Verständnis von Dienstleistern für politische Kommunikation zugrunde. So umfasst der Dienstleisterbegriff sowohl
eigenständige Organisationen als auch spezialisierte Organisationseinheiten
(z.B. PR-Abteilungen) und beschäftigt sich damit sowohl mit internen wie ex-

ternen Experten für politische Kommunikationsleistungen. Zudem werden auch externe Dienstleister wie Anwaltssozietäten und Unternehmensberatungen berücksichtigt, bei denen Kommunikationsleistungen nicht zum Kerngeschäft bzw. zur Kernkompetenz zählen. Eine Vergleichbarkeit der Befunde mit denen der hier präsentierten Studie ist damit nur sehr eingeschränkt gegeben.

Erste publizierte Befunde der Studie (vgl. ebd.) deuten an, dass das Feld der externen politischen Kommunikationsdienstleister sehr heterogen ist und dass die Dienstleister sehr häufig sowohl Lobbying als auch PR-Leistungen anbieten. Vowe und Opitz plädieren daher dafür, von „Dienstleistern für Public Affairs statt für Politische PR zu sprechen" (Opitz/Vowe 2009: 194). Die Problematik dieses Begriffsvorschlags ist aber bereits deutlich gemacht worden.

Insgesamt sind Akteure, Strukturen und Interaktionen im Zusammenhang mit der Entstehung von Politik wenig bearbeitete Felder in der Kommunikationswissenschaft (vgl. Jarren/Donges 2002a: 14) – im Vordergrund stehen neben den angeführten Arbeiten vielmehr Fragen der Politikvermittlung und der Wirkung. Studien, die prozessuale und interaktionstheoretische Aspekte in der politischen Kommunikation behandeln und damit die Sichtweise der beteiligten Akteure in den Blick nehmen, beschäftigen sich in der Regel mit den Beziehungen zwischen Politikern und Journalisten (Jarren/Altmeppen/Schulz 1993; Hoffmann 2003) bzw. von internen politischen Sprechern und Journalisten (Pfetsch 2003).

5 Zwischenfazit: Forschungsleitende Annahmen zur Rolle und Ausgestaltung der PR-Beratung in der politischen Kommunikation

Es ist deutlich geworden, dass politische Akteure vor mannigfachen Herausforderungen stehen. So sind sie beispielsweise aufgrund der zunehmenden Verflechtung von staatlichem und wirtschaftlichem Handeln ebenso wie der erweiterten internationalen Beziehungen etwa im Zuge der EU-Erweiterung gezwungen, sich mit neuen Stakeholdergruppen auseinanderzusetzen. Darüber hinaus hat ein Wandel der Medien zu veränderten Selektionsmechanismen von Nachrichten geführt, denen sich politische Akteure anpassen müssen, wenn sie nicht auf die öffentliche Thematisierung ihrer Anliegen verzichten wollen.

Die detaillierte Betrachtung der in der komparativen politischen Kommunikationsforschung prominentesten Vergleichsländer Schweiz, Österreich, USA, Großbritannien und Deutschland (vgl. Kap. 2) hat teils gravierende Unterschiede der politischen Systeme deutlich gemacht und Hinweise auf die Spezifika der politischen Kommunikation und der politischen PR-Beratung in Deutschland geliefert. Festgehalten werden kann, dass sich die Beschaffenheit des politischen Systems ebenso wie des Mediensystems auf die Ausgestaltung der politischen Kommunikation und der politischen PR in einem Land auswirken. Dies stellt die uneingeschränkte Übertragbarkeit von Befunden aus einzelnen Ländern – wie etwa den USA oder Großbritannien – auf Deutschland grundlegend in Frage und verdeutlicht die Notwendigkeit länderspezifischer Analysen. Deutlich wurde mit Blick auf Deutschland ein im Vergleich insbesondere zu den USA und Großbritannien geringerer Stellenwert von PR-Beratung, eine stärkere Orientierung der Beratung auf Organisationen und weniger auf Personen sowie die starke Festlegung der externen PR-Dienstleister auf Klienten einer bestimmten politischen Farbe.

Erhöhung von Reflexionskapazitäten durch PR-Beratung

Die enge Bindung der PR an ihre Auftraggeber und die exponierte Rolle des Dienstleistungsabnehmers wurden auch im Zusammenhang mit den Überlegungen zur Integration des externen Faktors in der PR-Beratung deutlich: Der Kunde ist mit verantwortlich für den Verlauf und insbesondere den Erfolg des Beratungsprozesses. Zugleich bleibt die Beratungsbeziehung aber aufgrund der differenten Beobachtungspositionen und der vorhandenen Kompetenz- und Wissensunterschiede asymmetrisch. Die Rolle des Beraters als Ratgeber umfasst die Identifikation und Vermittlung von sinnadäquaten alternativen Lösungen für Entscheidungsprobleme des Klienten. Diese Fähigkeit des Beraters basiert darauf – wie mehrfach betont –, dass er über Beobachtungsmöglichkeiten verfügt, die die Klientenorganisation nicht hat. Die besondere Beobachtungsposition des Beraters und das grundlegende Verständnis des beraterischen Interventionspotenzials stehen im Zentrum des systemtheoretisch fundierten Beratungsbegriffs:

- Die Differenz der Beobachtungsperspektiven von Berater und Klienten ist konstitutiv für die Beratung: Nur weil Berater Beobachter zweiter Ordnung und nicht Teil des Klientensystem sind, können sie die Kontingenz der Beobachtung des Klientensystems und deren blinde Flecken erkennen.
- Der beraterischen Beobachtung zweiter Ordnung sind Grenzen gesetzt: Die innere Operationsweise des Klientensystems bleibt für sie partiell intransparent. Systemische Beratung muss die Eigenlogik autonomer Klientensysteme berücksichtigen. Aufgabe der Berater ist es, Interventionen so zu gestalten, dass sie als Ereignis im Perzeptionsbereich des Klientensystems wahrgenommen und als relevante Information in die operativen Kreisläufe des Systems eingeschleust werden können. Berater regen das Klientensystem durch diese kontextuellen Interventionen zur Veränderung an.
- PR-Beratung folgt idealtypisch der Leitdifferenz von Rat und Tat.
- Der Berater ist kein Umsetzer, sondern „vielmehr der distanzierte Beobachter, der eine externe Reflexionsstelle einnimmt und dem Ratsuchenden mithilfe kommunikativer Irritationen zu mehr Reflexivität verhilft." (Steiner 2009: 94). In diesem Sinne sind PR-Berater Mediatoren einer Selbstveränderung des Klientensystems.
- PR-Beratung verläuft nicht linear, sondern zirkulär und ist geprägt durch wiederkehrende Reflexionsschleifen.

Die aufgrund ihrer thematisierten Beobachtungsmöglichkeiten und ihres speziellen Wissens gewonnenen Sichtweisen der Berater zu Entscheidungs- und Handlungsalternativen sind für den Klienten nicht immer angenehm oder auf den ersten Blick einleuchtend. Das Ziel, reflektierte Entscheidungen zu treffen, ist für den Klienten per se zunächst mit einer Erhöhung von Optionen und damit mit einer Steigerung von Komplexität und Unsicherheit verbunden. Hinzu kommt, dass Klienten sich angesichts ihres konkreten Entscheidungsdrucks oftmals mehr und schneller Entlastung durch direkte Problemlösung als durch problemorientierte Reflexion erhoffen. Dies macht deutlich, dass (PR-)Berater sich grundsätzlich im Spannungsfeld von Auftraggeberorientierung und professionellem Beratungsanspruch bewegen. Dieses Spannungsfeld wird ergänzt durch die wirtschaftlichen Eigeninteressen der Agentur, für die Berater tätig sind. Die diesem Spannungsfeld inhärente Ambivalenz ist typisch für Dienstleister mit intensivem Kundenkontakt. Für die Zusammenarbeit zwischen Beratern und Klienten sind daher neben allgemeinen sozialen Normen der Interaktion (u.a. Zuverlässigkeit, Glaubwürdigkeit, Redlichkeit, ethisch und rechtlich einwandfreies Verhalten) das jeweilige Beratungsverständnis und die relevanten professionellen (Beratungs-)Normen entscheidend. Neben der bereits genannten Auftraggeber-Loyalität zählen dazu u.a. Erwartungen an die Transparenz im Beratungssystem und an die Qualität der Leistungen ebenso wie die Beachtung von Berufsnormen.

Mit Blick auf die Integration des externen Faktors steigen die Chancen für einen erfolgreichen PR-Beratungsprozess, wenn die PR-bezogenen Relevanzkriterien zwischen Berater und Kunde möglichst große Schnittmengen aufweisen. Professionelle PR-Beratung benötigt Organisationen, in denen PR-relevante Fragestellungen ein bedeutsames Muster der Sinnkonstitution darstellen. Darüber hinaus sind allgemeine demokratische Normen der politischen Kommunikation, d.h. z.B. Meinungsvielfalt, Meinungsfreiheit oder journalistische Unabhängigkeit und deren jeweilige Interpretation im konkreten Einzelfall bedeutsam.

Zentral ist zudem in jedem Beratungsprozess die Lern- und Kooperationsbereitschaft des Beratenen, die insbesondere die Bereitschaft, dem Berater Fremdbeobachtung zu ermöglichen und relevante Informationen für die Problemlösung zu liefern umfasst und darüber hinaus Veränderungs- und Diskussionsbereitschaft sowie Konfliktfähigkeit einschließt. Die Ausführungen zu den Besonderheiten des politischen Systems und der politischen Kommunikation in Deutschland deuten allerdings darauf hin, dass politische Akteure vermutlich externe PR-Berater erst zu einem verhältnismäßig späten Zeitpunkt im Entscheidungsprozess hinzuziehen und insofern eine Lern- und Kooperationsbereitschaft in der Zusammenarbeit mit den PR-Beratern eher eingeschränkt gegeben sein dürfte. Dies resultiert wohl aus einem generellen Vertrauensproblem in der Zusammenarbeit mit PR-Beratern und trifft sicherlich insbesondere auf Spitzenpolitiker zu, die immer fürchten müssen, auch innerhalb des eigenen Lagers Widersacher zu haben. Denn die Politik scheint stärker als z.B. die Wirtschaft personalisiert zu sein (vgl. Eisenegger/Wehmeier 2009). So sind Entscheidungen in der Politik häufiger und intensiver mit Fragen des Machterhalts bzw. Machtzuwachses einzelner Personen verbunden, während beispielsweise produkt- und markenbezogene Entscheidungen in der Wirtschaft in der Regel weniger mit dem Status und dem Ansehen einzelner Personen verknüpft sind. In der Politik geht es immer um konkrete Köpfe hinter den politischen Ideen. Es geht also während politischer Entscheidungsfindungsprozesse aller Voraussicht nach immer auch um persönliche Karrieren (vgl. Jarren/Donges 2002b: 68f.). Dies könnte zur Folge haben, dass aufgrund der Wichtigkeit von parteipolitischen Karrieren auch in Bezug auf Kommunikationsfragen zunächst der Rat von Parteimitgliedern und eher nicht von PR-Beratern eingeholt wird. Es gilt daher zu prüfen, ob und wenn ja in welcher Phase von Entscheidungsprozessen externe PR-Berater hinzugezogen werden und welche Rolle sie im Rahmen der Entwicklung von Positionen zu einzelnen Sachfragen bzw. bei der parteipolitischen Profilbildung spielen. Damit eng verbunden ist die Frage, welche Erwartungen die Klienten aus der Politik an externe PR-Dienstleister richten. In welchem Ausmaß und welcher Intensität fragen Klienten den Rat von PR-Beratern nach und wie stark sind diese in die Umsetzung von einzelnen Maßnahmen involviert?

Von Interesse ist dabei auch, inwiefern Angebot und Nachfrage übereinstimmen. Wie begegnen PR-Berater den Erwartungen der Klienten – passen sie sich dem Erwartungshorizont der Klienten vollständig an oder versuchen sie, diesen zu erweitern, indem sie z.B. ihr beraterisches Reflexionspotenzial aufzeigen? Wünschen sich Klienten Kompetenzen oder Dienstleistungen von PR-Beratern, die diese nicht oder in nicht ausreichendem Maße auf die Politik gemünzt erfüllen? Schließlich geht es bei dieser Diskussion auch darum, daraus resultierende Konsequenzen für das Feld zu eruieren. Für die PR-Seite sind dies in erster Linie Status-, Reputations- und Einkommenskonsequenzen, für die Klientenseite das Repertoire, das sie für ihre Problemlösungen in Anspruch nehmen können.

Wenn Klienten von PR-Beratern in erster Linie erwarten, dass diese sie in ihrer Reflexionsfähigkeit unterstützen und die PR-Berater die Zusammenarbeit vor allem als Ratgeben (Konsultation) verstehen, in der dann in der Regel insbesondere Wertwissen relevant ist, dann wird idealtypische Beratung im Sinne systemischer Beratung möglich. Falls die Klienten vor allem konkrete Problemlösungen erwarten, so verschiebt sich die Primärfunktion von PR-Beratung zu faktenbasierter Umsetzung. Streng genommen kann hier nicht mehr von PR-Beratung gesprochen werden, sondern es handelt sich in erster Linie um operativ ausgerichtete PR-Dienstleistungen. Wenngleich hier die Risikominimierung weniger auf Vertrauen in das Beratersystem beruht, sondern vielmehr auf Verträgen, so dürfte auch hier über die Zeit eine Verschiebung vom System- zum Personenvertrauen zu beobachten sein.

Möglicherweise macht es in der Politik einen Unterschied, wenn externe PR-Agenturen ein bestimmtes Ressort und damit ebenso wie bei einer Partei eine bestimmte politische Ausrichtung beraten. Anders als in der Wirtschaft, wo es üblich ist, sich nach einem Benchmark zu positionieren und verbessern zu wollen, könnte es sein, dass sich politische Akteure aufgrund ihres dauernden Versuches als Einzelkämpfer stärker voneinander abgrenzen wollen. Dies könnte sich bis zu den hinter den Kommunikationskonzepten stehenden PR-Agenturen durchziehen, und zwar auch wegen der damit verbundenen Hoffnung, einmalige, individuell zugeschnittene PR für sich zu erhalten. Ob dies so ist, hängt wesentlich von der Einstellung hierzu sowohl von den PR-Beratern als auch PR-Klienten ab. Für die PR-Berater könnte es positiv sein, sich langfristige Beratungsmandate bei einem Klienten oder bei Ministerien „einer Farbe" zu sichern

– oder auch nicht, weil damit der Kreis möglicher Neukunden aus der Politik eingeschränkt würde. Für Klienten könnte die Exklusivität eines Beratungsmandats dem Vertrauensaufbau dienen, andererseits könnten sie von der breiten Erfahrung ihrer Berater im Feld der politischen Kommunikation profitieren wollen. Wie eng und exklusiv die Bindung der Berater an ihre Klienten aus der Politik ausfällt, wird Gegenstand der empirischen Erhebung sein.

Dimensionen wechselseitiger Wahrnehmungen

Mit der beidseitigen Befragung von Beratern und Klienten hinsichtlich ihrer Rollenwahrnehmungen und gegenseitigen Erwartungen beschreitet die vorliegende Untersuchung einen neuen Weg. Erst auf diese Art und Weise ist es möglich, Beratungssysteme in der Politik, die sich in den Interaktionen von politischen Akteuren und PR-Beratern konstituieren, umfänglich und präzise zu beschreiben und erste Informationen zu den Gründen für die Inanspruchnahme von PR-Beratern, die Intensität der Zusammenarbeit und etwaige Widerstreite zu finden. Damit wird es möglich zu beleuchten, inwieweit unter den spezifischen Bedingungen und Konstellationen des deutschen Politiksystems auf Bundesebene entscheidungsbezogene Reflexivitätssteigerung und eine Erhöhung der Reflexionsfähigkeit als zentrale PR-Beratungsfunktion angeboten und nachgefragt wird. Durch vergleichbare Fragen an PR-Berater und politische Akteure soll darüber hinaus herausgestellt werden, wie beide Seiten den Prozess und das Ergebnis der Beratung mit gestalten. Bislang ist schließlich wenig darüber bekannt, ob Berater ihren Klienten auch nicht aktiv nachgefragte Beratungsangebote zu unterbreiten versuchen und sich insgesamt von einer reinen, von den Klienten vermutlich intensiv nachgefragten Umsetzungsorientierung entfernen. Denkbar wäre es auch, dass Klienten sich ganz andere Formen der Beratung wünschen als sie auf dem Markt vorfinden oder über eine Ausschreibung an Angeboten erhalten. Schließlich ist es aufschlussreich, mehr darüber zu erfahren, wie beide Seiten hinsichtlich auftretender Konflikte – sei es zu Beginn eines Mandats oder im Verlauf des Beratungsprozesses – miteinander umgehen. Dies alles muss und wird Gegenstand der empirischen Prüfung sein.

Nicht zuletzt geht es in der Studie darum, explizit nach den Leistungen von PR-Beratung im politischen Alltag zu fragen, also bewusst alle auf den Wahlkampf konzentrierten PR-Leistungen auszuklammern. Erst über einen solchen Zugang ist es möglich zu erfassen, welchen allgemeinen inhaltlichen und konzeptionellen Einfluss PR-Berater auf den Prozess der Herstellung und Darstellung von politischen Entscheidungen haben. Dies ist zum einen eine demokratietheoretisch relevante Frage, wenn es darum geht herauszufinden, inwiefern gesellschaftlich nicht-legitimierte Akteure (hier: die PR-Berater) politische Macht ausüben können. Zum anderen ist es für jede Organisation wichtig, notwendige

Anpassungsprozesse an neue Umweltbedingungen vorzunehmen. Dies erfolgt seit jeher auch über externe Berater. Vor dem Hintergrund der skizzierten ideal-typischen Beratungsfunktion wäre es insofern bedenklich, wenn sich die deutsche Bundespolitik als beratungsresistent herauskristallisieren sollte, weil sie etwa PR-Agenturen ausschließlich mit Umsetzungsfragen beauftragt.

Untersuchungsdimensionen und forschungsleitende Annahmen

Vor dem Hintergrund der bisherigen Ausführungen sind im Rahmen der Analyse der Interaktion und Perzeption zwischen politischen Akteuren und PR-Beratern folgende Dimensionen zentral:

- *Sachdimension politischer PR-Beratung*
  Ausgehend vom skizzierten systemtheoretischen Verständnis von Beratung ist ganz allgemein danach zu fragen, welche Entscheidungen, an denen sich Kommunikation in Organisationen kristallisiert, im Fokus der PR-Beratung stehen. Konkret sind hier die Rekonstruktion der angebotenen und nachgefragten Dienstleistungen relevant, der Ziele politischer Kommunikation aus Sicht von PR-Beratern und politischen Akteuren und die Stakeholder- bzw. Öffentlichkeitsorientierung beider Seiten.

- *Rollen in der politischen PR-Beratung*
  Im Zentrum stehen hier die Frage, wie empirische PR-Beratung im Feld der Politik in den Rollendimensionen „Experten- versus Prozessberatung" sowie „konzeptionelle versus umsetzungsorientierte Beratung" (vgl. Kap. 3.4.4) zu verorten ist. Welche Erwartungen haben die Klienten in Bezug auf die genannten Beratungsrollen und welches Selbstverständnis der externen PR-Dienstleister steht dem gegenüber? Von Interesse ist zudem die Frage, welches Kooperations- bzw. Konfliktpotenzial aus den wechselseitigen Selbst- und Fremdwahrnehmungen resultiert. Sind beispielsweise Ineffizienzen aufgrund systematisch divergierender Rollenwahrnehmungen erkennbar?

- *Werte und Normen der Interaktion*
  Mit Blick auf die Ausführungen zu den Interventionen, die ausschließlich im Beratungssystem stattfinden (vgl. Kap. 3.2) sind insbesondere die Formen und Regeln des Umgangs von Interesse, die letztendlich für den Beratungsprozess konstitutiv sind. Der Prozess der wechselseitigen Wahrnehmung und Deutung, der zentral für die Herausbildung von interaktionsspezifischen Werten und Normen ist, beginnt bei der Suche nach den geeigneten externen Dienstleistern und setzt sich fort bei der Art, wie der Auswahlprozess abläuft. Bereits hier werden entscheidende Erwartungen abgeglichen und legen den Grundstein dafür, welche Möglichkeiten und Grenzen beraterischer Intervention später bestehen. Zu Beginn zeigt sich, inwieweit die Berater die gesuchten Elemente einbringen können, wie gut sie verstehen, was der Klient

wünscht und wie gut sie demonstrieren, dass sie die Erwartungen erfüllen können. Auch die Berater haben jedoch eine Idee davon, weshalb sie diesen bestimmten Auftrag haben möchten und was sie sich von dem Mandat erhoffen. Das heißt, die Klienten und Berater bestätigen oder korrigieren ihre vorherigen Vorstellungen bezüglich der Rolle des anderen und ihrer eigenen in dieser frühen Phase und handeln sozusagen die folgenden Umgangsformen miteinander aus. Handlungsspielräume der PR-Berater ergeben sich sodann durch Kooperations- und Konfliktpotenziale gemessen daran, wie gut die Vorstellungen über die Rolle des anderen während der weiteren Zusammenarbeit übereinstimmen.

Auf Grundlage der bisherigen Überlegungen zur PR-Beratung in der Politik und allgemeiner Forschungsbefunde zur PR-Praxis (vgl. insbes. Röttger 2000; Szyszka/Schütte/Urbahn 2009) liegen der Studie hinsichtlich der genannten Untersuchungsdimensionen folgende forschungsleitenden Annahmen zugrunde:

- Externe politische PR-Beratung bezieht sich im deutschsprachigen Raum stärker auf Institutionen als auf Personen.
- PR-Agenturen übernehmen in der politischen PR-Beratung von Organisationen aufgrund der damit zusammenhängenden komplexeren Aufgaben eine bedeutendere Rolle als Einzelberater.
- Bei den externen PR-Dienstleistern zeigt sich in Deutschland weniger eine Spezialisierung als mehr eine Generalisierung, um den breiten Ansprüchen der politischen Auftraggeber gerecht zu werden. Dies unterscheidet die PR-Beratung in Deutschland z.B. von der in englischsprachigen Ländern, in denen eine stärkere Spezialisierung bei gleichzeitiger Personenorientierung festzustellen ist.
- Aufgabe der Agenturen ist es allen voran, die Arbeit eines Ressorts gegenüber den Bürgern verständlich zu kommunizieren, für sie Akzeptanz und Zustimmung zu erzeugen und bezogen auf die Parteien für Stimmengewinne bei den nächsten Wahlen zu sorgen. Das bedeutet auch, dass Parteien außerhalb von Wahlkämpfen kaum mit externen Beratern zusammenarbeiten.
- Externe PR-Beratung in der Politik ist insbesondere auf externe Stakeholder ausgerichtet; Aspekte der internen Kommunikation spielen eine untergeordnete Rolle.
- Empirische PR-Beratungsleistungen sind in hohem Maße umsetzungsorientiert. Konzeptionelle PR-Beratung gewinnt aber zunehmend an Bedeutung; damit steigen auch die den PR-Beratern zugestandenen Interventionskompetenzen.

- In der Praxis zeigen sich fließende Übergänge zwischen konzeptionellen und umsetzungsorientierten Beratungsformen einerseits und zwischen Beratung und operativer Umsetzung andererseits.
- PR-Berater in der politischen Kommunikation agieren vor allem in der Rolle als Experten. Prozessberatung findet nur selten statt.

Anhand der genannten Dimensionen ist eine umfassende Analyse der wechselseitigen Erwartungen und Wahrnehmungen sowie eine Darstellung der Rollenstruktur der PR-Beratung in der politischen Kommunikation möglich, die nicht nur über die interne Differenzierung, sondern auch über das Leistungsrepertoire der PR-Beratung für politische Akteure Aufschluss gibt.

6 Methodik

6.1 Wahl der geeigneten Methode

Im Zentrum der empirischen Analyse steht die Frage, wie die konkreten Beratungsbeziehungen zwischen den Bundesministerien sowie Bundesparteien und „ihren" PR-Beratern ausgestaltet sind. Konkret bezieht sich die Empirie (1) auf die *Sachdimension* politischer PR-Beratung. Gemeint ist damit die Rekonstruktion der angebotenen und nachgefragten Dienstleistungen, die damit verbundenen Ziele sowie die Öffentlichkeitsorientierung, (2) auf die Dimension der *Werte und Normen* und (3) auf die Dimension von *Rollen* in der politischen PR-Beratung, also das jeweilige Selbstverständnis von Berater und Klient sowie die wechselseitigen Erwartungen.

Eine erste systematische Bestandsaufnahme der in diesem Feld agierenden PR-Agenturen und Einzelberater machte schnell deutlich, dass das Untersuchungsfeld quantitativ relativ eng begrenzt ist: So konnten überhaupt nur rund 60 Agenturen aufgrund einer einschlägigen Recherche identifiziert werden, die für die Analyse grundsätzlich relevant waren. Weitere Recherchen grenzten den Datensatz weiter ein, u.a. weil zahlreiche Agenturen eher zufällig und punktuell ein Mandat in diesem Feld betreut hatten, politische PR-Beratung nicht aber zu ihren Kernleistungen zählten (siehe dazu ausführlich Kap. 6.2). Aufgrund der quantitativ sehr übersichtlichen Grundgesamtheit und aufgrund des explorativen Charakters der Studie wurde die ursprüngliche Idee einer umfassenden quantitativen Befragung der relevanten PR-Agenturen und Einzelberater fallen gelassen und stattdessen eine qualitative Befragung durchgeführt. Zusätzlich konnte exemplarisch eine einwöchige Beobachtung aller Interaktionen zwischen einer politischen Organisation und ihren PR-Beratern realisiert werden.

Die Methode des Leitfadengesprächs

Um mittels der Forschungsmethode Befragung die gestellten Forschungsfragen beantworten zu können ist es als Erstes notwendig, die geeignete Form zu identifizieren. Befragungen lassen sich unterscheiden in schriftliche (meist quantitativ angelegte) und mündliche Befragungen (telefonisch oder face-to-face), wobei der Standardisierungsgrad des zugrunde liegenden Fragebogens stark variieren kann (vgl. Schnell/Hill/Esser 1995: 299): Die Varianz reicht von gar nicht standardisierten über teilstandardisierte bis zu vollständig standardisierten Befragungen (vgl. etwa Brosius/Koschel 2003: 131ff.). Die Wahl des Standardisierungsgrades hängt stark mit dem Erkenntnisinteresse und dem entsprechenden Untersuchungsfeld zusammen. Bei wenig gesicherten Erkenntnissen auf einem

Gebiet wie bei der vorliegenden Untersuchung bietet es sich eher an, keine stan-
dardisierte Befragung durchzuführen, sondern stattdessen der Interviewführung
„nur" einen übergeordneten thematischen Rahmen zu geben, der es den Gesprächspartnern weitgehend erlaubt, flexibel mit der Reihenfolge und Gewichtung von Fragen, Antworten und Nachfragen umzugehen (vgl. Friedrichs 1990:
226).

Das sogenannte Leitfadengespräch ist eine qualitative, teilstandardisierte
mündliche Befragung (vgl. Scholl 2009: 68ff.). Der Forscher kann die Abfolge
der Fragen dem Gesprächskontext und -verlauf anpassen. Dennoch bilden vorab
formulierte, möglichst vollständig abzuarbeitende Fragen die Basis für das Gespräch. Diese Forschungsfragen werden als sogenannter Leitfaden schriftlich
notiert.

> „Durch die offene Gesprächsführung und die Erweiterung von Antwortspielräumen
> (kann) der Bezugsrahmen des Befragten bei der Fragenbeantwortung miterfasst
> werden (..), um so einen Einblick in die Relevanzstrukturen und die Erfahrungs-
> hintergründe des Befragten zu erlangen." (Schnell/Hill/Esser 1995: 353)

Leitfadengespräche eignen sich in der qualitativen empirischen Forschung zudem zur Analyse kleiner Gruppen und als Ergänzung und zur Validierung anderer Forschungsinstrumente. Vorteile von Leitfadengesprächen sind – gerade im
Vergleich zu stark strukturierten Befragungen –, dass sie nicht nur Raum bieten
für ausführliche Auskünfte seitens der Befragten. Darüber hinaus besteht bei
dieser Befragungsart die Möglichkeit, überraschende Aspekte aufzugreifen und
zu vertiefen und somit vom Forscher vorab nicht berücksichtigte Gesichtspunkte
einerseits in die grundsätzlichen Überlegungen mit aufzunehmen und diese
andererseits auch im weiteren Verlauf der Untersuchung bei den folgenden Gesprächspartnern mit abzufragen.

Nachteil ist vor allem der vergleichsweise hohe Aufwand für ein Leitfadengespräch. Pro Gespräch ist rund eine Arbeitswoche einzuplanen. Schließlich ist
in der Regel bereits die Auswahl der „richtigen" Person(engruppe) und die Kontaktaufnahme mit dem potenziellen Gesprächspartner sehr zeitaufwändig.

Die Güte der erhobenen Daten wird durch zahlreiche Faktoren beeinflusst,
u.a. die Geübtheit des Interviewers, seine (un)verständliche Erklärung des Vor-
habens, die wechselseitige Sympathie bzw. Antipathie, die erst in der Erhe-
bungssituation festgestellt wird und schlussendlich kaum zu verhindernde Effekte der sozialen Erwünschtheit im Antwortverhalten (vgl. ebd.: 215ff.). Allerdings lässt sich dieser Nachteil quasi auffangen durch die Erfahrung des For-
schers mit dieser Methode. Sie ist insofern mit entscheidend für das Gelingen
der Leitfadengespräche, weil sich die zuletzt angesprochenen „Fehlerquellen"
durchaus im laufenden Verfahren reflektieren lassen und sogleich in „Momente
zur Steuerung der Kommunikation" (vgl. ebd.: 233) umgewandelt werden können. Bedeutsam sind zudem Aspekte wie das Pacing, d.h. das Angleichen bzw.

Spiegeln des Kommunikationspartners nicht allein über den Inhalt, sondern ebenso z.b. über die Auswahl der Kleidung oder den Sprachstil, was zum einen einer gründlichen Vorrecherche, zum anderen eines gewissen Trainings seitens des Interviewers bedarf.

Vorbereitung und Durchführung von Leitfadengesprächen

Die meisten publizierten Forschungsarbeiten nennen relevante Aspekte hinsichtlich der Güte ihrer Leitfadeninterviews weder in der Methodenexplikation noch im Ergebnisteil. Es fehlen häufig Reflexionen zu den immer wieder auftretenden Schwierigkeiten des Feldzugangs oder zur Durchführung sowie schrittweisen Auswertung des erhobenen Datenmaterials. Folgende Aspekte sind dabei bezogen auf die Vorbereitung und Durchführung von Leitfadengesprächen besonders wichtig:

1. Bei der Kontaktaufnahme zu den potenziellen Gesprächspartnern ist es wenig überraschend, dass eine personalisierte und individualisierte Anfrage wichtig ist. „Türöffner" sind von erheblicher Bedeutung, gerade bei einem so sensiblen und für wissenschaftliche Fragestellungen schwierigen Feld wie dem der Ministerien und Parteien auf Bundesebene und dort den Verantwortlichen für Presse- und Öffentlichkeitsarbeit. Türöffner können etwa die ersten Befragten sein oder andere Personen, die von ihrer Stellung her dem Forscher den Feldzugang erleichtern können.

2. Es gilt außerdem zu bedenken, dass der Kreis der Befragten während der Erhebungsphase erweitert werden kann. Das heißt, selbst bei der Auswahl der Interviewten etwa nach dem Positionsansatz (ausgewählt würden dabei hier die ranghöchsten PR-Mitarbeiter bei den Ministerien und Parteien bzw. der Agenturchef auf Beraterseite) ist anzuraten, zusätzlich die Befragten selbst an geeigneter Stelle nach ihrer Einschätzung zu den Protagonisten in dem Feld zu fragen, um übersehene Schlüsselfiguren ermitteln und in die Befragung einbeziehen zu können.

3. Zudem bleibt das Verständnis des Untersuchungsgegenstandes während der Feldphase stets vorläufig. Denn der offene Charakter qualitativer Forschung führt dazu, dass ein permanenter Austausch zwischen den qualitativ erhobenen Daten und dem theoretischen Vorverständnis stattfindet (vgl. Mayer 2006: 22). Die üblicherweise geforderte Trennung des Entdeckungs-, Begründungs- und Verwertungszusammenhangs wird bei der qualitativen Forschung aufgehoben. Stattdessen wird der Forschungsablauf als ein Prozess betrachtet, wobei die drei Bereiche ineinander übergehen und stets miteinander verbunden bleiben. So kann es beispielsweise sein, dass im Forschungsablauf neue Fragen generiert und einbezogen werden. Zwar lernt der Forscher bei Leitfadengesprächen permanent Neues, während der Interview-

partner handlungspraktisches Wissen in diskursives Wissen überführt. Doch wie genau er das Gelernte dann in den Forschungsprozess bestmöglich einbeziehen kann ist auch in der einschlägigen Literatur nicht genau beschrieben. Diesbezüglich besteht sicherlich bei vielen Projekten Potenzial, bereits durchgeführte Interviews besser in den Forschungsprozess zu integrieren. Dies etwa, indem jedes auf Tonband aufgenommene Gespräch vor dem folgenden zumindest angehört wird, um zu prüfen, inwieweit die weiteren Interviewpartner mit Äußerungen anderer konfrontiert und der Leitfaden um bestimmte Fragen ergänzt werden sollte. Dies muss bei der zeitlichen Planung berücksichtigt werden.

4. Wichtig ist es ebenfalls zu überlegen, inwieweit der Forscher „bewusst sowohl Identifikation als auch Distanz in der jeweiligen Arbeitsphase (herstellen kann), d.h., inwieweit es ihm gelingt, die Lebenswelt seiner Untersuchungspersonen betreten und verlassen zu können." (Lamnek 2005: 39). Immer wieder kommt es schließlich vor, dass ein Gesprächspartner beispielsweise „einfach mal Frust ablassen" will oder den Fokus des Gesprächs auf einen Randaspekt legt, den er als besonders bedeutend herausstellt. Unter Umständen lässt sich der Forscher davon irrtümlicherweise in seiner Interpretation beeinflussen.

5. Schlussendlich kann hinterfragt werden, inwieweit die Qualität der ersten Leitfadengespräche mit denen der letzten verglichen werden kann. Schließlich kann sich der Interviewer mit jeder neuen Information der Gesprächspartner deren Lebens- bzw. Berufswelt besser anpassen und sein neu erworbenes Wissen u.a. in Form des gängigen Vokabulars einbringen, wodurch er von dem Interviewten zugleich kompetenter eingeschätzt wird.

Für das hier vorgestellte Forschungsprojekt war es von großem Nutzen, dass bereits umfangreiche Feldkenntnisse aufgrund einer früheren Studie[7] bestanden. Im Rahmen der Studie wurden 39 Leitfadengespräche mit Angehörigen der Bundesministerien der 15. und 16. Legislaturperiode (also in der Amtszeit Schröders gefolgt von der ersten Amtszeit Merkels) durchgeführt. Es ist zwar nur ein Ministeriumsmitarbeiter aus der früheren Studie im aktuellen Sample vertreten und selbst dieser wurde nicht als Türöffner genutzt, aber es kann davon ausgegangen werden, dass die vorhandenen Vorkenntnisse in einigen Fällen für eine Interviewzusage sorgten.

---

[7]   Es handelt sich um das bereits erwähnte Dissertationsprojekt „Regierungs-PR. Die Presse- und Öffentlichkeitsarbeit der Bundesregierung unter besonderer Berücksichtigung ihrer dezentralen Organisation" (Arbeitstitel) von Sarah Zielmann.

6.2   Feldzugang und Datenerhebung

Angesichts fehlender systematischer und vollständiger Verzeichnisse externe PR-Dienstleister, die im Feld der politischen Kommunikation tätig sind sowie der Heterogenität und geringen Transparenz des Feldes, erfolgte der Feldzugang mehrschrittig. Um die Grundgesamtheit der PR-Berater und -Agenturen zu erfassen, die Dienstleistungen im Feld der politischen Kommunikation auf Bundesebene anbieten, wurden zunächst vorhandene Branchenrankings und Adresssammlungen ausgewertet. Da Branchenrankings häufig zur Auswahl Größenkriterien verwenden, wurde ergänzend eine Expertenbefragung durchgeführt. Sie sollte sicherstellen, dass auch relevante Einzelberater und kleinere Agenturen im Sample vertreten sind und etwaige Lücken der vorhandenen Branchenrankings geschlossen werden. Parallel dazu wurden unter Rückgriff auf die Organigramme der Bundesministerien und durch Telefonrecherche die relevanten Ansprechpartner auf Seiten der Ministerien und Parteien recherchiert (siehe Abschnitt 6.2.2.).

6.2.1   PR-Agenturen und Einzelberater

In einem ersten Schritt wurden die Verzeichnisse der Top-100-PR-Agenturen der Fachzeitschrift PR Report (http://prreport.de) aus den Jahren 2004 bis 2007 systematisch ausgewertet und im Rahmen eines umfangreichen Desktop Research eigenhändig aktualisiert. Das heißt, es wurde überwiegend online recherchiert, inwieweit Zusammenschlüsse erfolgt waren, Namensänderungen stattgefunden hatten oder eine Agentur inzwischen nicht mehr existierte. Auf dieser Grundlage konnten zunächst 177 PR-Agenturen ermittelt werden. In einem zweiten Schritt wurden die Agenturen telefonisch um Auskunft gebeten, ob sie politische Kommunikationsdienstleistungen zu ihrem Repertoire zählen und es wurde nach dem jeweiligen hierarchiehöchsten fachlich einschlägigen Ansprechpartner gefragt. Daraus ergab sich eine Liste mit 46 PR-Agenturen, die nach eigenen Angaben politische PR leisten. Diese wurden ergänzt durch sechs weitere Agenturen, die eher zu Werbeagenturen zu rechnen sind, in dem Feld jedoch äußerst aktiv sind und erwartbar auch PR-Dienstleistungen bzw. PR-Beratungsleistungen anbieten. Von diesen Werbeagenturen war allerdings kein einziger Vertreter zur Teilnahme bereit, so dass sie hier nur der Vollständigkeit halber in Bezug auf die Anzahl gefundener Agenturen aufgeführt werden. In der Zeit zwischen Vorrecherche und Befragung ergaben sich zudem weitere Veränderungen (v.a. Veränderungen im Leistungsportfolio) in dem dynamischen Agenturmarkt, so dass sich schlussendlich ein Feld von 46 PR-Agenturen ergab, die für die qualitative Befragung in Betracht gezogen werden konnten.

Vorstudie:
Schriftliche Befragung von Journalisten und Wissenschaftlern

In einer Vorstudie wurden im Herbst 2008 ausgewählte Journalisten und Wissenschaftler schriftlich (per E-Mail) darum gebeten, die aus ihrer Sicht zehn wichtigsten PR-Agenturen und Einzelberater zu nennen, die auf der Ebene der Bundesministerien und -parteien beratend tätig sind. Ziel war es, darüber diejenigen PR-Berater zu ermitteln, die im Feld relevant sind, aber nicht zwingend öffentlich sichtbar sind – wie dies beispielsweise erwartbar für viele Einzelberater jenseits der wenigen prominenten Berater gelten könnte.

Auf Seiten der Journalisten wurden politische Berichterstatter, die mutmaßlich Kontakt zu PR-Beratern pflegen, ausgewählt. Die Wahl fiel auf die Hauptstadtkorrespondenten der Politikressorts, sortiert nach Medien. Herausgegriffen wurden genauer die politischen Hauptstadtkorrespondenten aus dem jeweiligen Impressum der sogenannten Leitmedien. Die zugehörige Liste ist entstanden sowohl auf Grundlage derjenigen Medien (Rundfunk und Print), die Journalisten selbst als Leitmedien bezeichnen (vgl. Weischenberg/Malik/Scholl 2006) sowie der auflagenstärksten Tageszeitungen (vgl. Zimpel 2008). Insgesamt wurden 36 Journalisten angefragt, die in 26 Fällen bei Tageszeitungen, in sechs Fällen bei Fernsehsendern und in vier Fällen bei Wochenzeitungen/-zeitschriften tätig waren.

Auf Seiten der Wissenschaftler wurden diejenigen angefragt, die das Forschungsfeld politischer PR systematisch bearbeiten. Kriterium war, dass der Wissenschaftler entweder durch eigene Forschungen oder durch frühere praktische Tätigkeiten auf diesem Gebiet auskunftsfähig sein sollte – und nicht zum Kreis der später zu Befragenden zählen durfte. Angefragt wurden:

1. Dr. Marco Althaus, Geschäftsführender Direktor Deutsches Institut für Public Affairs (DIPA), der selbst Berater für Politik (und Wirtschaft) ist und innerhalb der politischen Kommunikation u.a. Fundraising in der Politik zu seinen Arbeitsschwerpunkten zählt. Er sollte das Feld aufgrund seiner Doppelrolle und den damit zusammenhängenden Erfahrungen sowohl aus der Forschung als auch aus der Praxis kennen.

2. Dasselbe gilt abgewandelt für Dr. Reinhold Fuhrberg, der seit 2004 an der FH Osnabrück den Lehrstuhl für PR und Kommunikationsmanagement vertritt. Zuvor war er sechs Jahre lang verantwortlich für die Standortleitung der Ahrens & Behrent Agentur für Kommunikation in Potsdam und Berlin, so dass er ebenso Einblicke in die Praxis haben dürfte und diese auch auf abstrakter Ebene reflektieren kann.

3. Prof. Dr. Olaf Hoffjann war vor seiner wissenschaftlichen Tätigkeit an einer privaten Fachhochschule in Berlin sechs Jahre lang bei der Agentur fischer-Appelt in dem Berliner Büro zuletzt als stellvertretender Büroleiter und zu-

gleich Leiter des Bereichs Public Campaigning tätig und kennt daher sicherlich das „Berliner Parkett" gleichfalls sehr gut von beiden Seiten.

4. Dominik Meier war als Mitarbeiter im Europäischen Parlament und als Berater für internationale Organisationen tätig. 1997 gründete er mit Constanze Miller die Politik- und Projektberatung „Miller und Meier Consulting, Berlin/Brüssel". Im Jahr 2002 initiierte er die Deutsche Gesellschaft für Politikberatung e.V. (degepol), deren Sprecher er seither ist.

5. Prof. Dr. Fritz Plasser hat intensiv zu Kampagnenmanagern im Wahlkampf insbesondere in den USA und Österreich geforscht, so dass gehofft wurde, er könnte möglicherweise auch Namen aus Deutschland kennen.

6. Prof. Dr. Andrea Römmele, Professorin für Communication and Media Management an der International University Bruchsal, wurde angefragt, da sie Geschäftsführende Herausgeberin der noch jungen Zeitschrift für Politikberatung (ZPB) sowie Mitglied des Arbeitskreises Politikberatung der Deutschen Vereinigung für Politische Wissenschaft (DVPW) ist und von ihr daher ein guter, noch dazu aktueller Marktüberblick erwartet werden konnte.

7. Prof. Dr. Jens Tenscher hat sich schon früh um eine begriffliche Differenzierung von PR-Praktikern in der Politik bemüht und es war zu vermuten, dass er aufgrund seiner allgemeinen Forschungsinteressen und seiner bisherigen Projekterfahrung einige Einzelberater nennen könnte.

8. Prof. Dr. Gerhard Vowe und Stephanie Opitz von der Universität Düsseldorf erforschen selbst den Beratermarkt in der politischen Kommunikation (Opitz/Vowe 2007 u. 2009) und haben für ihren empirischen Teil neben Lobbyisten auch PR-Funktionsträger und einige Einzelberater befragt.

Die Ergebnisse der Vorstudie fielen in gewisser Hinsicht ernüchternd aus: Zum einen haben nur zwei Journalisten inhaltlich geantwortet. Erheblich mehr haben begründet, warum sie sich nicht an der Studie beteiligen wollen. Die niedrige Antwortbereitschaft ist sicherlich zum einen mit dem knappen Zeitbudget der Medienschaffenden zu erklären. Zum anderen sind wohl berufliche Abgrenzungsstrategien zumindest mit ursächlich: Man möchte als politischer Journalist nicht in der Nähe von PR-Experten verortet werden und negiert vielmehr deren Zuarbeit und selbst den Kontakt zur Öffentlichkeitsarbeit (vgl. hierzu ausführlicher Hoffmann/Zielmann 2004).

Wenngleich von den Wissenschaftlern mit einer Ausnahme alle geantwortet haben und dabei Interesse an der Untersuchung signalisierten, so wurde von ihnen keine einzige Agentur genannt, die nicht durch die eigene Recherche in das Sample aufgenommen worden war. Einzelberater scheinen sich an der Öffentlichkeit und selbst an der gut informierten Fachöffentlichkeit vorbei zu bewegen. So gut wie niemand kannte mehr als zwei Namen, insgesamt wurden nicht mehr als sieben Personen genannt, die vermeintlich zu dem Kreis der PR-Einzelberater zählen: Andreas Fritzenkötter, Jochen O. Keinath, Kerstin Plehwe, Peter Radunski, Volker Riegger, Klaus-Peter Schmidt-Deguelle und Frank Strauss. Frank Strauss ist jedoch bei der Werbeagentur Butter tätig und scheidet damit als „echter" Einzelberater ebenso aus wie Andreas Fritzenkötter, der zwar Ex-Kanzlerberater ist, aber mittlerweile als Sprecher der Bauer-Verlagsgruppe arbeitet und sich – auf erfolgte Nachfrage – selbst nicht mehr zu dem aktiven Politikberaterkreis zählt. Klaus-Peter Schmidt-Deguelle ist zwar freischaffender Politikberater, schied für die vorliegende Studie jedoch aus, da er Vorstandsmitglied bei der WMP EuroCom AG ist, einer Kommunikationsberatung für Wirtschaftsunternehmen und Institutionen in den Bereichen Wirtschaft, Medien, Politik, Kultur und Sport, also als assoziiertes Mitglied einer Beratungsorganisation seiner Beratertätigkeit nachgeht.

Überwiegend wurden von den befragten Experten deutlich weniger als zehn Agenturen aufgelistet, durchwegs handelte es sich um die größten Agenturen, die auch am ehesten in den Medien erwähnt werden. Die Expertenbefragung hat damit zu keiner Ergänzung der zuvor durch eigene Recherche erstellten Agenturliste geführt und damit die gewählte Vorgehensweise zur Ermittlung der Grundgesamtheit als adäquat bestätigt.

Zusammenfassend haben die umfangreichen Recherchen sowie die skizzierte Vorstudie damit ein Feld von 46 PR-Agenturen sowie vier Einzelberatern ergeben, die als Dienstleister bzw. Berater in der politischen Kommunikation auf Bundesebene aktiv sind.

6.2.2 Bundesministerien und im Bundestag vertretene Parteien

Anspruch war es, die in den Parteien und in den Ministerien geschaffenen PR-Stellen und die von ihnen engagierten PR-Berater zu befragen. In der Praxis ist bei den genannten politischen Akteuren die Aufteilung in tagesaktuelle Pressearbeit und langfristig ausgerichtete Öffentlichkeitsarbeit üblich. Seitens der Pressestellen ist die Inanspruchnahme von PR-Beratern wiederum unüblich. Daher beschränkt sich die folgende Analyse auf die Stellen für Öffentlichkeitsarbeit. Aus forschungsökonomischen Gründen ist zudem eine weitere Eingrenzung bei den Ministerien ebenso wie bei den externen PR-Beratern notwendig.

Die Wahl fällt aufgrund der unterstellten eminenten Bedeutung und der daraus resultierenden tatsächlichen Inanspruchnahme auf (a) die größten im Bundestag vertretenen Parteien (CDU/CSU, SPD, FDP, Bündnis 90/Die Grünen, Die Linke) sowie (b) die im Folgenden in ihrer Auswahl erläuterten Bundesministerien.

Leiter Öffentlichkeitsarbeit in den Ministerien

In Bezug auf die Bundesministerien wäre es grundsätzlich sinnvoll, einerseits die klassischen, im Grundgesetz vorgeschriebenen Ministerien einzubeziehen (Auswärtiges Amt, Innenministerium, Finanz- Verteidigungs- und Justizministerium), schon allein, weil dies die Wiederholbarkeit der Studie garantiert. Denn diese Ministerien existieren dauerhaft; es ist kein Ressortneuzuschnitt im Falle eines Regierungswechsels zu erwarten. Außerdem unterliegen sie aufgrund ihrer herausgehobenen Position einer allgemeinen und insbesondere einer starken medialen Beobachtung, so dass sie sich noch intensiver bemühen dürften, mittels Informations- und Kommunikationsprozessen ihre politischen Entscheidungen und Handlungen zu begründen sowie deren externe Wahrnehmung erneut zu reflektieren.

Zwei der genannten fünf Bundesministerien (Auswärtiges Amt und Justizministerium) werden dennoch in der Studie nicht berücksichtigt: Im Auswärtigen Amt findet keine Beschäftigung externer PR-Beratung seitens der Pressestelle oder des Referats für Öffentlichkeitsarbeit statt. Dies schließt nicht aus, dass der Bundesminister sich persönlich beraten lässt, doch ist es gerade bei der Agenda dieses Ministers aussichtslos, ihn für die Teilnahme an der Studie zu gewinnen. Das Justizministerium wird ebenfalls nicht berücksichtigt. Grund ist vor allem die Weigerung der Leiterin der Presse- und Öffentlichkeitsarbeit, an wissenschaftlichen Befragungen teilzunehmen. Das Ministerium weist allerdings nicht nur eine personell dünne Besetzung auf (die sich auch auf die Ausstattung der PR-Abteilung niederschlägt), sondern ist gekennzeichnet durch eine geringe öffentliche Exponiertheit. Dies liegt vor allem an der starken Sachorientierung der ministeriellen Arbeit. Das heißt, neben der nicht allzu starken Ausdifferenzierung der internen PR-Abteilung (Öffentlichkeitsarbeit und die Pressestelle des Justizministeriums wurde sowohl unter Bundeskanzler Schröder als auch unter Bundeskanzlerin Merkel in Personalunion geleistet) ist hier kaum mit der Inanspruchnahme externer PR-Dienstleistungen zu rechnen. Dies ist zugleich ein interessanter Befund hinsichtlich der Medialisierung einzelner gesellschaftlicher Handlungsfelder, weil offenkundig auch innerhalb eines Handlungsfeldes (hier der Politik) unterschiedliche Organisationen nicht in gleichem Maße medialisiert sind.

Neben den drei übrig bleibenden klassischen Ministerien (Innen-, Finanz- und Verteidigungsministerium) werden außerdem diejenigen berücksichtigt, die zum einen eine wichtige – mitunter öffentlich stark debattierte – Rolle für politische Entscheidungen und Handlungen spielen. Dazu zählen Ministerien, die zur Agenda 2010 gehören sowie laut den offiziellen Angaben besonders hohe Ausgaben für Öffentlichkeitsarbeit aufweisen (vgl. www.bundesfinanzministerium.de). In einer ersten Runde wurden entsprechend folgende Ministerien angefragt:

- Bundesministerium des Innern
- Bundesministerium für Finanzen
- Bundesministerium für Verteidigung
- Bundesministerium für Arbeit und Soziales
- Bundesministerium für Wirtschaft und Technologie
- Bundesministerium für Gesundheit
- Bundesministerium für Familie, Senioren, Frauen und Jugend

Mit maximal sieben Ministerien, die in die Untersuchung einbezogen werden sollten, wäre eine hinreichend große Breite an potenziellen externen PR-Beratungsdienstleistungen inkludiert worden und zugleich hätten alle relevanten Formen und Ausprägungen der Zusammenarbeit erfasst werden können.

Es wurde jeweils versucht, die Bundesminister und den hierarchiehöchsten Öffentlichkeitsarbeiter als Gesprächspartner zu gewinnen, da bekannt ist, dass dieser in der Regel an der Auswahl der Agenturen beteiligt ist. Dies erwies sich als sehr schwierig. Aufgrund zahlreicher Absagen wurden schließlich alle Bundesministerien (außer dem Auswärtigen Amt und dem Justizministerium) angeschrieben. Im Ergebnis hat kein Minister zugesagt und es konnten nur fünf Öffentlichkeitsarbeiter für ein Gespräch gewonnen werden. An der Befragung haben sich schließlich beteiligt:

- Bundesministerium des Innern
- Bundesministerium für Finanzen
- Bundesministerium für Arbeit und Soziales
- Bundesministerium für Bildung und Forschung
- Bundesministerium für Ernährung, Landwirtschaft und Verbraucherschutz

Neben zwei Vakanzen in der Öffentlichkeitsarbeit dürfte die ansonsten hohe Arbeitsbelastung im Superwahljahr 2009 eher nicht der Grund für die geringe Beteiligungsbereitschaft gewesen sein. Es ist zu vermuten, dass die negative Berichterstattung Anfang des Jahres 2009 über die Inanspruchnahme von PR-Agenturen vielmehr zu einer Abwehrhaltung geführt hat. Symptomatisch dafür könnte die folgende E-Mail sein, die nach einer Kontaktaufnahme aus einem Ministerium zurückkam, um die Nicht-Teilnahme der Ministerin zu kommunizieren:

> „…vielen Dank für Ihre E-Mail an Frau Ministerin (XX). Leider muss ich Ihnen mitteilen, dass die Ministerin das von Ihnen gewünschte Interview aus terminlichen Gründen nicht führen kann. Dafür bitte ich Sie um Ihr Verständnis. Darüber hinaus kann ich Ihnen kurz mitteilen, dass das Ministerium keine externen Kommunikationsdienstleister in Anspruch genommen hat. Für Ihr Projekt wünsche ich Ihnen schon jetzt viel Erfolg. (…)" (Persönlicher Referent einer Ministerin)

Der Zusatz, man arbeite nicht mit externen Kommunikationsdienstleistern zusammen, verwunderte sehr, denn zum Zeitpunkt der Anfrage war die Lead-Agentur des entsprechenden Ministeriums gerade in diversen Fachmagazinen und in den Massenmedien scharf kritisiert worden war, da sie angeblich viele Mandate in Ministerien mit einer bestimmten politischen Ausrichtung bekommen hatte.

Eine weitere Besonderheit ministerialer Öffentlichkeitsarbeit, die bei der Studie nicht berücksichtigt werden konnte, besteht darin, dass neben den Referaten für Öffentlichkeitsarbeit oder der Abteilung Kommunikation in den Ministerien durchaus auch Fachreferate die Dienstleistungen von Agenturen in Anspruch nehmen. Da dies manchmal, aber keineswegs immer mit der Öffentlichkeitsarbeit und/oder der Hausleitung abgestimmt bzw. rückgekoppelt wird, besteht jedoch kaum die Möglichkeit, mit vertretbarem Aufwand zu eruieren, welche Abteilungen bzw. Referate des Ministeriums dies tun.

Uneinheitliche Strukturen bei den Parteien

Bei den Bundesparteien wurden die Vorsitzenden und die Bundesgeschäftsführer sowie der interne PR-Verantwortliche, der für die Auswahl externer PR-Dienstleister zuständig ist, angefragt. Letzteres war verhältnismäßig aufwändig, da weder anhand der Hierarchie noch anhand der Bezeichnung von außen zu erkennen war, wer für die Auswahl von Beratern und die Zusammenarbeit mit ihnen verantwortlich ist. Innerhalb einer Partei gibt es beispielsweise den „Abteilungsleiter Planung und Kommunikation" und darunter das Referat für Öffentlichkeitsarbeit, das Referat für Mediaplanung und Koordination, das Referat für Dialogkampagnen und das Referat für Sponsoring. Theoretisch könnten von allen Stellen externe Experten hinzugezogen werden. Wer der bestgeeignete Ansprechpartner für die eigene Studie war, konnte in diesem Fall durch eine Onlinerecherche verbunden mit einer ersten telefonischen Kontaktaufnahme entschieden werden. Auffallend war hierbei, dass das Feld sehr dynamisch ist: Mehrfach kam es nicht nur zu Wechseln der Parteivorsitzenden, sondern auch weiteren internen personellen Veränderungen, die es laufend zu recherchieren galt.

Es konnten drei Bundesgeschäftsführer und die Öffentlichkeitsarbeiter aller sechs angefragten Parteien für ein Gespräch rekrutiert werden. Dass nicht noch mehr Zusagen erzielt werden konnten, lag tatsächlich an den Wahlen, ansonsten war die Teilnahmebereitschaft auf Seiten der Parteien sehr hoch.

Nicht berücksichtigt werden in dieser Studie – trotz ihrer Bedeutung für den gesamtpolitischen Prozess – die im Bundestag vertretenen Fraktionen. Ihr Wirkungskreis ist das Parlament, nicht die allgemeine (Medien-)Öffentlichkeit. Politische Parteien versuchen vielmehr, über ihre Fraktion Einfluss auf die Willensbildung und Entscheidung von Parlament und Bundesregierung und eben nicht in erster Linie der Öffentlichkeit auszuüben, indem sie von ihrem Antrags- und Rederecht Gebrauch machen und in Fachausschüssen tätig sind. Aktive Unterstützung dürften sie dabei von PR-Beratern kaum in Anspruch nehmen, eher wäre damit zu rechnen, dass sie dabei auf die Unterstützung von Lobbyisten zurückgreifen. Es scheint auch anhand dieses Beispiels erneut richtig zu sein, deutlich zwischen Lobbyisten und PR-Beratern zu trennen, da ihnen gänzlich andere Funktionen zugeschrieben werden. So ist Lobbying eine

> „Methode der internen Beeinflussung durch personelle Durchdringung von Verbandsvertretern in Parteien, Parlamenten und Regierungen; Vergabe exklusiver Informationen oder ‚Bestrafung‘ durch Informationsentzug; Versprechen oder Verweigerung von Investitionsentscheidungen; finanzielle Zuwendungen, die von normalen und rechtlich einwandfreien Spenden bis zu verbotener Bestechung reichen können; Vergabe von gut dotierten Posten in Verbänden an Politiker." (Von Alemann 1996: 36)

PR-Berater unterstützen ihre Klienten bei kommunikativen Fragen hinsichtlich ihrer externen (und internen) Umwelten allgemein, Lobbyisten agieren hingegen an anderen Orten und in anderen Bedeutungskontexten.

Übersicht über die Befragten

Abschließend zeigt Abbildung 8 in der Übersicht die ermittelte Gesamtzahl der relevanten PR-Agenturen und Einzelberater im Feld der politischen Kommunikation auf Bundesebene, sowie die Zahl der jeweils angefragten und teilnehmenden Agenturen, Einzelberater, Ministerien und Parteien.

Abb. 8: Übersicht über die befragten PR-Agenturen, Einzelberater, Ministerien und Parteien

	PR-Agenturen	PR-Einzelberater	Bundesministerien	Parteien[8]	
				GF	ÖA
relevante Gesamtzahl	46	5	14	6	6
davon zwecks Interviews angefragt	24	5	12	6	6
davon an der Befragung teilgenommen	14	2	5	3	6

Die Interviews, die auf eine Länge von 45 Minuten ausgelegt waren, wurden zwischen dem 11. Februar und 8. Mai 2009 als Telefoninterviews geführt.

---

[8] GF = Geschäftsführer; ÖA = Öffentlichkeitsarbeiter/PR-Experte

6.3   Operationalisierung der Forschungsfragen

Für die Befragung der PR-Berater und der Klienten wurden je eigene, auf die
Befragten angepasste Leitfäden entwickelt, die im Kern jedoch die gleichen inhaltlichen Aspekte umfassten. Der Berater-Leitfaden bestand aus vier Frageblö-
cken. Im ersten Teil ging es einerseits um das Dienstleistungsspektrum und andererseits darum, wen genau sie in den Ministerien bzw. Parteien zu welchen
Fragen beraten sowie die damit zusammenhängenden Normen und Werte. Der
zweite Teil analysierte die Anlässe für die Inanspruchnahme der angebotenen
Dienstleistungen und überprüfte dabei die konkreten Funktionen der PR-Berater
sowie die Dauer (Mandate auf Projektbasis versus langfristige Projekte) des Ein-
satzes. Im dritten Teil wurde das Beratungsverhältnis der Berater mit den Klienten inklusive vorhandener Kooperations- und Konfliktpotenziale thematisiert.
Abschließend wurden Ausprägungen der Beraterrollen analysiert sowie spezifische Aspekte der Zusammenarbeit angesprochen, so etwa wie genau der Auswahlprozess abläuft, anhand welcher Kriterien externe PR-Berater der eigenen
Einschätzung nach ausgewählt werden und welche Abstimmungsschritte die
Klienten in der Regel wünschen.

Der Leitfaden für die Klienten der PR-Berater wurde spiegelbildlich formuliert. Die Klienten wurden zu Beginn zudem nach ihren PR- bzw. Kommunika-
tionstätigkeiten gefragt, also danach, welche PR-Aufgaben die Befragten intern
für die Partei respektive das Ministerium erfüllen. Von Interesse waren hier zudem die personellen Ressourcen des internen PR-Teams. Im zweiten Teil des
Leitfadens wurden die Klienten zusätzlich nach ihren Erwartungen und Ansprüchen an Einzelberater einerseits und Agenturen andererseits gefragt. Im dritten
Teil des Leitfadens spielten zudem die Auswahlkriterien der Klienten bei der
Beratersuche eine Rolle.

6.4   Analyse der gewonnenen Daten

Die Interviews wurden vollständig transkribiert. Soweit zeitlich möglich wurde
jedes Interview unmittelbar nach der Aufnahme und vor dem nächsten Gespräch
mindestens angehört, sofern es bereits transkribiert werden konnte, gelesen und
es wurde notiert, ob sich eine weitere Frage daraus für den Leitfaden ergab.

Es folgte eine kategorienbasierte, systematische Erschließung der verschrift-
lichten Gespräche (vgl. Kuckartz 2005): Bei einer Grobcodierung wurden die
Interviews Zeile für Zeile durchgearbeitet und zunächst die direkt mit den Themen des Leitfadens assoziierten Kategorien codiert. Der Leitfaden bildete damit
einen ersten Entwurf des Kategoriensystems. Somit waren die in ihm enthalte-
nen theoretischen Überlegungen ebenso Bestandteil der Analysedimensionen

wie auch die weiteren Konkretisierungen aus der Dokumentation des Forschungsstandes. Es folgte eine Zusammenschau, Interpretation und Systematisierung der codierten Textsegmente. Hierüber konnte die Fülle an Aussagen mit
Blick auf das Erkenntnisinteresse eingegrenzt werden. In diesem Zuge wurden
induktiv einige weitere Subdimensionen gebildet, also in den Daten begründete
Dimensionen. Nachdem ein Sechstel der Interviews vollständig codiert worden
war, erfolgte aufgrund der weiteren Subcodes eine Revision der Kategorien und
das gesamte Textmaterial wurde vollständig neu ausgewertet. Der Codierprozess
erfolgte also deduktiv-induktiv und koppelte die Zuordnung mit der Neukon-
struktion von Kategorien.

Auf diese Art war es möglich, das umfangreiche Material systematisch so zu
komprimieren, dass ein übersichtlicher Vergleich der Akteursgruppen des Beratungssystems und der unterschiedlichen Untersuchungsdimensionen geschaffen
werden konnte. Dieses regelgeleitete Vorgehen ermöglichte auch das Bezug-
nehmen auf den Kontext und eine entsprechende Problemorientierung (vgl.
Mayring 2002), indem der Status einzelner Aussagen im Zusammenhang interpretiert wurde. Bevor also die Gemeinsamkeiten und Unterschiede aus allen
Texten durch Abstraktionen herausgearbeitet wurden, galt es die kategorial ge-
kennzeichneten Textpassagen zu interpretieren, indem nach Kontingenzen, die
den Inhalt relevant erscheinen lassen, gesucht wurde. Solche Anhaltspunkte ka-
men entweder aus einem engen Textkontext, d.h. weiteren Textstellen aus demselben Gespräch, wenn der Aspekt wiederholt thematisiert wurde. Oder es konnten auch weitere Textkontexte sein, d.h. Textstellen aus den anderen Interviews
und darüber hinaus weitere vorliegende Materialien wie etwa Informationen
über die genaue Entstehungssituation des Interviews. Die Identifikation von Zu-
sammenhängen und die Klassifikation von Mustern konnten so am Ende unter
Bezug auf konkrete Einzelfälle erörtert werden (vgl. Kuckartz 2005).

Die ersten fünf Interviews wurden von zwei verschiedenen Codiererinnen
codiert, um zu überprüfen, ob die Segmentierung von Textpassagen derart funk-
tionierte, dass dieselben (Sub)Kategorien codiert wurden. Dabei wurden gemeinsam Codierregeln präzisiert, um Abgrenzungsprobleme zu vermeiden bzw.
eindeutige Zuordnungen zu ermöglichen. Die weiteren Interviews wurden von
einer Person codiert.

Ziel war sowohl eine inhaltliche als auch typisierende Strukturierung, es sollte also Material zu bestimmten Inhalten zusammengefasst werden ebenso wie
Dimensionen für markante Ausprägungen im Material genauer beschrieben
werden sollten. Analyseeinheiten waren die Funktionen und internen PR-Ressourcen der Beratenen, die Gründe für die Inanspruchnahme externer PR-
Dienstleister und die Erwartungen an diese wie umgekehrt die Erwartungen der

Berater gegenüber den Klienten sowie dem beidseitigen Blick auf die spezifischen Funktionsweisen des Beratungssystems.

Abb. 9: Beispiel für den Codierleitfaden

Kategorie	Definition	Ankerbeispiele
Öffentlichkeitsorientierung	Aussagen darüber, inwiefern die Bürger / andere Gesellschaftsmitglieder (in Abgrenzung zu den Medien, die eine eigene Kategorie bilden) zur Zielgruppe gehören und wie diese Zielgruppe beobachtet und adressiert wird.	„Aber bei uns ist natürlich besonders wichtig, dass sie sich in teilweise eben sehr komplizierte Fachvorgänge schnell und gut einarbeiten können und eben diese Vermittlung, (…), was auch unsere Aufgabe hier im Haus ist, natürlich auch bringen können, also die Übersetzung der teilweise eben sehr speziellen fachlichen Fragen und Anforderungen an eine breite Öffentlichkeit." „Und beim Bürger sehe ich halt den Anspruch, dass er davon ausgehen kann, denke ich schon, dass er als Steuerzahler auch informiert wird über die Regierung, was jetzt getan wird." „…der Effekt der Ansprache bei den Bürgern, (…) das ist auch die einzige Rechtfertigung, weswegen wir hier Steuergelder ausgeben können – das ist für mich eben, dass wir sozusagen neutral und gut informieren über unsere Arbeit. Und das erreicht man aus meiner Sicht am nachhaltigsten tatsächlich durch diesen Informations- und Besucherdienst. Da gehe ich schon davon aus, dass jeder der hier rausgeht, dann auch hinterher Multiplikator ist. Und der Eindruck, den der weitergibt, der ist oft ganz entscheidend."

6.5 Beobachtung der Berater-Klienten-Interaktion bei einer Bundespartei: Fallstudie

Zusätzlich zu den Leitfadeninterviews konnte exemplarisch eine einwöchige Beobachtung bei einer der im Bundestag vertretenen Parteien realisiert werden, die ursprünglich nicht vorgesehen war. Es wäre wünschenswert gewesen, die Feldphase der Beobachtung ausdehnen zu können, da über weitere Gesprächspartner der qualitativen Interviews der Zugang in verschiedene Organisationen und damit in unterschiedliche Beratungssysteme möglich gewesen wäre – dies war jedoch mit den personellen und zeitlichen Ressourcen, die dem Projekt zur Verfügung standen, letztlich nicht zu realisieren. Beobachtet wurden alle Interaktionen, die im Beobachtungszeitraum zwischen den Vertretern der Partei und deren PR-Beratern stattgefunden haben. Die exemplarische Beobachtung diente zum einen mit Blick auf zukünftige Forschungsvorhaben der generellen

Methodentestung (zur Beobachtung generell: Gehrau 2002; vgl. auch Zielmann/ Preusse 2010): Inwieweit ist die Beobachtung als Methode geeignet, Interaktionen zwischen Organisationsvertretern und deren Beratern systematisch zu erfassen? Sprechen spezifische Aspekte der Interaktionen zwischen Klienten und PR-Beratern – z.B. überwiegend telefonische Kontakte – gegen den Einsatz dieser Methode? Schließlich: Gewähren Berater und Klienten im Feld der politischen Kommunikation der Forschung Zugang zum Beratungsprozess? Zum anderen war es das Ziel, eine vertiefte Kenntnis über die Rollenstrukturen im PR-Beratungssystem zu erlangen, also die Typenbildung induktiv weiter auszuarbeiten und folgende Forschungsfragen exemplarisch zu beantworten:

1. Welche Kommunikationsprobleme stehen im Beratungssystem im Vordergrund?
2. Welche wechselseitigen Erwartungen sind erkennbar?
3. Welche Interventionsstrategien von Beratern lassen sich beobachten?

Zwei Forscher beobachteten innerhalb der Woche vom 27.4. bis zum 1.5. 2009 gemeinsam sämtliche Interaktionen des Bundesgeschäftsführers und von drei weiteren Partei-Mitarbeitern, die für die Auswahl und Koordination externer PR-Dienstleister verantwortlich sind, mit externen PR-Dienstleistern. Während der Abwesenheit der Berater wurde die allgemeine Arbeit der internen PR-Praktiker beobachtet. Beobachtungsobjekte waren damit der Bundesgeschäftsführer, sein persönlicher Referent sowie der Kampagnenmanager und eine weitere Mitarbeiterin sowie die mit ihnen interagierenden externen PR-Dienstleister. Folgende Regeln galten für die Beobachtung, die – sofern notwendig – auch den Beobachteten mitgeteilt wurden:

- Im Zentrum der Beobachtung steht weniger das Arbeitsergebnis, sondern vor allem der Umgangs- bzw. Arbeitsstil zwischen den Kooperationspartnern.
- Die Beobachter können sich während der Beobachtung Notizen machen, ergänzend werden die beobachteten Gespräche aufgezeichnet.
- Die Beobachtungen werden anonymisiert ausgewertet.
- Interaktionen werden gemünzt auf Themen erhoben, d.h. bei jedem Themenwechsel wird ein neues Beobachtungsprotokoll angefertigt.
- Fragen können die Beobachter gesammelt notieren und außerhalb der Kernbeobachtungszeit in vertiefenden Gesprächen klären.
- Alles, was die Beobachter während der Sitzung sehen und hören, halten sie so umfänglich wie möglich schriftlich fest.

Natürlich konnten unmöglich alle Arbeitsschritte umfassend kategorial abgedeckt werden. Damit würde man auch

„die Chancen gerade von Beobachtungen (..) verschenken, die darin liegen, bislang noch unerkannte Faktoren und Zusammenhänge im Feld zu erkennen. Induktive Vorgehen und eine flexible Berücksichtigung nicht von vornherein zu definierender

(..) Handlungen (werden) auf diese Weise explizit zum (..) wichtigen Ziel der Beobachtung." (Altmeppen 1999: 95)

Interaktionsbezogene Aspekte, die erhoben und dokumentiert wurden, waren zum einen die Anzahl sowie Funktion und Stellung der anwesenden PR-Berater und der Klienten sowie Änderungen in der Anzahl und Zusammensetzung des Personenkreises während des Gesprächs. Zum anderen wurden Zeitintervalle einzelner Gesprächssequenzen protokolliert, um später besser nachcodieren zu können und Hinweise auf die einzelnen Arbeitsschritte bzw. der Gesprächszeit über einzelne Themen zu gewinnen. Darüber hinaus war es ursprünglich geplant, auch die Gesprächsthemen (Sachdimension: Kampagne, Online-Auftritt, Event, etc.; Prozessdimension: Planung, Auswertung, Konzepterstellung) zu protokollieren. Dies konnte jedoch erst in der Sekundärauswertung des aufgezeichneten Materials nachcodiert werden, weil es sich als zu aufwändig erwies, sich während der Beobachtung auf zahlreiche unterschiedliche Aspekte parallel zu konzentrieren. Aus den handschriftlichen Beobachtungsprotokollen wurde jeden Abend eine elektronische Version angefertigt, auf deren Basis Nachfragen erarbeitet wurden, die am Folgetag mit den Parteivertretern besprochen wurden.

In Anlehnung an die pädagogische Beurteilung von Lehrer- und Schülerinteraktionen wurde zudem die Gruppenatmosphäre während der Begegnungen zwischen Beratern und Beratenen genauer analysiert, um hieraus Rückschlüsse über den wechselseitigen Umgang, Formen der Nähe und Distanz, Aufgabenzuweisungen und Kompetenzzuschreibungen zu ziehen (vgl. Schimunek 1997). Über die in Abb. 10 aufgeführten Vorgaben wurde die Gruppenatmosphäre während der gemeinsamen Sitzungen erfasst.

Aufgrund der zeitlichen Begrenzung und der Tatsache, dass lediglich die Interaktionen eines Klienten aus dem Feld der Politik mit externen PR-Dienstleistern beobachtet wurden, können die Befunde der Beobachtung allenfalls exemplarische Einblicke in ein ansonsten für die Öffentlichkeit und für Wissenschaftler im Verborgenen befindliches Feld liefern. Grundsätzlich zeigt sich, dass die Beobachtunsgresultate im hohen Maße das aus den Leitfadeninterviews gewonnene Bild bestätigen. Im Folgenden werden daher lediglich ausgewählte Eindrücke aus der Beobachtungswoche, die die Erkenntnisse aus den Leitfadeninterviews veranschaulichen und ergänzen, dargestellt. Insgesamt scheint das Instrument der Beobachtung sehr gut geeignet, um zu vertiefenden Erkenntnissen zu Berater-Klienten-Interaktionen im Feld der Politik zu gelangen.

Es wäre darüber hinaus zum Beispiel aufschlussreich, ein Projekt vom Pitch bis zur Fertigstellung eines Auftrags bei allen Treffen sowie den Meilensteinen der Umsetzung beobachtend begleiten zu können. Darüber hinaus wäre es erkenntnisreich, lückenlos auf Parteiseite alle wichtigen Entscheidungsträger über einen bestimmten Zeitraum begleiten zu können, um festzustellen, mit welchen weiteren Beratern wer für was interagiert, welche Rolle also Demoskopen, Werber und andere Kommunikationsberater im weiteren Sinn spielen.

Abb. 10: Beobachtung der Gruppenatmosphäre während der Sitzungen

Variable	Perzeptionsleitende Fragestellungen / Notizen
Begrüßungsrituale (In)formelles Handeln	Wie wird sich gegrüßt? Wie wird die Sitzung eröffnet? Was geschieht nach dem offiziellen Teil der Sitzung?
Arbeitsklima	Formell – informell; freundlich – unfreundlich; sachlich – unsachlich Änderungen der Atmosphäre bei Themenwechsel? / Stimmungsschwankungen Niedriger oder hoher Ritualisierungsgrad? Konfrontativ oder kooperativ? Lebhafte oder schleppende Diskussion? Nutzt jemand bestimmte Praktiken, um das Klima aufzulockern, wenn ja: Wer und welche Praktiken?
Art des Meinungsaustauschs/ wie werden Meinungen geäußert?	Es werden Beispiele hierfür notiert.
Organisation und Gruppenführung	Führt einer, führen mehrere, gibt es Rivalitäten? Wer versuchte, die Diskussion zu lenken? Haben sich alle beteiligt? Waren einige besonders aktiv / passiv?
Soziale Kontakte	Wie ist die Sitzordnung gestaltet? Lassen sich auf Klientenseite bzw. auf Beraterseite zwischen Klienten und zwischen Beratern rivalisierende oder freundschaftliche Umgangsformen beobachten? Treten Klienten als Team auf oder als Einzelkämpfer? Treten Berater als Team oder als Einzelkämpfer auf?
Rollen / Stärken und Schwächen	Nimmt jemand die Rolle des Schlichters, des Besserwissers, … ein? Gibt es Anzeichen dafür, dass diese Rolle erwartet wird? Zeigen Teilnehmer Unsicherheit? Ist jemand sehr zurückhaltend oder besonders offensiv? Wer bringt sich besonders ein?

7 Darstellung und Interpretation der Ergebnisse

Bereits die Ausführungen zur Bestimmung des Samples (vgl. Kap. 6.2) haben deutlich gemacht, dass das relevante Beraterfeld sehr überschaubar ist: Nicht mehr als drei Dutzend PR-Agenturen agieren im Bereich der politischen Kommunikation, jedenfalls nicht dann, wenn es darum geht, umfangreichere Dienstleistungen mit hohem Personalbedarf bzw. Budgetvolumen zu erbringen. Ein Grund hierfür liegt darin, dass politische Auftraggeber nicht sehr zahlungskräftig sind. Das jeweilige Preis-Leistungsverhältnis ist aus Sicht von Klienten und Beratern das primäre Entscheidungskriterium für ein Beratungsmandat. Es zeigt sich, dass Klienten aus der Politik in der Gesamtsicht nicht mehr als ein Drittel des Honorars aus der Wirtschaft zahlen (können). Da die Ressourcen der Ministerien und Parteien im Vergleich zu denen von Wirtschaftsunternehmen überwiegend deutlich geringer sind, zählt für externe Dienstleister in erster Linie der Reputationsgewinn zu den Gründen, Klienten der politischen Bundesebene als Kunden etwa auf der eigenen Webseite anzuführen. Das heißt aber auch, dass sich nicht allzu viele Agenturen um Mandate auf dem Feld bewerben werden – was wiederum zu wenig neuen Ideen für die politische Kommunikation beiträgt.

Das Feld der politischen PR-Beratung erweist sich zudem als vielgestaltig und heterogen: Es scheint mehr ,separate Sonderfälle' als gemeinsame Merkmale zu geben, die sich beispielsweise zu speziellen Beratungstypen zusammenfassen ließen (ähnlich auch Opitz/Vowe 2009). Und so betonen die befragten Klienten aber auch Berater immer wieder, dass allgemeingültige Regeln für die politische PR-Beratung nicht benannt werden können. Diese Vielgestaltigkeit oder auch geringe Standardisierung des Leistungsportfolios der externen Dienstleister kann als mögliche Folge einer starken Orientierung an den heterogenen Erwartungen und Interessen der Kunden interpretiert werden und ist zudem Ausdruck der starken Kontextabhängigkeit und situativen Prägung der PR-Beratungsgegenstände (vgl. Kap. 3.4.2). So zeigt sich, dass die Vorstellungen hinsichtlich des Aufgaben- und Leistungsspektrums auf Seiten der Klienten ebenso stark divergieren wie die Muster der Zusammenarbeit. Die starke Ausdifferenzierung und strukturelle Offenheit des Marktes für externe PR-Dienstleistungen gehen mit Orientierungs- und Auswahlschwierigkeiten der Klienten einher: So empfinden es Klienten oftmals als schwierig, aus dem quantitativ durchaus überschaubaren Pool der Berater neue Dienstleister auszuwählen, die mit hoher Sicherheit ihre Erwartungen erfüllen.

Als übergeordnete Gemeinsamkeit erweist sich am ehesten noch die starke operative Orientierung der externen PR-Dienstleister: Sie agieren vor allem als

„verlängerte Werkbank", insbesondere um mangelnde Man Power oder fehlende Gestaltungskompetenzen auszugleichen, und bieten eher selten Beratung im engeren Sinne an. Von den 14 befragten Agenturen könnten nur drei als Berater im eigentlichen Sinne bezeichnet werden, d.h. als Dienstleister, die in erster Linie Rat und nicht Tat anbieten und so zumindest das Potenzial besitzen, im Zuge ihres Beratungsmandates die Reflexionsfähigkeit auf Klientenseite zu erhöhen.

7.1 Rahmenbedingungen der politischen PR-Beratung: Interne PR-Ressourcen und Strukturen auf Klientenseite

Ein gewichtiger Grund, warum erzwungenermaßen überhaupt auf externe Expertise zurückgegriffen werden muss, ist die in der Regel geringe Anzahl der internen Öffentlichkeitsarbeiter. Die Obergrenze liegt bei 54, die Untergrenze bei 4 Mitarbeitern. Beides sind Ausreißerwerte, im Durchschnitt sind es zehn bis fünfzehn Mitarbeiter. Häufig wird sowohl von den Ministerien als auch von den Parteien eine einstellige Zahl genannt. Aufgrund der fehlenden Man Power in der Öffentlichkeitsarbeit/PR arbeiten Parteien und Ministerien nicht nur bei besonderen oder einmalig durchgeführten Kommunikationsmaßnahmen mit externen PR-Dienstleistern zur Erweiterung ihrer personellen Kapazitäten zusammen, sondern sind darauf angewiesen, bei nahezu allen anfallenden Kommunikationsaufgaben auf zusätzliche Verstärkung von außen zurückzugreifen. Dies betrifft das ganze Spektrum des operativen Tagesgeschäfts und damit auch Kernaufgaben der PR, wie zum Beispiel den Aufbau und die Pflege von Medienverteilern. Zwar verfügen alle Ministerien und Parteien über eigene Verteiler und führen auch – unterschiedlich elaborierte – Formen der Medienauswertung durch. Angesichts der geringen personellen PR-Ressourcen kann aber deren regelmäßige Aktualisierung inhouse nicht geleistet werden. Gleiches gilt für den Aufbau und die Pflege von speziellen, thematisch fokussierten oder medienspezifisch ausgerichteten Verteilern und alle Formen der Medienansprache jenseits der üblichen Routinen. Zu den typischen Kernaufgaben, für die PR-Agenturen engagiert werden, gehört zudem das Verfassen von Texten, die Erstellung von Broschüren oder von Internetauftritten.

Intern wird in den Parteien und Ministerien die für die anfallenden Kommunikationsaufgaben benötigte ausdiversifizierte Expertise oft bewusst nicht aufgebaut, um stattdessen auf bestimmte externe Dienstleister (bevorzugt Full-Service-Agenturen) zurückgreifen zu können, die noch dazu in der Regel besonders schnell arbeiten und dementsprechend quasi doppelt effizient sind:

> „Agenturen kommen ins Spiel, einfach weil Kunden (…) einfach oftmals nicht in der Lage sind, selber jetzt das eigenständig zu machen, weil Agenturen haben das Versprechen, innerhalb kürzester Zeit auf hohem Niveau kreativ, strategisch und operativ

einfach die Aufgabe zu lösen. (…) Dafür müssten (die Ministerien) Kompetenzen aufbauen, die auch unnötig sind, weil ein Ministerium das nicht dauerhaft braucht." (EX1: 663-669)[9]

„Die personellen Ressourcen sind relativ eng unten. Und es ist auch durch die berufliche Qualifikation der Mitarbeiter nicht jeder Bereich abzudecken. Insbesondere größere Programme sind gar nicht selbstständig zu leisten." (EX10: 6450-6452)

„Ministerien sind heute so aufgestellt, dass sie eigentlich neue Aufgaben außerhalb ihrer Verwaltungstätigkeit nur sehr schwer übernehmen können, weil sie ja nie die Möglichkeit haben, mehr Man Power aufzubauen. Also wenn es da tatsächlich darum geht, eine bestimme Aufgabe, die von der Hausspitze für wichtig gehalten wird und die als Projekt weitergegeben wird, umzusetzen, braucht so ein Ministerium, braucht so ein Referatsleiter seinen Dienstleister, mit dem man es machen kann, der ihnen dann die personellen und sonstigen Ressourcen zur Verfügung stellt, um es tatsächlich zu realisieren." (EX6: 4122-4128)

Die befragten politischen Akteure bestätigen diese Aussagen durchgängig und sehen kein Problem darin, für das operative Kerngeschäft auf Agenturen zurückzugreifen, solange damit die eigene Hoheit über die Inhalte nicht verloren geht.

Die organisatorischen Strukturen und festgelegten Abstimmungswege innerhalb der Klientenorganisationen haben zudem Einfluss auf die Ausgestaltung der Berater-Klientenbeziehung. Insbesondere die starre bürokratische Organisation der Ministerien und die hier vorhandene klare hierarchische Anordnung führen dazu, dass Abstimmungswege oftmals schwerfällig sind und längere Zeit in Anspruch nehmen. Je nach Wichtigkeit eines Themas müssen neben der Amtsspitze auch Vertreter aus Fachabteilungen einbezogen werden. Die Berater arbeiten dabei unter Umständen mit internen Akteuren zusammen, die divergierende Interessen vertreten. Dies erschwert es für die Berater, Auftraggeberwünsche (in der Regel *die* Partei oder *das* Ministerium) und Klientenanliegen (die Interessen bzw. Durchsetzungsstrategien der beratenen Fachabteilung oder dem zuständigen Öffentlichkeitsarbeiter) zu unterscheiden und am Ende auf einen gemeinsamen Nenner zu bringen. In der Gesamtsicht zeigt sich, dass bezüglich der internen Voraussetzungen eher nicht von einer kooperativen Auslegung der Zusammenarbeit zwischen Berater und Beratenen gesprochen werden kann. Dies trifft besonders stark auf die Ministerien zu und gilt tendenziell weniger für kleinere und jüngere Parteien.

Gesamthaft wird deutlich, dass die ausgesprochen geringen personellen PR-Kapazitäten bei den Parteien und Ministerien dazu führen, dass externe PR-Dienstleister in hohem Maße benötigt werden, um das auf externe Öffentlichkeiten und Zielgruppen ausgerichtete operative Tagesgeschäft zu be-

---

[9] Das Kürzel „EX" steht für externe PR-Agenturvertreter, „BMinÖA" für ministerielle Öffentlichkeitsarbeiter, die für die Auswahl und Zusammenarbeit mit Agenturen zuständig sind und „PÖA" für die entsprechenden Öffentlichkeitsarbeiter bei Parteien. „BGeschf" bezeichnet Bundesgeschäftsführer der befragten Parteien. Alle Befragten wurden durchnummeriert; die Zahl hinter dem Kürzel gibt an, um welchen Befragten es sich handelt.

wältigen. Dies bedeutet zugleich, dass viele Klienten in PR-Agenturen vor allem eine „verlängerte Werkbank" sehen und sie in dieser Rolle engagieren.

7.2   Sachdimension politischer PR-Beratung

Vor dem Hintergrund der theoretischen Vorüberlegungen (vgl. Röttger/Zielmann 2009) ist danach zu fragen, welche Entscheidungen, an denen sich Kommunikation in Organisationen kristallisiert, im Fokus der PR-Beratung stehen. Konkret ist hier die Rekonstruktion der angebotenen und nachgefragten Dienstleistungen relevant.

Es wurde bereits darauf hingewiesen, dass die Leistungen der Agenturen insgesamt äußerst vielfältig sind. Bei genauerem Hinsehen zeigt sich jedoch, dass im Kern einige wenige Angebote dominieren (vgl. Abb. 11): Neben dem eher allgemeinen Wunsch, dass PR-Berater Kreativität einbringen mögen, steht insbesondere die Gestaltung von Print- und Internetmaterial – stets unter den Vorgaben des Auftraggebers – im Vordergrund. Besonders häufig nannten die Öffentlichkeitsarbeiter aus den Ministerien die Erstellung von Printmaterialien. Im Zentrum steht hier die nach außen gerichtete kommunikative Vermittlung vorgegebener Inhalte.

„Klar, dass sozusagen die Substanz der Inhalte vom jeweiligen Auftraggeber kommt. Aber wir natürlich die Inhalte dann auch versuchen so zu formulieren, so zu gestalten, dass sie kommunikativ überhaupt vermittelbar sind." (EX7: 4286-4288)

Bedeutsam sind ferner die Organisation von Veranstaltungen, die Ausarbeitung und Durchführung von Kampagnen und – quer dazu liegend – die Optimierung der Zielgruppenansprache (vgl. Abb. 11). Im Kontext von Veranstaltungen geht es vor allem um viele ganz praktische Dinge wie etwa darum, das Dekor auf der Bühne auszuwählen, die Größe der Bühne festzulegen und zu entscheiden, wo Kameras installiert werden. Bei den Parteien sind darauf spezialisierte Eventagenturen insbesondere dann gefragt, wenn es um die Organisation von Parteitagen geht, hier bezieht sich diese PR-Form also auf den Wahlkampf. In dem Zusammenhang geht es zusätzlich um das Branding von Bussen, die Ausarbeitung der Busroute und das Medientraining der Politiker, wobei für Letzteres in der Regel Einzelberater engagiert werden. Einzig die Parteien benennen auch die Bedeutung von externen Beratern im Zusammenhang mit Fundraising-Maßnahmen. Im Zentrum steht damit insgesamt eine operative Unterstützungsfunktion der PR-Dienstleister „bei allen Herausforderungen, die existieren, bestimmte Themen und Inhalte der Bevölkerung nahezubringen" (EX5: 3058-59). Darüber hinaus umfassen die Aufträge stärker technisch oder gestalterisch geprägte Tätigkeiten wie die Entwicklung von Logos, die Gestaltung von Plakaten und Werbemaßnahmen, das Erstellen von Power Point-Präsentationen bzw. unterstützende Tätigkeiten wie das Mitschreiben von Reden oder die Erstellung und Distribution von Pressematerial. Werbung und demoskopische Beratung werden ausschließlich von Parteien nachgefragt. Zugleich weisen diese Angaben darauf hin, dass Parteien nicht systematisch zwischen PR und benachbarten Kommunikationsdisziplinen unterscheiden. Schließlich war explizit nach externen PR-Dienstleistern gefragt worden.

Abb. 11: Relevante PR-Dienstleistungen aus Sicht von Beratern und Klienten

	aus Perspektive der Berater	aus Perspektive der Klienten
neutrale Außenperspektive einbringen	4	3
Bilder / CD / Grafik	-	6
CSR	-	1
Demoskopische Beratung	-	5
Politiker-Einzelcoaching durch Einzelberater	2	-
Eventorganisation	2	5
Fundraising	1	-
Internetauftritt (mit)gestalten	3	8
Issues Monitoring	1	-
Kampagnen	7	2
Kreativität einbringen	7	10
Markenentwicklung	1	-
Mediaagentur (Anzeigenschaltung)	-	2
Medienbeobachtung	-	1
Mediencoaching (TV) von Politikern	-	1
Medienwirkungsforschung	-	1
Publikationen / Plakate	5	8
Redaktionsbüro (Journalisten-Verteiler usw.)	-	8
Stakeholder-Analysen	2	-
Strategieberatung	2	-
strategische Beratung	2	3
Werbung	2	3
Zielgruppenansprache optimieren	5	4

Die Gegenüberstellung der Nennungen von den Klienten und Beratern macht deutlich, dass auf Seiten der Berater andere Schwerpunkte gesetzt werden als dies den Erwartungen oder Wünschen auf Klientenseite zu entsprechen scheint. Dies sticht nicht zuletzt bei den Top-3-Nennungen hervor, die allesamt als dringlicher auf Klientenseite erachtet werden, als sich dies in der Nennung der Berater widerspiegeln würde. Auf Beraterseite fällt zudem auf, dass häufiger Einzelnennungen erfolgen (Stakeholderanalysen, Fundraising oder Issues Moni-

toring beispielsweise), die keine Entsprechung in den Äußerungen auf Auftraggeberseite finden.

Die Klienten fragen vor allem umsetzungsbezogene Dienstleistungen nach,
wobei damit in der Regel auch konzeptionelle Arbeiten verbunden sind. Einen
absolut untergeordneten Stellenwert nehmen – auch in Bezug auf die Kontrolle
von Umsetzungsmaßnahmen – Evaluationsmaßnahmen ein. Dabei ist augen-
fällig, dass im Zusammenhang mit Evaluationsmaßnahmen stets Wahlergebnisse
genannt werden.

> „Es gibt bei politischen Parteien, das sagt das Gesetz, halt nur zwei Maßstäbe und das
> ist Wahlerfolg und Mitgliederzahlen, also Einnahmen aus Mitgliedsbeiträgen."
> (PGeschf1: 60-61)

Formen der Evaluation beziehen sich v.a. auf demoskopische Daten (Bürgerum-
fragen) und dies insbesondere vor anstehenden Wahlen oder allenfalls noch
dann, wenn analysiert werden soll, welche Themen für die Bürger aktuell relevant sind.

> „Durch Umfragen, durch Analyse von Umfragen, auch teilweise durch eigene, auch
> durch Fremdumfragen, versuchen wir erstmal herauszufinden, welche Themen insge-
> samt besonders wichtig sind und welche auch in besonderer Weise mit unserer Partei
> verbunden werden." (PÖA1: 402-404)

Medien werden zwar von den meisten Ministerien und Parteien ebenfalls beobachtet, allerdings selten systematisch. Zum Teil wird dies – wenig überzeugend
– mit der Feststellung versucht zu rechtfertigen, dass das Erstellen eines Presse-
spiegels allein eher überbewertet sei. Immerhin werden häufig Slogans und Plakate vorab durch Fokusgruppengespräche oder repräsentative Befragungen ge-
testet. Diese Maßnahme wird allerdings eher von den Befragten aus den Parteien
als aus den Ministerien genannt. Doch auch unter den Parteien bestehen große
Unterschiede: Während Maßnahmen wie das Eye-Tracking für die eine Partei
selbstverständlich sind, hat eine andere Partei noch nie davon gehört.

Insgesamt zeigt sich, dass – wenn überhaupt Evaluation durchgeführt wird –
diese sich eher auf klassische Medien und Instrumente bezieht. Vereinzelt – von
einem jüngeren Öffentlichkeitsarbeiter einer Partei sowie aus einem Ministerium
– wurde die Beobachtung und Analyse von Internetmaterial als sehr wichtig beschrieben. Allerdings erfolgt auch dies nicht auf hohem Niveau:

> „Solange ich das Internet noch hatte, war es so, dass wir ganz regelmäßig die Zahl der
> Seitenaufrufe abgefragt und ausgewertet haben. Wir haben immer auch zusammen-
> gearbeitet mit unserem sogenannten Bürgerservice, der auch einen Monatsbericht
> erstellt. Daraus ergibt sich dann immer, welches der Schwerpunkt der Bürgeranfragen
> ans Haus ist und da kann man dann eben auch dran sehen, ja sind wir eigentlich
> hinreichend gut in der allgemeinen Information, wo müssen wir nachsteuern, wo
> haben die Bürgerinnen und Bürger Fragen, wie kann man die am besten beantworten,
> muss man jetzt irgendwelche Artikel zum Beispiel neu ins Internet einstellen zu
> einem bestimmten Thema, lohnt ein Thema dann doch für eine eigenständige Publika-
> tion?" (BMin2: 895-902)

Es wird also seitens der Parteien und Ministerien wenig in Evaluation investiert: Der geringe Stellenwert von Evaluationen ist darauf zurückzuführen, dass die Klienten zum einen die Messbarkeit von Kommunikation und deren Effekten in Frage stellen und zum anderen die Kosten scheuen. Die Berater wiederum bieten von sich aus kaum Evaluationsmaßnahmen an – auch, weil sie diese meist selber externalisieren müssten. Mit Blick auf die unterschiedlichen Klienten ist zu vermuten, dass die Medienauswertung eine größere Rolle in der Pressearbeit der Parteien und Ministerien spielt, die wiederum nicht so wie die Öffentlichkeitsarbeiter für die Auswahl und Zusammenarbeit mit Agenturen zuständig ist. Zugleich dürfte den Öffentlichkeitsarbeitern aber die Zeit fehlen, um sich mit dem in ihren Apparaten vorhandenen Material systematisch auseinanderzusetzen. Und die Berater besetzen diese Lücke nicht für sich, indem sie durchgängig nicht von sich aus anbieten, Evaluation zu leisten.

Ausgeprägte Öffentlichkeits- und Medienorientierung der politischen PR

Die starke Medienorientierung und der insgesamt sehr hohe Stellenwert informationsorientierter Maßnahmen sind durch die von den politischen Akteuren stets hervorgehobene Informationspflicht gegenüber den Bürgern zu erklären. Dabei unterstreichen die Befragten aus den Parteien stärker ihre gleichzeitige Orientierung, Wähler von sich überzeugen zu wollen.

> „Wir haben ja eine Informationspflicht. Also die haben wir ja alle, die haben die Medien, aber natürlich auch die Parteien. Und das ist erstmal das übergeordnete Ziel, wenn Sie mich fragen, dieser Informationspflicht nachzukommen. Es ist ja so, dass die Parteien, die haben ja die Möglichkeit über ihre Parteispitzen, über die Medienarbeit, über Fernsehauftritte, Interviews unsere Inhalte zu transportieren. Und das ist eben die eine Möglichkeit, und die andere Möglichkeit ist eben, diese Arbeit, wenn sie so wollen, selber zu übernehmen. Da muss man zwei unterschiedliche Zielgruppen sehen, es gibt auch manchmal Kampagnen, die sich nur an Mitglieder richten, also da machen wir die Kommunikation nur intern, und es gibt Kampagnen, die sich sowohl an Mitglieder, als auch an die Bürgerinnen und Bürger wenden. Und die Zielrichtung ist natürlich erstmal immer die Information, das ist schon sehr wichtig, und natürlich an zweiter Stelle auch – na ich sag das jetzt mal aus meiner Sicht – die Information objektiv, aus unserer Sicht gesehen objektiv aufsetzen zu können." (PÖA2: 802-813)

Insgesamt ist es dabei nicht nur aus Sicht der Öffentlichkeitsarbeiter sozusagen gesetzt, dass die Erreichung der Bürger allen voran über die Medien funktioniert, sondern Berater und Beratene sehen im Weg über die Medien zusätzlich die Chance, dass einzelne Politiker öffentlich positioniert werden können und dann auch breit wahrgenommen werden:

> „Sie können sich in Ihrer Partei ja nur profilieren, also jedenfalls mit Blick auf Spitzenämter nur profilieren, wenn Sie medial präsent sind und in Zielgruppen denken

können überhaupt. Das ist ein Kriterium für Auswahl von Spitzenpersonal von Parteien" (EZ1: 333-335)

Die Unmöglichkeit, über einzelne Medien alle Zielgruppen zu erreichen, sowie
die kostspieligen und zeitintensiven Aufwendungen, möglichst viele zu „bedienen", führen dazu, dass über alle Gruppen hinweg zwar nicht durchgängig,
wohl aber wiederholt, Dialogkommunikation als wichtige Zukunftsaufgabe, insbesondere auch mit Blick auf neue Möglichkeiten zur Zielgruppenerschließung,
benannt wird. Darunter werden einerseits Maßnahmen des Direktmarketings
(bei den weniger zahlungsfähigen Parteien) verstanden. Andererseits erhofft
man sich durch die Möglichkeiten des Internets, Zielgruppen direkt anzu-
sprechen und auch intensiver einzubinden, also in ihnen nicht allein passive
Konsumenten von politischen Botschaften zu sehen, sondern hierüber zu versuchen, Menschen wieder mehr für Politik zu begeistern und zum Mitmachen
anzuregen – und gleichzeitig die Medien zu „untertunneln".

Bei den politischen Akteuren hat es eher als bei den Beratern den Anschein,
als ob sie neben der erhofften Aufmerksamkeit für die eigenen Anliegen tatsächlich normative Ansprüche mit der Dialogkommunikation verbinden würden. Gerade bei den befragten Öffentlichkeitsarbeitern der Ministerien scheint es den
Wunsch zu geben, den Bürger erreichen zu wollen, dessen Informations- und
Kommunikationsbedürfnisse ernst zu nehmen und diese über die Kanäle der
neuen Medien in die Entstehungsprozesse politischer Entscheidungen des Hauses einzubinden ebenso wie die Bürger über die getroffenen Verordnungen ziel-
gruppengerecht zu informieren.

Bei den Beratern gibt es im Prinzip drei verschiedene Ansichten hierzu: Ers-
tens gewinnt man den Eindruck, einige Berater sehen in dem Einsatz neuer Medien in erster Linie einen erweiterten Geschäftszweig. Zweitens stellen einige
Berater heraus, dass es über das Internet einfacher geworden ist, die aufgrund
der neuen Governancestrukturen (vgl. Kap. 1) angestiegene Zahl von Akteuren,
die politische Entscheidungen beeinflussen können, zumindest zu beobachten,
um als politischer Akteur so früh wie möglich Bescheid zu wissen. Dies ist ein
Aspekt, der mit Sicherheit relevant ist, um etwa die geplanten und laufenden
Aktivitäten von diversen NGOs zu beobachten und sich mit entsprechenden eigenen Agenda Setting-Maßnahmen vorzubereiten. Drittens schließlich betrachtet ein Teil der Berater die neuen Medien schlicht als einen zusätzlichen Kanal
aufgrund des technologischen Fortschritts. Diese Berater sehen die Notwendigkeit, auf allen vorhandenen Kanälen Kommunikation zu betreiben.

Grundsätzlich haben alle Klienten in Bezug auf die Aufbereitung politischer
Inhalte und Botschaften den Anspruch, sich aus der Masse an öffentlichen Mitteilungen hervorzuheben bzw. sich von Organisationen mit ähnlichen Zielen ab-
zuheben. Es sind dabei stärker die Berater, die ihre Klienten ermutigen, z.B.

provokativer mit Themen zu spielen, um hierüber zum einen Aufmerksamkeit
zu bekommen und zum anderen einen Diskurs auszulösen:

> „Dass es sich wirklich (…) um gesellschaftliche Problemfragestellungen handelt, zu
> denen man eben auch eine explizite Antwort oder eine explizite Initiative an den Start
> bringt, die dann durchaus auch das Potenzial hat zu polarisieren, also auch einen
> Widerspruch zu erzeugen und aus Absendersicht Widerspruch hinzunehmen ist
> natürlich auch etwas, was Politik nicht unbedingt in die Wiege gelegt ist. Politik sucht
> ja eigentlich immer nach Zustimmung. Aber am Ende, wenn dann mal am Ende
> Zustimmung steht oder wenn man eben über eine pointiert aufgesetzte Kampagne
> erstmal ins Gespräch kommen kann, ist damit erstmal ein Stadium erreicht, dass
> Politik eben auch oft auch fehlt, nämlich in einem wirklichem Dialogverhältnis mit
> ihren Konsumentinnen und Konsumenten zu sein." (EX14: 8765-8773)

Aus Sicht der Klienten ist jedoch oftmals die gefühlte Gefahr groß, mit allzu
markanten Neukonzeptionen, die eher von jungen, unbekannten Agenturen vor-
geschlagen werden, falsch verstanden zu werden. Das heißt, die Klienten haben
Angst davor, öffentlich als nicht authentisch wahrgenommen zu werden und die
selbst als notwendig erachtete Seriosität des politischen Amtes abgesprochen zu
bekommen. Viele Klienten sehen auch die Gefahr, die politische Kommunikation der Markenkommunikation eines Wirtschaftsunternehmens – meist ist
dabei die Rede von „Unternehmenswerbung" und „Politikmarketing" – gleich-
zusetzen. Dies wird überwiegend abgelehnt.

> „Ja. Also da ist leider unsere Erfahrung die, dass die zahlreich vorhandenen Werbe-
> agenturen und Agenturen auch für andere Dienstleistungen zwar die Formen des
> Produktmarketings beherrschen, aber selten den Sensus haben für die besonderen
> Anforderungen einer politischen Partei. Und deswegen sind wir im Laufe der Jahre zu
> der Erkenntnis gekommen, dass strategische Beratung und alles, was sehr eng an der
> eigenen Botschaft ist, nicht im Outsourcing-Verfahren erfolgen kann, weil die Nähe
> zum Produkt im politischen Fall schon sehr notwendig ist, weil Sie die Details kennen
> müssen, um sich mit etwas auseinanderzusetzen. (PÖA3: 1485-1491)

Es zeigt sich deutlich, dass politische PR und politische PR-Beratung in Bezug
auf die Sachdimension von den Klienten als etwas Spezifisches im Unterschied
zu anderen Organisationstypen anderer Handlungsfelder (etwa der Wirtschaft)
wahrgenommen wird. Im Zentrum stehen dabei aus Sicht der Befragten der
Bezug auf den Bürger und die allgemeine Informationsorientierung der Öffentlichkeitsarbeit politischer Akteure. Bemerkenswert ist dabei, dass nichtsdestoweniger einige der Befragten sowohl auf Seiten der Klienten wie der Berater der
Ansicht sind, dass Politik genau so kommuniziert werden müsse wie Themen
aus der Wirtschaft.

Da die Perspektiven der Klienten auf die Spezifika der politischen Kommunikation so uneinheitlich sind, bleibt den Beratern letztlich nur die Möglichkeit,
selbst eine klare Haltung hierzu einzunehmen und dies notfalls wiederholt mit
neuen Klienten auszuhandeln. Dabei gehen sie natürlich das Risiko ein, dass sie

im Zweifelsfall aufgrund der „falschen" Sicht auf die politische Kommunikation einen Auftrag nicht erhalten.

7.3 Formen der Interaktion und wechselseitige Erwartungen

Der Prozess der wechselseitigen Wahrnehmung, der zentral für die Herausbildung von interaktionsspezifischen Werten und Normen im Beratungssystem ist, beginnt bei der Suche nach und Auswahl von geeigneten externen Dienstleistern. Bereits hier werden zentrale Erwartungen abgeglichen und entsprechend der Grundstein dafür gelegt, welche Möglichkeiten und Grenzen beraterischer Intervention später bestehen. Zu Beginn des Beratungsprozesses zeigt sich, inwieweit die Berater die von den Klienten gesuchten Aspekte einbringen können, wie gut sie verstehen, was der Klient wünscht und wie gut sie demonstrieren können, dass sie diese Wünsche erfüllen können. Zugleich haben auch die Berater eine Idee davon, weshalb sie diesen bestimmten Auftrag akquirieren wollen und was sie sich von dem Mandat erhoffen. Das heißt, die Klienten und Berater bestätigen oder korrigieren ihre vorherigen Vorstellungen bezüglich der Leistungen und der Rolle der jeweils anderen Seite sowie der eigenen Rolle bereits in dieser frühen Phase und handeln sozusagen die im Folgenden gültigen Umgangsformen miteinander aus.

7.3.1 Kriterien und Verfahren der Beraterauswahl

Die befragten Öffentlichkeitsarbeiter der Parteien und Ministerien nutzen zahlreiche unterschiedliche Wege bei der Auswahl neuer externer PR-Dienstleister. Ein Öffentlichkeitsarbeiter gab an, dass dies in der eigenen Partei über Headhunter erfolgen würde. Ein ministerieller Öffentlichkeitsarbeiter gab an, er würde auch solche Agenturen regelmäßig besuchen, die gar nicht für sein Haus tätig sind, um die Arbeitsweise besser zu verstehen und allgemein auf dem Laufenden zu sein. Einzelberater werden vor allem durch Mund-zu-Mund-Propaganda weiter empfohlen.

> „Wie findet man mich? Ausschließlich durch persönliche Empfehlung." (EZ1: 258-259)

Typische, allgemein verbreitete Regeln z.B. bezüglich der ersten Kontaktaufnahme und der Anbahnung von Geschäftsbeziehungen zwischen politischen Akteuren und PR-Beratern existieren nicht. Einige Parteien und Ministerien sind offen für initiative Anfragen durch Dienstleister, wiederum andere wünschen ausschließlich Bewerbungen auf Ausschreibungen.

Eindrücke aus der Beobachtungswoche

In der Geschäftsstelle der Partei (siehe Kap. 6.5) stellte sich innerhalb der Beobachtungswoche täglich eine andere (kleine) Agentur vor, die nicht aufgrund einer Ausschreibung nach Berlin gekommen war, sondern von sich aus ein neues Tool vorstellen wollte. Dabei standen vor allem neue Wege der Zielgruppenansprache im Vordergrund, so etwa neue Möglichkeiten der Verknüpfung von klassischen Plakaten und neuen Medien (z.B. Mobile Tagging).

Wichtigster Bewertungsmaßstab für die Güte der offerierten Leistungen der externen PR-Dienstleister schien in erster Linie zu sein, ob sie just in dem Moment den Geschmack des jeweiligen Parteivertreters getroffen haben, vor dem sie präsentiert wurden und darüber hinaus die Frage, ob sie bezahlbar erschienen und erkennbar auf die Partei zugeschnitten waren.

Es wurde in den Gesprächen durchweg ersichtlich, dass die Klienten im Vorfeld keine sehr klaren Erwartungen an die externen Dienstleister und deren Kompetenzen und Leistungen hatten und durchweg ihre Ziele nicht (schriftlich) formuliert hatten. Von einem Ritualisierungsgrad bei der Auswahl und im Umgang mit PR-Beratern lässt sich nicht sprechen. Vielmehr entstand der Eindruck, dass die Parteivertreter je nach zeitlichem Polster, eigener Laune und spontaner Bekundung mit den externen Dienstleistern umgingen.

Vielfach bestehen Kooperationsformen bereits seit vielen Jahren, so dass die Verträge einfach erneuert werden. Oder aber die Klienten schreiben zwar neu aus, geben aber der bereits bekannten Agentur beim Pitch den Zuschlag, um sicherzugehen, auf wen und was sie sich erneut einlassen. Es wird deutlich, dass Erfahrung in der politischen Kommunikation meist verbunden mit räumlicher Nähe (für schnelle, persönliche Absprachen) wesentlich ist. Das erklärt, warum viele Agenturen Dependancen in Berlin eröffnet haben bzw. warum häufig ein oder zwei Mitarbeiter vorübergehend ein Büro beim Kunden beziehen. Wichtig sind bei der Agenturauswahl auch Sicht der Klienten

> „zum einen sicher Erfahrungen in politischer Kommunikation, die Größe der Agentur, auch ein bisschen der Standort – also es sollte (..) bei uns sein." (PGeschf2: 542-544)

Zu berücksichtigen ist ferner, dass die Entscheidung für einen bestimmten Berater stets auch eine politische ist. Dies benennen nicht nur die Klienten, sondern gleichermaßen auch die Einzelberater und die Befragten aus den Agenturen:

> „Wir befinden uns ja im System Politik und da geht es um Macht und Nicht-Macht, (…) im System Politik ist alles in letzter Konsequenz eine politische Entscheidung." (EZ2: 749-757)

> „Klar hat der Minister im Ministerium natürlich auch ein letztes Wort mitzusprechen." (EX7: 4797)

„Herr (..) hat CDU-Klienten. Punkt. Aus. Schluss. [lacht] Und (er) hat eine bestimmte Position in der Gesamtkonstellation der Christlich Demokratischen Union. Das weiß ich, wenn ich als Ministerpräsident Sachsen oder Ministerpräsident Sachsen-Anhalt mir Gedanken mache, bräuchte ich einen Berater und wer sollte es sein und warum nehme ich (ihn) oder warum nehme ich ihn ausdrücklich nicht. Dieses Phänomen ist in der Welt der Wirtschaft faktisch unbekannt." (EZ1: 325-240)

Die hohe Relevanz der „persönlichen Nähe" und die enge inhaltlich-ideologische Bindung bzw. Passung zwischen Klient und Berater wird von den Befragten immer wieder hervorgehoben und als zentrales Unterscheidungskriterium zur Beratung im ökonomischen Sektor angesehen. Dies gilt auch für die Ministerien. Die einzelnen Bundesministerien konkurrieren in gewisser Weise untereinander, und zwar sowohl um öffentliche Aufmerksamkeit als auch um positive Anerkennung der eigenen Leistungen. Es dürfte eher unerwünscht sein, dass PR-Agenturen zwei Ministerien vertreten, die untereinander ein angespanntes Verhältnis haben, sei es aufgrund unterschiedlicher Besetzung an der Amtsspitze durch zwei verschiedene Koalitionspartner oder durch nicht übereinstimmende Positionen in bestimmten politischen Fragen. Das bedeutet für Beratungsanbieter, dass sie sich schnell auf eine politische Richtung und möglicherweise ein abgestecktes Themengebiet festlegen. Vor dem Hintergrund der Feststellung, dass die Zusammenarbeit mit Agenturen vom Kunden ein hohes Maß an Vertrauen verlangt, werden erwartbar kaum Wechsel stattfinden, wenn eine Partei oder ein Ministerium einmal erfolgreich mit einer Agentur zusammengearbeitet hat. Dies würde es neuen Agenturen am ehesten bei den kleineren und jüngeren Parteien erlauben, ein Beratungsmandat zu erhalten, weil diese auch eher einmal den Mut haben könnten, ungewöhnlichere Wege zu gehen, da sie über insgesamt weniger Geld für Kommunikationsleistungen verfügen und noch dazu auf der Oppositionsbank weniger zu verlieren haben sowie aufgrund ihrer eigenen „Jugendlichkeit" eher bereit sind, Neues zu testen.

Auffällig war darüber hinaus, dass zwei Agenturvertreter, die noch nicht sehr lange im Bereich der politischen Kommunikation aktiv sind, glaubwürdig versicherten, nicht zu wissen, was bei einem Pitch letztendlich die Auswahlkriterien sind. Wiederum waren sich solche Berater, die schon lange im Geschäft sind sicher, dass politische Nähe und das Verständnis, wie der spezifische Klient „tickt", gepaart mit auf ihn abgestimmte Kreativität, entscheidend sind:

„Also Kreativität ist schon immer noch ein wirklicher entscheidender Aspekt, also sehr häufig werden Entscheidungen dann getroffen, weil gesagt wird: Also die Idee von Agentur Z, die war so gut, die wollen wir unbedingt. Da sehen wir mal darüber hinweg, dass die, ich sag mal in der Herleitung der Kommunikationsstrategie nicht so ganz schlüssig waren, aber wir wollen diese Idee. Das passiert relativ häufig. Und der andere Grund ist eigentlich der, den ich eingangs gesagt hatte: Natürlich gibt es öffentliche Ausschreibungen, entweder in geschlossenen oder offenen Pitches, aber ganz häufig hat der Auftraggeber natürlich auch eine klare Präferenz für eine Agentur.

Und die möchte er durchbringen. Und ich sag mal alles andere drum herum ist das ‚notwendige Spiel' des öffentlichen Vergaberechtes." (EX9: 5940-5948)

„Und die Bewerbung muss bestimmten Kriterien genügen, man muss Referenzobjekte vorweisen und so weiter. Und die Bewerbung kann eben (…) so weit gehen, dass die dann schon gerne kreative Dienstleistungen haben. Das reicht man dann alles ein und dann wird in der Regel aus der Gesamtzahl der Bewerbungen, da wird eine Shortlist gemacht aus drei bis fünf Agenturen, die kriegen dann noch mal ein detailliertes Briefing, in der Regel auch ein persönliches Briefing, da gibt es dann teilweise auch ganz groteske Situationen, da sitzen dann alle fünf eingeladenen Agenturen an einem Tisch und hören sich gegenseitig zu. (EX5: 3418-3425)

„Man gibt ein Angebot ab. Es gibt, heute sind ja immer Juristen an diesen Prozessen beteiligt, das heißt meistens haben Sie da tatsächlich auch eine Anwaltskanzlei sitzen, die diesen ganzen Prozess formal regelt, sehr formal regelt, weil ja alle immer sehr viel Angst davor haben, gegen irgend ein Kriterium bei der europaweiten Vergabe zu verstoßen." (EX6: 4050-4053)

Dass laut dem öffentlichen Vergaberecht europaweit ausgeschrieben werden muss und dass inzwischen häufig auch ein Jurist bei der Agenturauswahl beteiligt ist und eine Person aus der Zentralabteilung (Einkauf) mit am Tisch sitzt, wird von den Befragten aus den Ministerien stärker als von den Beratern hervorgehoben.

Ein einheitliches Bild zeichnen die befragten Berater und Klienten hinsichtlich der Einschätzung, dass in der Regel maximal fünf Agenturen zu einem Pitch eingeladen werden. Einige Berater beschweren sich in Bezug auf den Auswahlprozess aus dieser Shortlist darüber, dass die Vorbereitung zum Pitch nicht vergütet wird, sehr häufig jedoch mit einem intensiven Zeitaufwand erstellt werden muss. Nur ein Agenturvertreter hat angegeben, dass es hierfür eine kleine Aufwandsentschädigung geben würde.

Insgesamt wird deutlich, dass bei den befragten politischen Organisationen sehr unterschiedliche Vorgehensweisen und Erfahrungswerte bei der Suche nach geeigneten PR-Dienstleistern vorhanden sind. Dies resultiert auch aus sehr unterschiedlichen Interessen der Klienten: Wer Wert darauf legt, dass die Agentur vor Ort ist und eine bestimmte Mindestgröße sowie ein umfänglicheres Dienstleistungsrepertoire bieten kann, der arbeitet am ehesten mit den länger bestehenden, großen Agenturen aus Berlin zusammen. Allerdings wünschen sich andere Klienten durchaus neue Agenturen kennenzulernen, haben aber selbst keine Anhaltspunkte, wie sie bei der Suche vorgehen könnten und sind enttäuscht, wenn sich immer die gleichen Agenturen auf Ausschreibungen bewerben bzw. Neubewerbungen nur von solchen Agenturen kommen, von denen sie glauben, dass diese nicht in der Lage sind, größere Mandate zu betreuen.

Insgesamt weisen die Befunde zu den Kriterien und Verfahren der Beraterauswahl auf vergleichsweise heterogene Interessen und vielgestaltige Erwartungen der Klienten hin. Eine übergreifende Ausbildung von Standards und Regeln der Beraterauswahl und der Bewertung von Anbieterprofilen ist derzeit nicht erkennbar. Dies kann als Zeichen der nötigen strukturellen Offenheit der PR-Berater gewertet werden oder aber als Hinweis auf mögliche Profilierungs- und Professionalisierungsdefizite.

Ausschlusskriterien für einen Auftrag

Aufschlussreich in Bezug auf die wechselseitigen Erwartungen und die relevanten Werte und Normen der Interaktion sind nicht nur die Prozesse und Kriterien der Agenturauswahl, sondern auch die entsprechenden Ausschlusskriterien für eine Zusammenarbeit. Es wurde von den Klienten mehrfach die basale Bedingung geäußert, dass Berater nicht die politischen Gegner beraten dürfen. Politische Farbbekennung wird auf der einen Seite explizit eingefordert:

> „Ja, wir haben Ausschlusskriterien, und zwar, dass sie – wenn sie für Parteien arbeiten
> – dann nur für uns arbeiten, auch dass es schwierig wird, wenn sie letztes Jahr für die
> CDU gearbeitet haben und dieses Jahr für die SPD arbeiten wollen, so was würde ich
> immer hinterfragen." (PÖA2: 990-992)

Auf der anderen Seite ist auch diese Feststellung nicht allgemeingültig:

> „Wir wollen ja auch mit unserer Kommunikation Leute überzeugen, die nicht 100%
> von uns überzeugt sind. Im Prinzip reicht mir eine neutrale Perspektive – wenn ein
> bisschen Herzblut dabei ist, hilft das manchmal auch." (PÖA4: 2155-2157)

In der Tendenz sind die kleineren Parteien eher offen für neue Agenturen und weniger streng, was den Konkurrenzausschluss betrifft. Bei den Ministerien hängt die Toleranz stärker mit der Auffassung zusammen, politische Kommunikation unterliege einem permanenten Wandel. Wer diesbezüglich von einem dynamischen Prozess ausgeht, ist eher bereit, mit unbekannten Anbietern zusammenzuarbeiten.

Bei den Beratern fällt auf, dass die Einzelberater sich mit wenigen Ausnahmen auf eine politische Farbe konzentrieren und dass die Agenturen entweder Ministerien *oder* Parteien beraten. Ein paar wenige haben Interesse, bei beiden Organisationstypen tätig zu werden. Die Entscheidung vieler Agenturen, nicht für Parteien tätig zu werden, ist auf die Angst zurückzuführen, dass dies zugleich als Nähe zur politischen Ausrichtung der Partei interpretiert werden und sich negativ auf mögliche Neuaufträge auswirken könnte. Manche Berater versuchen diese Problematik zu umgehen, indem sie darum bitten, die Zusammenarbeit nicht öffentlich zu machen.

Langfristige Partnerschaften
können Neuerungsansprüche konterkarieren

Zeitlich befristete, punktuelle Beratungsmandate machen einen verschwindend geringen Anteil aus – auch die Einzelberater sind sehr darum bemüht, längerfristig mit ihren Klienten zusammenzuarbeiten. Es sind aber insbesondere die Klienten, die darin einen Vorteil sehen, weil es aus ihrer Sicht so möglich ist, mit dem Berater ein eingespieltes Team zu bilden. Vor dem Hintergrund des hier zugrunde liegenden systemtheoretischen Beratungsverständnisses (vgl. Kap. 2.2 und 2.3) kann dies kritisch betrachtet werden, da der Berater zunehmend die Position des Klienten verinnerlichen dürfte und immer weniger in der Lage ist, als Beobachter zweiter Ordnung zu fungieren. So gibt es Kooperationen, die schon seit Anfang der 1990er Jahre bestehen. Überraschenderweise werden selbst bei mehrjähriger Zusammenarbeit meist projektbezogene Verträge gemacht, „um sich die Option offen zu halten, das auch mal zu wechseln" (PÖA1: 146) –, ohne jedoch unbedingt von dieser Option Gebrauch zu machen. Die Stabilität von lang andauernden, eingespielten Beratungssystemen kann zuweilen zulasten innovativer neuer Impulse für den Klienten gehen. Aber es zeigt sich auch, dass es bei seit langer Zeit eingespielten Beratungssystemen selbst für Berater, die sich selbst fortentwickeln und neue Vorschläge einbringen könnten, oftmals schwierig ist, Klienten von Neuerungen zu überzeugen:

> „Kommunikative Sensibilität, das ist sehr unterschiedlich. Grundsätzlich holen die sich natürlich einen externen Berater, weil sie genau diese Erfahrung und das Wissen und diese kommunikative Sensibilität eigentlich brauchen, gar keine Frage. Wenn allerdings unser Rat – nun macht man ja auch so seine Erfahrungen – unser Rat, unsere Ideen, in Konflikt geraten mit den Erwartungen oder mit dem Erfahrungswissen des Auftraggebers, wird es manchmal etwas schwierig. Das meine ich auch mit Offenheit für Neues." (EX7: 4421-4426)

7.3.2 Erwartungen an die PR-Berater

Die Befragung der Klienten als auch der Berater macht deutlich, dass es für PR-Berater wichtig ist zu antizipieren, dass politische Organisationen – egal ob Parteien oder Ministerien – Machtapparate sind, bei denen es darauf ankommt, dass die interne Führungsriege Ideen gutheißt. Vorschläge, die bei der Führung nicht durchsetzbar sind, haben keine Realisierungschance. Es ist wichtig, dass externe Berater dies einschätzen können.

> „Wenn die Agenturen (..) Ideen haben, die vermeintlich gut sind und die vielleicht sogar real gut sind, aber wo man schlicht konzertieren muss, können wir nicht machen, weil die internen Probleme werden so groß dadurch, dass man das nicht tun kann. Das sind in der Regel dann (..) Ideen, die nicht umsetzbar sind." (PGeschf1: 242-245)

Wer bereits Erfahrung mit diesem Klientenkreis hat, sieht den bürokratischen Entscheidungsprozess auch als etwas ganz Selbstverständliches an:

> „Also normalerweise ist es an den Hierarchien der Auftraggeber orientiert, das heißt bei größeren Kampagnen werden die wesentlichen Entscheidungsschritte, einmal die Festlegung der Strategie, zum anderen aber auch die Festlegung der zentralen Kommunikationsmittel beispielsweise von TV-Spots, von Anzeigen, aber auch von Medienkooperationen etc. dann über die Hierarchieebenen hinweg schrittweise

entschieden und in der Regel beginnt es dann auf der Ebene des zuständigen Referates. Dann bei entsprechender Relevanz bis hoch auf die Ebene der Ministerin oder des Ministers weiter entschieden und dann wird im üblichen Verfahren eines Ministeriums immer eine Entscheidungsvorlage für die jeweils höhere Ebene gemacht mit einer Beschlussempfehlung und dann ist der letzte Entscheidungspunkt immer, dass dann die Spitze des Hauses sagt, ob der Beschlussempfehlung gefolgt wird oder nicht. Und diese Entscheidungsstruktur ist bei allen größeren Kampagnen eigentlich die selbstverständliche Vorgehensweise." (EX3 2013-2023)

Für PR-Berater ist es – wie für Berater im Allgemeinen – eine kontinuierliche Herausforderung, dass die Erwartungen der Klienten nicht nur heterogen, sondern durchaus widersprüchlich sind. So wird beispielsweise mehrfach innerhalb *eines* Interviews der Wunsch geäußert, Berater sollten aufgrund ihrer neutralen Perspektive gekoppelt mit ihrer Expertise auf einem bestimmten Gebiet eigene Ideen einbringen und auch Widerspruch gegenüber den Vorschlägen der Klienten leisten. Im gleichen Gespräch gibt es jedoch auch Äußerungen dazu, dass sich die Berater strikt an die Abarbeitung der im Briefing geforderten Kommunikationsmaßnahmen halten sollen und weniger mit einer eigenen Meinung gefragt sind als vielmehr einzig durch das Einbringen von kreativen Vorschlägen. Dies sind Aspekte, die bereits bei der Darstellung der Beobachtungen bei der Bundespartei herausgestellt worden sind (vgl. Kap 6.5).

Eine durchgehend geäußerte Erwartung der Klienten an ihre Berater ist die, dass diese sich schnell in neue Themen und Mandate einarbeiten müssen. Dies geht mitunter so weit, dass die Klienten voraussetzen, dass die Berater die erforderliche Arbeitszeit zur Einarbeitung in Details politischer Gesetze nicht in Rechnung stellen. Bei einer Partei ist der ehrenamtliche Marketingbeirat ein fest institutionalisierter Bestandteil der externen Beratung, wobei sich sowohl an der Bezeichnung als auch der Personenzusammensetzung zeigt, dass in Parteien, wie bereits betont, PR-verwandte Kommunikationsberatungen nicht von PR-Dienstleistungen im engeren Sinn differenziert werden. Hier hat der Bundesgeschäftsführer seine Kontakte zu Meinungsforschern, Agenturen und Werbern genutzt, um die jeweiligen CEOs zu bestimmten Fragen gemeinsam an einen runden Tisch zu bringen und zusammen über Problemlösungen nachzudenken. Hierüber erfolgt in der Tat eine – unbezahlte – konzeptionelle Prozessberatung, die vollkommen getrennt ist von der anschließenden operativen Umsetzung.

Eindrücke aus der Beobachtungswoche

Zwar wurden seitens der Parteivertreter keine dezidierten, klar erkennbaren Erwartungen an konkrete Kompetenzen und Qualifikationen externen Dienstleister formuliert, sehr gute Kenntnisse des politischen Institutionengefüges stellen jedoch eine basale und übergreifende (Minimal-)Erwartung des Klienten dar. Eine Orientierung über die Erwartungen der Klienten an die externen PR-Dienstleister fand bei neuen Kontakten nicht erkennbar statt.

Unzureichendes Wissen über das politische Handlungsfeld und eine nicht hinreichende Anpassung von einzelnen Tools oder Maßnahmen an die Besonderheiten der politischen Kommunikation bzw. der beobachteten Partei waren entsprechend ein zentraler Kritikpunkt der Klienten an den in der Beobachtungswoche präsentierenden externen Dienstleistern. Dass die Klienten das eigene Politikfeld als sehr spezifisch wahrnehmen und einer dirckten Übertragung von Erfahrungen aus dem Bereich der Wirtschafts-PR sehr skeptisch gegenüberstehen, scheint wiederum vielen PR-Dienstleistern nicht hinreichend klar zu sein. So konnte beobachtet werden, dass PR-Berater während ihrer Präsentation häufig auf Erfahrungen und Erfolge aus anderen gesellschaftlichen Handlungsfeldern und hier insbesondere der Wirtschaft berichteten und dies quasi als Kompetenzbeweis einsetzen, der allerdings als solcher von den Klienten nicht wahrgenommen wurde.

Es zeigte sich in der Beobachtungswoche insbesondere bei Erstkontakten im Rahmen von Initiativpräsentationen deutlich das Spannungsfeld von „verkaufen" versus „verstehen": Sehr häufig artikulierten die Klienten nach den Präsentationen das Gefühl, dass die Berater lediglich ein neues Tool verkaufen wollten und sich nicht im notwendigen Maße in die besondere Funktionsweise und Anforderungen der Partei hineingedacht hätten. Die Klienten fühlten sich entsprechend vielmals von den Beratern nicht verstanden.

Seitens der Partei stand – auch aufgrund des nicht hinreichenden Zuschnitts auf Besonderheiten des politischen Handlungsfelds bzw. der Partei – nach vielen Erstpräsentationen fest, dass keine weitere Zusammenarbeit mit den Dienstleistern gewünscht war, der gezielte Einkauf einzelner Online-Tools jedoch in Erwägung gezogen wurde. D.h. es bestand in diesen Fällen die Bereitschaft, kurzfristig für technischen Support zu zahlen, ohne sich neben der technischen Expertise inhaltlichen Rat einzuholen.

In der Beobachtungswoche standen fast ausnahmslos konkrete operative Projekte – sei es der Internetauftritt, eine Vortragsreise eines Politikers oder die Ausarbeitung einer spezifischen Kampagne – im Vordergrund der gemeinsamen Gespräche von Parteivertretern und PR-Beratern. Gefragt waren dafür an den Vorgaben der Partei ausgerichtete Kreativität sowie die Unterstützung bei eng umrissenen operativen Aufgaben.

Erwartungen werden vielfach auch enttäuscht, vor allem bezogen auf von den Klienten als unzureichend wahrgenommenen ersten Ausarbeitungen der Aufgabe nach einem ausführlichen Briefing, so dass sie das Gefühl haben, erheblich nachjustieren zu müssen. Und Klienten haben immer wieder den Eindruck, dass Power Point-Präsentationen auf dem Weg zum Kunden in viel zu kurzer Zeit und alles in allem nachlässig erstellt werden. Neben diesem Anzeichen für Unmut gibt es weiteren Konfliktstoff innerhalb des Beratungssystems.

7.3.3 Kooperations- und Konfliktpotenzial im Beratungssystem

Als sehr bedeutsam für die Zusammenarbeit wird von beiden Seiten betont, dass „die Chemie stimmen" muss. Dies ist etwa für die Hälfte der Befragten ein ausschlaggebendes Kriterium für eine angenehme und erfolgreiche Zusammenarbeit. Bei Befragten, die diesen Gesichtspunkt angeben, wird in der Regel auch geäußert, sich auf Augenhöhe begegnen zu wollen – das wünschen sich jedenfalls grundsätzlich alle Berater, von Seiten der Klienten wurde der Ausdruck „auf Augenhöhe" nur vereinzelt verwendet. Die andere Hälfte der Befragten hebt die vertragliche Verpflichtung hervor, wobei Pünktlichkeit und Zuverlässigkeit innerhalb dieser besonders betonte Kriterien sind, die geschätzt werden. Mangelnde Kostenkontrolle ist hingegen ein Punkt, an dem sich viele Klienten stören:

> „Sie haben da einen Rahmenvertrag, in dem da monatlich immer Geld fließt, wenn Sie dann irgendwas Konkretes wollen, müssen Sie es noch mal bezahlen." (PGeschf3: 1305-1307).

Immer wieder wurden als Konfliktfelder zudem die fehlende Berücksichtigung von Kundenwünschen – z.B. bei der Überarbeitung von Konzepten oder einzelnen Maßnahmen – angegeben. Dass es in der Regel mindestens wöchentliche Treffen und in jedem Fall mehrstündige (telefonische) Absprachen gibt verhindert jedoch zum Teil, dass grundlegende und weitreichende Missverständnisse in der Zusammenarbeit auftreten bzw. diese erst sehr spät bemerkt werden. Eine fehlende bzw. nicht stark genug ausgeprägte Klientenorientierung zeigt sich u.a. auch in häufig wechselnden Ansprechpartnern auf Seiten der Dienstleister. Für Klienten ist personelle Konstanz jedoch von hoher Bedeutung. Sie trägt zur Stabilisierung des Beratungssystems und zum Vertrauensaufbau auf Seiten der Klienten bei. Diesen Aspekt haben in seiner Wichtigkeit jedoch alle befragten Berater erkannt und versuchen entsprechend, Kontinuität anzubieten. Teils stellen sie dafür sogar phasenweise einen Agenturmitarbeiter ab, damit dieser im Haus des Klienten arbeiten kann. Auch die Überhöhung der eigenen Rolle – z.B. durch Hintergrundgespräche mit Medien, die aus Sicht der Klienten nur geführt werden, um sich als Berater zu profilieren – werden als fehlende Klientenorientierung und damit sehr negativ wahrgenommen.

Bezogen auf die in Kapitel 4.3 aufgeführten Konflikttypen (vgl. Patzak/ Rattay 1998: 369) wird zunächst sehr deutlich, dass Berater und Klienten sehr unterschiedliche Konfliktwahrnehmungen haben (vgl. Abb. 12). Berater thematisieren Konflikte weniger häufig als die Klienten. Betont wird von Beratern allerdings sehr deutlich die Problematik unklarer oder unterschiedlicher Zielsetzungen bzw. unterschiedlicher Erwartungen von Klienten und Dienstleistern an die Zusammenarbeit.

Abb. 12: Konflikte in der Zusammenarbeit
aus Sicht von Beratern und Klienten[10]

	aus Sicht der Klienten	aus Sicht der Berater
Rollenkonflikte: unterschiedliche Rollenerwartungen bzw. unklare rollenbezogenen Aufgaben	6	2
Beziehungskonflikte: persönliche Verletzungen, Formen der Missachtung (auch: schlechte Chemie)	5	3
Wahrnehmungskonflikte: unterschiedliche Interpretationen von Situationen/Handlungen	2	2
Zielkonflikte: unklare/unterschiedliche Zielsetzungen, unterschiedliche Erwartungen an die Zusammenarbeit	5	10
Bewertungskonflikte: unterschiedliche Werte, Normen und Einstellungen	5	2
Verteilungskonflikte: Konkurrenz um Ressourcen oder Einfluss	3	1
Potenzkonflikt: unbrauchbarer Berater, macht Fehler; aus anderen Gründen kein Zugang zueinander	6	2
Wissenskonflikt I: fehlendes Wissen über das politische „Geschäft" bei Beratern (benennbar nur von Klienten)	13	
Wissenskonflikt II: fehlendes Wissen über PR bei Klienten (benennbar nur von Beratern)		2

Aus Sicht der Klienten stellen die fehlenden oder nicht ausreichend vorhandenen Kenntnisse der Berater über das Feld der politischen PR ein sehr großes Konfliktpotenzial dar. Aus Sicht der Klienten kennen sich PR-Berater sehr häufig zu wenig in den Untiefen von Parteiapparaten, Geschäftsstellen und Ministerien und den hinter den jeweiligen Organisationen stehenden Konzepten aus. Dass diese Wahrnehmung als großes Manko empfunden wird, zieht sich durch alle Gespräche und ist entsprechend immer wieder Gegenstand des vorliegenden Ergebnisberichts. Auf Basis der Interviews ist dabei schwer zu beurteilen, inwiefern hier in erster Linie tatsächliche Defizite auf Seiten der Berater relevant sind oder ob teils nicht auch überzogene, unrealistische Erwartungen auf Seiten der Klienten existieren. Weitere wesentliche Konfliktpunkte haben

---

[10] Alle innerhalb eines Gesprächs genannten Konflikte wurden codiert, allerdings pro Konflikttyp nur ein Mal, dies auch dann, wenn ein Befragter einen Konflikt wiederholt ansprach.

ihre Ursache aus Sicht der Klienten in unterschiedlichen Rollenerwartungen sowie in Fehlern der PR-Berater (siehe Abb. 13).

Gegenseitiges Vertrauen kann als konfliktvermindernd und als wesentliche Voraussetzung für eine produktive Zusammenarbeit zwischen Berater und Klient angesehen werden und spielt auf Seiten der Klienten bei der Auswahl von Agenturen eine zentrale Rolle (vgl. Kap. 3.4.3). Insofern galt der Analyse vertrauensfördernder und vertrauensbehindernder Faktoren besondere Aufmerksamkeit: Welche Eigenschaften und welches Verhalten der PR-Berater schaffen aus Sicht der Klienten Vertrauen und sorgen dafür, dass eine Kooperation positiv beurteilt wird? Allerdings ist Vertrauen ein latentes Konstrukt, das nicht direkt erhoben und nicht direkt abgefragt werden kann (vgl. u.a. Kohring 2004: 137). Direkte Fragen nach vertrauensrelevanten Faktoren können beispielsweise beim Befragten zu Reflexionen führen, die ein Risikobewusstsein hervorrufen, das zuvor nicht vorhanden war (vgl. Kohring 2004: 137). Die Faktoren, die aus Sicht der Klienten zum Aufbau von interpersonalem und/oder Systemvertrauen im Kontext der Zusammenarbeit mit PR-Beratern beitragen können, wurden daher nicht direkt abgefragt, sondern indirekt aus dem Material ermittelt. Im Mittelpunkt stehen dabei zum einen von den Klienten wahrgenommene Risiken in der Zusammenarbeit und Mechanismen zur Risikominimierung und zum anderen Aspekte, die aus Sicht der Klienten eine Abgabe von Handlungsverantwortung trotz Risikowahrnehmung ermöglichen – letztlich geht es dabei also um Funktionserwartungen, die Klienten an ihre PR-Agentur bzw. ihre PR-Berater richten.

Abb. 13: Dimensionen von Vertrauen in PR-Beratung

	aus Perspektive der PR-Berater	aus Perspektive der Klienten
Einbringen einer neutralen Außenperspektive	3	3
richtige Problem- und Situationsanalyse durch den Berater	2	3
Anregung neuer Reflexionsprozesse und deren Etablierung	2	1
Formulierung von Veränderungsimpulsen	1	
Entwicklung einer Problemlösungsstrategie *samt* Umsetzung	1	7
Loyalität / Engagement des Beraters	2	2
Handlungsfähigkeit/-bereitschaft des Beraters	2	5
Unterstützung bei Legitimationsfragen	3	-
Erfahrungen / Wissen einbringen	3	8

Als mögliche Dimensionen von Vertrauen in PR-Beratung sind in den theoretischen Ausführungen dieses Buches (vgl. Kap. 3.4.3) die folgenden formuliert worden: Vertrauen in die nicht interessengebundene Außenperspektive des

Beraters, in die richtige Problem- und Situationsanalyse sowie Formulierung und gesamthafte Umsetzung einer Problemlösungsstrategie, in die Irritation der Klientenorganisation bzw. die Anregung von Reflexionsprozessen sowie Vertrauen darin, dass der PR-Berater – loyal und auf den Klienten abgestimmt – Erfahrungen und Wissen einspeist.

Es fällt auf, dass die Klienten relativ häufig Basisleistungen benennen, wenn es darum geht zu beschreiben, welche Aspekte in der Zusammenarbeit für ein Vertrauensverhältnis förderlich sind (vgl. Abb. 13). Dass Berater ihre Erfahrung und spezifisches Wissen einbringen, kann ebenso wie die Formulierung einer Problemlösungsstrategie als elementare Anforderung an ihr Leistungsangebot angesehen werden. Diese beiden Aspekte sind jedoch diejenigen, die nach Angaben der Klienten am stärksten für ein gutes Vertrauensverhältnis sorgen. Andere Beraterleistungen wie das Einbringen von Veränderungsimpulsen oder Irritationen sowie die Anregung von Reflexionsprozessen werden lediglich vereinzelt genannt. Dass Berater sich loyal verhalten und besonders engagiert auftreten müssen, um das Vertrauen ihrer Klienten zu gewinnen, wird hingegen erstaunlich wenig hervorgehoben. Kurzum wird ersichtlich, dass allen voran solche Dimensionen genannt werden, die zum Standarddienstleistungsrepertoire von externen PR-Agenturen gehören und sich vornehmlich auf Fragen der Umsetzung beziehen bzw. das solche Aspekte genannt werden, die sich wie die Handlungsfähigkeit und -bereitschaft auf die zuweilen angezweifelten Kompetenzen sowie tatsächlichen Ressourcen der Dienstleister beziehen.

Für die Zusammenarbeit mit Agenturen gibt es keinen Maßstab, anhand dessen im Beratungsprozess die Qualität gemessen wird. Dies erstaunt unter Berücksichtigung der stark kontextabhängigen, situativ geprägten Beratungsfunktionen, die nur sehr begrenzt vereinheitlicht werden können, eher nicht. Hingegen ist es verwunderlich, dass im Ganzen Evaluationsmaßnahmen im Hinblick auf die geleisteten Kommunikationsaktivitäten ebenfalls so gut wie nicht stattfinden. Es wird vielmehr aus dem Bauch heraus entschieden, ob einzelne Maßnahmen erfolgreich waren.

Im Prinzip muss die Zusammenarbeit zwischen Beratern und ihren politischen Klienten von Anfang an reibungslos funktionieren. Denn Politik ist immer in Bewegung und es bleibt kaum Zeit, sich erst einmal in Ruhe auf eine neue Agentur einzustellen oder sich in Ruhe in ein Themengebiet einzuarbeiten. Beide Seiten betonen daher die Wichtigkeit eines guten Briefings. Darüber hinaus erklärt sich die überwiegend langjährige Zusammenarbeit auch damit, dass die gute Kenntnis der Klientenbedürfnisse es vereinfacht, im Sinne des Klienten Kommunikationsmaßnahmen auszuarbeiten:

> „Man muss sich auch auf Geschichte und die Praxis der Partei einlassen können. Man muss deren Kommunikationskultur kennen und sich auf sie einlassen." (PGeschf1: 163-164.)

Die guten Vorerfahrungen sind aus Sicht der Klienten offensichtlich das beste Mittel zur Risikominimierung. In die engere Auswahl kommen etwa bei neuen Ausschreibungen eher die Agenturen, deren Arbeiten man bereits kennt oder davon gehört hat. Dies führt durchaus dazu, dass lieber mit einer bekannten Agentur zusammengearbeitet wird, selbst wenn dadurch z.b. bestimmte Änderungswünsche nicht erfüllt werden können, als sich auf das Risiko einer unbekannten Agentur einzulassen:

> „Meistens ist es so in der Politik, dass man das so aus Erfahrung macht, also es gibt zwei Varianten: Entweder man möchte etwas ganz Neues haben, dann macht man das klassisch, indem man ausschreibt, einen Pitch macht, und dann einfach schaut, und das ist ein etwas längerer Prozess – das dauert meist so zwei bis drei Monate. (…) Ansonsten ist es aber so, dass es einfach Erfahrungswerte sind, dass es einfach Leute sind, mit denen wir schon gut zusammengearbeitet haben, oder aber zum Beispiel andere Landesverbände gut zusammengearbeitet haben, die sich mal vorgestellt haben, mit denen man immer mal schon das eine oder andere Kleine zusammen gemacht hat, in Zusammenarbeit Bund und Land – und das man sich dann irgendwie denkt, das könnte man sich vorstellen, und die einfach mal anspricht." (PÖA2: 961: 970)

> „Es gab irgendwie den ganz starken Drang dahingehend, etwas Neues zu machen und andererseits eben auch den totalen Druck, oder die Befürchtung, dass das Risiko zu groß ist. Den Wunsch, eben auch mit bewährten Leuten zusammenarbeiten zu können, wobei die Zusammenarbeit teilweise auch schon ein bisschen verschlissen gewesen ist." (PÖA1: 301-304)

Allerdings gibt es auch Parteien und Ministerien, die bewusst mit verschiedenen Agenturen zusammenarbeiten, um sich Expertise in unterschiedlichen Bereichen ins Haus zu holen. Darüber gelingt es, das Gesamtrisiko breiter zu streuen, zugleich erhöht sich damit der Koordinationsaufwand für die internen Öffentlichkeitsarbeiter.

Verträge in Ministerien sind in der Regel zum 31.12. eines Jahres kündbar. Parteien sind gleichfalls darum bemüht, Kündigungsfristen in Verträge einzuschließen, „wo man ganz gut mit leben kann" (PÖA2: 1061). Das meint z.B. eine monatliche Kündigungsmöglichkeit.

7.4   Rollen in der politischen PR-Beratung

Das Spektrum der Tätigkeiten der externen Berater ist auf der einen Seite breit. Auf der anderen Seite bewegen sich fast alle aufgelisteten Leistungen auf der operativen Ebene. Fast gleich viele Klienten (12) wie Berater (11) haben angegeben, dass der Hauptbestandteil ihrer Kooperationsformen umsetzungsorientiert ausgerichtet ist. Kein Klient benannte explizit die Erwartung, eine konzeptionell ausgerichtete Beratung bzw. Prozess- oder Expertenberatung von externen PR-Dienstleistern zu erwarten.

> „Ich weiß nicht genau, ob die so sehr zusätzliche Köpfe brauchen. Da braucht man wirklich Hände, um einen Kongress zu organisieren, um eine Broschüre zu texten, das ist sicherlich mehr Outsourcing von Händen, von Zeit, während es bei Beratungsaufträgen im Ministerium, was aber natürlich viel, viel weniger sind als diese Kampagnenorganisation, ist es wirklich der Kopf." (EX13: 9149-9153)

Eine klassische Haltung von Parteien ist es, von PR-Agenturen – die in der Regel nicht von Werbeagenturen abgegrenzt werden – keine Beratung im engeren Sinne zu erwarten, sondern vor allem kreative Leistungen nachzufragen:

> „Also Sie müssen sich das so vorstellen: Alles, was gesprochenes, geschriebenes Wort ist, macht die Partei und alles was grafische Umsetzung bedeutet, erfolgt im Dialog mit Dienstleistern." (PÖA3: 1490-1497).

> „Also einfacher abgeben kann man alles Gestalterische, alles Bildliche, alles Layoutmäßige. Diese Dinge ... Schwierig wird es, politische Strategien und Inhalte natürlich abzugeben. Und auch die Entwicklung der Themen, die gespielt werden, das ist eher eine Aufgabe, die die Partei nach wie vor leisten muss. Und auch die textliche Arbeit sag ich mal, an den Texten, ist etwas, wo die Agentur sicher hilft, gerade was Slogans usw. betrifft, auch sicher da die Vorschlagsrechte hat. Aber alles was darunter kommt, wird sehr stark von der Partei geleistet." (PGeschf2: 609-614)

> „Klassische Kampagnenentwicklung. Entwicklung von Plakatmotiven. Designeraufgaben. Kreationsaufgaben. Textaufgaben. Aufgaben für Programmierung von Internetdingen. Das sind alles Dinge, die man guten Gewissens außer Haus geben kann." (PÖA4: 2351-2353)

Gleiches gilt für die Ministerien:

> „Nee. Also weil wir nicht so ein Ministerium sind, die sich Vorschläge, macht mal ein Dax 30 Treffen, uns von Agenturen machen lassen. Also das mag sein, dass jetzt mit der PR-Agentur die wir an Bord haben so etwas kommen kann, aber bei uns funktioniert das Zusammenspiel eher, wenn wir zusammensitzen, gemeinsam überlegen oder wir halt sagen, wir haben die und die Projekte und wir würden dieses Projekt jetzt gerne kommunikativ nach vorne bringen, lass uns mal über eine entsprechende Anzeigenkampagne nachdenken. Es ist also eher immer so, dass wir den Impuls geben und sagen, jetzt denkt ihr mal kreativ nach, was man machen kann." (BMin2: 2302-2308)

Die befragten Klienten betonen dabei nahezu durchgängig, dass Politik selbstverständlich intern gemacht werde und die externen Dienstleister meistens erst dann hinzugezogen werden, wenn es darum geht, gefällte Entscheidungen zu kommunizieren.

> „Also es gibt im Kern zwar einen dauerhaften Vertrag, ich will sagen, es gibt eine dauerhafte Zusammenarbeit, aber die Einbindung der Agenturen ist sporadisch. Die dauerhafte Einbindung der Agenturen hat ausschließlich mit Vergaberecht zu tun. Man bewegt sich freier, wie Sie ahnen können, ich hab einen Partner für zwei Jahre und den habe ich permanent. Dem vertraue ich, den baue ich auf, der baut mich auf. Aber die sitzen nicht permanent hier und sagen, du was du da machst, das ist nicht richtig, sondern die binden wir punktuell ein. Wir haben jetzt zu Ende gedacht, was wir uns inhaltlich ausdenken wollten. Es gibt ein Thema, es gibt auch schwere Sätze

dazu, es gibt Ausführungen dazu. Jetzt ist es an der Not mit dir gemeinsam zu überlegen, wie kriegen wir aus diesen Inhalten und aus diesen schweren Sätzen leicht Sätze, leicht verständliche Sätze, die wir rum erzählen. Jetzt kommst du bitte und baldowern wir das mit dir aus." (BMin5: 3262-3271)

Ausnahmen von dieser Regelung sind nur bei wenigen Parteien und Ministerien anzutreffen. Hier ist es umgekehrt erwünscht, dass die Agenturen von Anfang an dabei sind und „Kommunikationslinien gemeinsam besprochen" (PGeschf1: 388) werden und es möglich ist, dabei Kritik seitens der Berater zu äußern. Diese Klienten sind davon überzeugt, dass nur unter diesen Bedingungen für sie optimale Kommunikationsmaßnahmen entwickelt werden können. Sie betrachten die Berater nicht als Experten, die die bessere Lösung haben oder deren frühere Beteiligung an derartigen Prozessen als unangemessenes Betreten ihres Hoheitsgebietes. Vielmehr sehen sie in der frühzeitigen Involvierung der Berater zum einen die Möglichkeit, das Sachwissen der Berater für das zu kommunizierende Thema zu erweitern. Zum anderen besteht so die Möglichkeit zur frühzeitigen Kurskorrektur seitens der Berater: Etwa dahingehend, dass weitere oder sogar andere Zielgruppen einbezogen werden sollten bis hin zu dem Punkt, dass eventuell Themenschwerpunkte verschoben oder auf andere Termine verlagert werden, weil durch den Einwand von Beratern erkannt wird, dass der aktuelle Zeitpunkt ungünstig für die Kommunikation wäre.

Bei der Umsetzung erwarten die Klienten genaue Kenntnisse der Berater von der politischen Materie und den Themen und Botschaften, die bereits von der Partei oder dem Ministerium kommuniziert wurden. Das heißt, es wird vorausgesetzt, dass die Agenturen mit früheren Maßnahmen und den entsprechenden Visualisierungen nicht nur des Auftraggebers vertraut sind, sondern auch aller anderen Parteien/Ministerien (inklusive der Botschaften und ihrer Umsetzung auf europäischer Ebene der Partei). Dies soll beispielsweise verhindern, dass man eine Idee der Konkurrenz kopiert. Aufgrund dieses Wissens sollen die Berater zudem in der Lage sein, den Klienten „authentisch rüberzubringen". Und in Ministerien ist es darüber hinaus wichtig, beschlossene Gesetze soweit zu kennen, dass deren Inhalt auch bei Kommunikationsmaßnahmen berücksichtigt wird, der gar nicht unmittelbar etwas mit dem neuen Thema zu tun hat, wie folgendes Beispiel veranschaulicht:

„Also das fängt hier bei uns (..) an, was ein Beispiel ist, wenn die eine Kuh abbilden auf einem Plakat, dann muss die Kuh zwei Ohrmarken haben, zur Identifikation, ja? Das wurde eingeführt vor ein paar Jahren, damit man die Herkunft nachvollziehen kann. So und dann hat die Kuh auf dem Plakat keine zwei Ohrmarken. Also so was geht natürlich gar nicht. Oder wenn so Slogans kommen, zu einer Idee oder (..)-Kampagne oder zu so etwas Ähnlichem, ja die einfach zu frech, zu peppig sind, die bei einem Unternehmen durchaus vorstellbar ist, aber bei einem Bundesministerium eben nicht. Weil wir auch so ein gewisses Maß an Seriosität zumindest wahren sollten. Also das ist auch unser Ziel, (..) dem Bürger Seriosität zu vermitteln. Und das geht eben nicht mit so flapsigen Sprüchen. Das ist eben das Problem." (BMin1: 178-187)

Bis auf wenige Ausnahmen verstehen sich die befragten Agenturvertreter auch selbst nicht als Berater, dessen Funktion in erster Linie in der Steigerung der Reflexivität bzw. Reflexionsfähigkeit des Klienten liegt, sondern als schneller, zuverlässiger Dienstleister, der weiß, wie ein Ministerium oder eine Partei hierarchisch und inhaltlich „tickt". Bedeutend ist dabei das entsprechende Fachwissen der Berater, die häufig Spezialisten in einzelnen inhaltlichen Bereichen (etwa Gesundheitspolitik) sind. Die Mehrheit der befragten Agenturen agiert dabei nicht in einer Beratungsrolle im engeren Sinn und sieht sich selbst auch nicht als Berater:

> „...da laufen viele rum und halten sich für Berater von Ministerien, das ist natürlich aberwitzig. Es gibt Mandate, einzelne, (...), wo eine kleine Agentur, (..) explizit ein Beratungsmandat hat. Da geht es wirklich um Beratung und nicht um Umsetzung. (...) Da geht es (..) nicht um das Doing (...), aber unser Kernangebot, unser Kernleistungsangebot ist einfach die Entwicklung und Umsetzung von großen Kampagnen. (...) Ich würde jetzt nicht draußen im Markt herumlaufen und sagen, ich bin der große politische Berater, weil ich weiß, wer die Beratung von Ministerien macht. Das macht in den seltensten Fällen die Agentur." (EX1: 207-221)

Die Agenturvertreter nehmen ihre Umsetzungsleistung überwiegend keineswegs als Einschränkung oder gar als Defizit wahr, sondern sie grenzen sich sogar bewusst gegenüber der Handvoll Berater ab:

> „...ich weiß ja, dass es durchaus auch Wettbewerber gibt, die sich als Strategieberater begreifen und die will ich (..) gar nicht diskriminieren, das kann sinnvoll sein und wenn das Ministerium diese Dienstleistung haben möchte, dann soll sie das gerne einkaufen, es ist bloß nicht meine Philosophie und meine Definition des Auftrags (..). (Ich) würde (..) immer sagen, (...), dass das Mandat der politischen Entscheidung und der Auswahl der Themenfelder (...), das sollte doch im Zweifel nicht in den Agenturen entschieden werden." (EX2: 1002-1012)

Diese Auflistung der Befunde bestätigt insgesamt die forschungsleitende Annahme, dass PR-Berater vor allem als Experten agieren und Prozessberatung nur selten stattfindet (vgl. Kap. 4). Das heißt zugleich, dass PR-Berater vor allem Fakten- und Branchendaten bereitstellen, also Expertenwissen liefern, nicht jedoch Prozesswissen im Sinne von Wertwissen (vgl. Kap. 3.4.2) bereitstellen. Anders stellt sich dies auf Seiten der Einzelberater dar, die wirklich Beratung im engeren Sinne leisten und dabei selbst thematisieren, dass Beratung situativ angelegt ist. Es gibt also nicht das eine richtige Beratungskonzept, das wiederholt angewandt werden könnte:

> „Also ein Guido Westerwelle kann locker das Argument machen, niemand, aber wirklich niemand, hat eine Vorstellung wie seine Realität aussieht. Was also, da können Sie sich jetzt, wenn ich mich für einen Augenblick in die Rolle von Westerwelle, eines Parteivorsitzenden Westerwelle, hineinbegebe, was also, lieber Herr (Beratername), können Sie mir denn wohl raten, was könnte denn wohl Ihr Coaching-Input sein? (...) Darauf gibt es keine Antwort und das ist eine blinde Zone des Phänomens

Coachings, persönliche, oder auf die Persönlichkeit angelegte Beratung, wenn Sie so wollen, Personalentwicklung in der deutschen Parteienlandschaft. Ein Riesenproblem." (EZ1: 199-217)

Eindrücke aus der Beobachtungswoche

Auch in der Zusammenarbeit der Partei mit ihren externen Dienstleistern standen in der Beratungswoche durchweg Umsetzungsfragen, nicht aber strategieorientierte Beratung im Vordergrund.

Die Interaktionen hatten in der Regel den Charakter eines neutralen Informationsaustausches, wobei die Rollen asymmetrisch verteilt waren: Mehrheitlich handelte es sich um Frage-Antwort-Runden, bei denen die Fragen vom Klienten ausgingen. Diskussionen im engeren Sinn, bei denen der Austausch unterschiedlicher Positionen und Argumente im Vordergrund stand, fanden während der Beobachtungswoche nicht statt.

Die PR-Berater selbst haben in den beobachteten Gesprächen wenig proaktiv agiert: Mit Ausnahme der Initiativpräsentationen, bei denen in allen Fällen Online-Tools zur direkten Zielgruppenansprache im Netz im Mittelpunkt standen, hat während der Beobachtungswoche kein Berater von sich aus einen Vorschlag jenseits des eng definierten Auftragsfelds unterbreitet. Oder anders gesprochen: Von den externen PR-Dienstleistern, mit denen die Partei bereits zusammenarbeitet, gingen in der Beratungswoche keine erkennbaren beraterischen Interventionen aus.

Einzelberater – die einzigen wirklichen Berater?

Allein die Tatsache, dass es äußerst schwierig war, überhaupt Einzelberater ausfindig zu machen, deutet darauf hin, dass externe politische PR-Beratung sich im deutschsprachigen Raum stärker auf Institutionen als auf Personen bezieht. Die forschungsleitenden Annahmen, dass sich externe politische PR-Beratung im deutschsprachigen Raum stärker auf Institutionen als auf Personen bezieht und PR-Agenturen hier aufgrund der damit zusammenhängenden komplexeren Aufgaben eine bedeutendere Rolle haben als Einzelberater, sehen wir hiermit als bestätigt an.

Nichtsdestoweniger stehen bei Beratungssystemen bestehend aus politischen Klienten und Einzelberatern viel stärker Irritationen im Vordergrund als das in Einzelfällen in der Zusammenarbeit mit Agenturen der Fall ist. Es geht stärker darum, dass der Einzelberater überraschende Aspekte anspricht und durchaus unangenehme Fragen stellt, um einzelne Politiker – nicht zuletzt in Fragen der eigenen Persönlichkeit – zu coachen.

„Und Sie merken, dass da Kommunikation als Instrument schon wichtig ist, aber
wahrlich nicht alles und die Kommunikation eher nachgeordnet ist. (Wichtiger als
Kommunikation ist, UR/SZ) ein Verständnis und eine Analyse, was wollen Sie, wie
schätze ich Konstellationen etwa in meiner Partei ein oder in der politischen
Landschaft im Sinne einer Großwetterlage. Und das verbunden mit einem Check von
Persönlichkeiten, nicht nur, aber gerade auch in der eigenen Partei, die für mich auf
meinem Weg relevant sind. Ja? Die also entweder durch Tun oder Unterlassen für
meinen Weg bedeutenden Einfluss gewinnen können." (EZ1: 120-131)

Allerdings ist es nicht selbstverständlich, dass überhaupt mit Einzelberatern zusammengearbeitet wird. In den befragten Ministerien kommt dies in den
jeweiligen Referaten für Öffentlichkeitsarbeit nicht vor. Bei den befragten
Personen aus den Parteien wird auf Einzelberater an anderen Stellen des Hauses,
der Parteispitze, verwiesen. Wahrscheinlich wenden sich die Spitzenpolitiker
direkt oder über einen näherstehenden internen Mitarbeiter an einen entsprechenden Berater. Darüber hinaus nennen die in den Parteien Befragten, dass
es teils langjährige Kontakte zu US-amerikanischen Einzelberatern gibt, wobei
es sich sozusagen um befreundete Berater handelt, zu denen durch langjährige
politische Kontakte feste Beziehungen entstanden sind, die meistens vom
Geschäftsführer der Partei ausgingen. Insgesamt geben Parteien, die aussagen,
Einzelberater zu beschäftigen, in erster Linie an, diese für Fragen rund um das
Medientraining von Spitzenpolitikern einzustellen.

Von den 14 befragten Agenturen bieten nur drei in größerem Umfang
Dienstleistungen an, die als Beratung im engeren Sinne klassifiziert werden
können. Dies ist bei allen dreien eine bewusste Entscheidung, um sich über strategische Beratung auf dem Markt zu etablieren und sich von der reinen Umsetzung abzugrenzen. Es scheint also notwendig zu sein, von Seiten der Berater aktiv Beratungsfunktionen anzubieten und auszugestalten.

Die Tatsache, dass sich unter den befragten Agenturvertretern „echte" Berater finden, zeigt jedoch, dass Einzelberater diesen Bereich nicht allein abdecken.
Darüber hinaus ist anhand der Aussagen der befragten Klienten auch deutlich
geworden, dass Einzelberater etwa für das Medientraining von Politikern einge-
kauft werden. Auch hierbei handelt es sich letztlich um eine stärker umsetzungsorientierte PR-Dienstleistung. Da Einzelberater jedoch gezielt für Spitzenpolitiker angefragt werden, haben sie dennoch eher die Chance, beratend tätig zu
werden. Ihnen wird von Auftraggeberseite aus wahrscheinlich allgemein eher
die Rolle des Ratgebers zugestanden als die Rolle des operativen Dienstleisters.

In der Gesamtsicht ist bezogen auf Agenturen ebenso wie auf Einzelberater
vorläufig die forschungsleitende Annahme, dass konzeptionelle bzw. managementorientierte Beratung neben der Umsetzung an Bedeutung gewinnt, nicht zu
bestätigen. Ausgangsüberlegung war, dass PR-Beratungsleistungen zwar in hohem Maße umsetzungsorientiert sind, jedoch eine managementorientierte PR-
Beratung zunehmend wichtig wird, so dass auch die den PR-Beratern zugestan-

denen Interventionskompetenzen steigen. Die Aussagen der Befragten beider Akteursgruppen bestätigen dies nicht. Es ist aber zu erkennen, dass Beratung im engeren Sinne teils erfolgt, wenn ein entsprechendes PR-Verständnis seitens des Kunden und ein explizites Beratungsangebot der Agentur nahezu unter den Bedingungen der Umsetzungsverweigerung zusammenkommen.

Damit wird jedoch auch die forschungsleitende Annahme bestätigt, dass PR-Berater sich in die beiden Gruppen der stärker konzeptionellen und stärker managementorientierten Berater differenzieren lassen. Es ist möglich, externe Dienstleister in diejenigen zu unterscheiden, die den Kunden „Rat oder Tat" anbieten. Jenseits der konkreten Kundenerwartungen ist die Ausrichtung der Dienstleister damit letztlich auch eine strategische Entscheidung der Dienstleister selbst.

8   Fazit: rat-lose politische Akteure

Ausgangspunkt des kommunikationswissenschaftlichen Forschungsprojektes war die in wissenschaftlichen und praxisnahen Publikationen weitverbreitete, empirisch aber bisher nur unzureichend überprüfte Feststellung, dass politische Akteure in der Mediengesellschaft in steigendem Umfang auf externe PR-Beratung (a) angewiesen sind und (b) diese auch tatsächlich in Anspruch nehmen. Aus kommunikationswissenschaftlicher Perspektive wurde die Rolle von PR in der Politik bislang ganz überwiegend bezogen auf Wahlkämpfe sowie in Bezug auf zeitlich begrenzte Kommunikationskampagnen von Bundesparteien und Bundesministerien untersucht. Eine Analyse des Rückgriffs auf PR-Dienstleister im politischen „Alltagsgeschäft" hingegen stand noch aus.

Wenn Medien PR-Beratung in der Politik thematisieren, dann insbesondere in Bezug auf die vermeintlich hohen Summen, die Parteien und Ministerien für PR aufwenden, oder es werden die Agenturauswahlverfahren von Ministerien und deren Vereinbarkeit mit vergaberechtlichen Vorschriften problematisiert. In wissenschaftlichen Publikationen wie in tagesaktuellen Medien werden im Hinblick auf die Inanspruchnahme von PR-Beratung durch politische Akteure regelmäßig Gefährdungen für die Demokratie als Ganzes oder bestimmte demokratische Verfahrensweisen thematisiert. Dies äußert sich insbesondere in der Annahme, dass sich die wachsende Unterstützung politischer Akteure durch externe PR-Agenturen derart negativ auf die „eigentliche" Entscheidungspolitik im politischen Arkanbereich auswirkt, dass diese auf rein „symbolische Politik" (Sarcinelli 1987) oder „Schaupolitik" (Käsler 1991: 24) reduziert wird. Dass ein solcher „Triumph der Kommunikationspolitik über die Sachpolitik" (Münch 1993: 267) im Ergebnis mit erheblichen Einschränkungen der politischen Partizipations- und Kontrollmöglichkeiten der Bevölkerung verbunden wäre, leuchtet unmittelbar ein. Aus wissenschaftlicher Perspektive stellt sich daher die – auch demokratietheoretisch relevante – Frage, inwiefern sich die regelmäßige Inanspruchnahme externer PR-Berater auf die Formatierung der politischen Kommunikation auswirkt.

Ziel der Studie war es, auf Grundlage einer systematischen Analyse der Beziehungen zwischen politischen Akteuren und PR-Beratern Hinweise zur Rolle und zum Stellenwert externer PR-Berater in der politischen Kommunikation zu liefern. Mit der durchgeführten Befragung beider Seiten – sowohl der Klienten als auch der Berater – hinsichtlich ihrer Erwartungen und Rollenwahrnehmungen beschreitet die vorliegende Untersuchung einen neuen Weg. Erst auf diese Art und Weise ist es möglich, Beratungssysteme differenziert mit Blick auf die Sachdimension politischer PR-Beratung, die Werte und Normen der Interaktion und die Rollen in der politischen PR-Beratung zu beschreiben.

Differenz von Rat und Tat

Der im Kontext des Forschungsprojektes entwickelte Entwurf einer „Theorie der PR-Beratung" (Röttger/Zielmann 2009) betont die Reflexivitäts- und Reflexionssteigerung auf Seiten des Klientensystems als zentrale Funktion von PR-Beratung. Als Beobachter zweiter Ordnung können PR-Berater Klientenorganisationen, deren Umwelt-Beziehungen sowie auf die Klientenorganisation bezogene Fremdbeobachtungen und Fremdbeschreibungen in einer Art und Weise beobachten und bewerten, wie es dem Klientensystem aufgrund seiner nicht hintergehbaren operativen Selbstreferentialität unmöglich ist. Weil PR-Berater Beobachter zweiter Ordnung und gerade nicht Teil des Klientensystems sind, können sie die Kontingenz der Beobachtungen des Klientensystems, die der Beobachtung zugrunde liegenden Prämissen und die blinden Flecken der Beobachtung erkennen und so zu einem erweiterten Problemverständnis gelangen. Insofern ermöglicht und begünstigt die Externalität der Berater deren Möglichkeiten, Rat zu geben und das Klientensystem mithilfe kommunikativer Irritationen zu erhöhter Reflexionskapazität zu verhelfen.

Das hier zugrunde liegende Beratungsverständnis basiert auf der grundlegenden Differenz von Rat und Tat: Idealtypisch ist Beratung analytisch von operativ ausgerichteten Dienstleistungen zu unterscheiden: Beratung ist nicht Entscheidung und Beratung ist nicht Umsetzung. Gleichwohl weisen verschiedene Beratungsformen unterschiedliche Nähe zu Umsetzungsfragen auf – so beispielsweise konzeptionelle Beratung bezüglich grundlegender Fragen der Kommunikationsstrategie und des Kommunikationsmanagements einerseits und umsetzungsorientierte Beratung mit Blick auf die Planung und Umsetzung konkreter Kommunikationsmaßnahmen andererseits. Entsprechend wurde PR-Beratung hier definiert als fallspezifische, von externen Einzelberatern oder Organisationen angebotene komplexe Dienstleistung, die zur Erhöhung von Reflexivitäts- und Reflexionskapazitäten der Klientenorganisation sowie zur Lösung von Entscheidungsproblemen beiträgt, welche den Aufbau und die Gestaltung von kommunikativen Beziehungen zu internen Bezugsgruppen und externen Umwelten betreffen bzw. von diesen tangiert werden.

Ob und inwieweit dieser Beratungsbegriff, der die Funktion der Reflexionssteigerung auf Seiten des Klientensystems in den Vordergrund stellt, mit der empirisch vorfindbaren PR-Beratung in der politischen Kommunikation übereinstimmt – externe PR-Dienstleister politische Akteure also tatsächlich beraten oder in erster Linie mit der Übernahme operativer Aufgaben betraut werden –, war Gegenstand der hier durchgeführten Analyse.

Überschaubares PR-Beraterfeld

Ein erstes überraschendes Ergebnis ist der überschaubare „Markt" der externen PR-Beratung im Bereich der politischen Kommunikation auf Bundesebene in Deutschland. Es war zwar nicht das erklärte Ziel der Studie, die existierenden externen PR-Dienstleister in der Politik vollständig zu erfassen, da sich das Forschungsinteresse stärker auf die Qualitäten der Beratungsbeziehungen bezog. Allerdings ist die hier gewonnene Erkenntnis über die quantitative Begrenztheit des PR-Beraterfeldes dennoch interessant. Schätzungen aus dem Jahr 2003 gingen von mehr als 1.000 PR-Beratern insgesamt und bis zu einigen Hundert politischen PR-Beratern in Deutschland aus (vgl. Szyszka/Schütte/Urbahn 2009) – die Autoren (ebd. 213) weisen aber zugleich darauf hin, dass 87 Prozent der Mandate aus der Wirtschaft kommen und nur fünf Prozent aus den Bereichen Nonprofit/Verbände und Politik; bezogen explizit auf das Politikfeld vgl. Tenscher 2003: 118). Während der Bundestagswahl 2009 war in Fachmagazinen wie in den Massenmedien der Eindruck zu gewinnen, „die" PR-Berater hätten in Berlin das sachpolitische Zepter zumindest mit in der Hand. Darüber hinaus sind viele in den letzten Jahren entstandene Ausbildungsangebote im Bereich der politischen Kommunikation bzw. „Public Affairs"-Beratung zu verzeichnen. Und schließlich wurde auf wissenschaftlichen und seitens der Praxis veranstalteten Tagungen in jüngster Zeit intensiv über PR-Beratung diskutiert. Kurzum: Es war vorab mit einer größeren Zahl an externen politischen PR-Beratern zu rechnen. Ermittelt werden konnten jedoch nur rund 50 externe PR-Berater (Agenturen und Einzelberater), die für die eigene empirische Studie berücksichtigt werden konnten – ein Ergebnis, das im Folgenden auch von den befragten Klienten und Beratern bestätigt wurde.

Nun ist die Gesamtzahl an PR-Beratern, die im Bereich der politischen Kommunikation Leistungen anbieten, in Deutschland zweifelsohne deutlich höher und es haben selbstverständlich weitaus mehr externe PR-Berater schon einmal Klienten aus der Politik betreut als die hier ermittelten 50 Dienstleister. Doch handelt es sich dann um Agenturen – noch dazu oftmals aus benachbarten Kommunikationsbereichen wie dem Marketing oder der Werbung etc. –, die lediglich punktuell für politische Akteure arbeiten und dies oftmals im Rahmen von geringvolumigen Projekten, also beispielsweise einer Partei für ein einmaliges Event eine virale Marketingmaßnahme für weniger als 5.000 Euro verkauft haben. Von den Anbietern, die beispielsweise einmalig für eine nachgeordnete Bundesbehörde die Internetseiten überarbeitet oder eine Broschüre gestaltet haben, müssen aber systematisch jene unterschieden werden, die aus Sicht der Politik für die Betreuung von größeren Mandaten bei Bundesparteien und Bundesministerien infrage kommen und die als spezialisiert auf Fragen der politischen Kommunikation gelten können. Letztgenannte Gruppe umfasst tatsächlich nur gut 30 Dienstleister.

In der Regel handelt es sich bei den dahinterstehenden Agenturen um Full-Service-Agenturen, die mehrere Dutzend Mitarbeiter beschäftigen und sich mit einer Einheit auf politische Kommunikation fokussieren. Sie sind in der Lage, in kurzer Zeit Mitarbeiter vorübergehend aufzustocken und in den heißen Phasen auch für mehrere Wochen exklusiv mit in den Büroräumlichkeiten der Klienten arbeiten zu lassen. Dies wird insbesondere von Parteien während anstehender Wahlen und im Rahmen umfänglicher Kampagnen nachgefragt.

Konkurrenz belebt nicht das Geschäft

Einige wenige Klienten aus den Bundesparteien haben angegeben, dass für ihre Organisation eine Zusammenarbeit mit maximal zehn PR-Beratern infrage käme. Dies erklärt sich einerseits damit, dass manchen Befragten tatsächlich nicht mehr Dienstleister aus diesem Bereich bekannt sind. Andererseits ist die Angabe auch auf die praktizierte politische „Farbbekennung" zurückzuführen, die das Feld der konkret infrage kommenden externen Berater für politische Klienten stark eingrenzt.

In diesem Zusammenhang haben einzelne Berater explizit darauf verwiesen, dass der „Konkurrenzausschluss" in der Wirtschaft quasi umgekehrt funktioniert, da es dort vielmehr eine Referenz sei, bereits einen Kunden aus demselben Kreis (z.B. einen anderen Autohersteller) beraten zu haben. Doch in der Politik gilt: Wer ein CDU-geführtes Ministerium berät, kann beispielsweise nicht für die SPD arbeiten und umgekehrt. Die starke inhaltlich-ideologische Prägung der externen PR-Beratung in der Politik stellt einen zentralen Unterschied zur PR-Beratung in anderen gesellschaftlichen Handlungsfeldern dar. Sie verringert die Kooperationsmöglichkeiten erheblich; der Markt ist als daher relativ statisch zu bezeichnen. Darüber hinaus führt der Umstand, keine Klienten unterschiedlicher politischer Coleur beraten zu dürfen, auch dazu, dass Berater ihre politischen Klienten nicht öffentlich nennen und nicht als Referenz angeben. Dies geschieht eher unter vier Augen gegenüber Klienten, um beispielsweise gegenüber Wirtschaftskunden punkten zu können, da bestenfalls Verbindungen in ein für den Kunden relevantes Ministerium bestehen.

In der Gesamtsicht werden die komplexen formalhierarchischen Strukturen in den Ministerien sowie die in der Regel ungewünschte Festlegung auf eine bestimmte Partei bei den Parteien von den PR-Dienstleistern als abschreckend empfunden. Es ist unter diesen Konditionen kaum zu erwarten, dass es auf Agenturseite zu nennenswerten Ausweitungen kommen wird.

Dass nicht mehr Agenturen im Feld der politischen Kommunikation zu finden sind, erklärt sich zudem über die geringen Honorare im Vergleich zu denen in der Wirtschaft. Die externen PR-Berater beschreiben es als mühsam, unter den Bedingungen der geringen Vergütung sowie der notwendigen Vorsicht, nicht weitere „falsche" Klienten zu beraten, als Agentur das Vertrauen der Auftraggeber zu finden. Dies verkompliziert sich, sofern keine Referenzen vorliegen oder kein Parteibuch ausweist, dass man aus dieser Richtung infrage käme. Somit wagen sich am Ende wenige Neue aus den anderen externen PR-Beratungsfeldern in die Bundespolitik.

Vielgestaltiges und heterogenes PR-Beraterfeld

Das Feld der politischen PR-Berater erweist sich als vielgestaltig und heterogen: Es scheint mehr ,separate Sonderfälle,' als gemeinsame Merkmale zu geben, die sich beispielsweise zu speziellen Beratungstypen zusammenfassen ließen (ähnlich auch Opitz/Vowe 2009). Diese Vielgestaltigkeit oder auch geringe Standardisierung des Leistungsportfolios der externen Dienstleister kann Hinweis auf mögliche Profilierungs- und Professionalisierungsdefizite, aber auch als Folge einer starken Orientierung an den heterogenen Erwartungen und Interessen der Kunden und damit als Zeichen einer nötigen strukturellen Offenheit der PR-Beratung interpretiert werden. So zeigt sich, dass die Vorstellungen hinsichtlich des Aufgaben- und Leistungsspektrums auf Seiten der Klienten ebenso stark divergieren wie die Vergütungsstrukturen. Eine starke Orientierung an den vielgestaltigen Erwartungen der Klienten kann eine übergreifende Standardisierung von Leistungsprofilen und eine Ausbildung von typischen Anbieterprofilen verhindern. Zugleich lassen sich auf Anbieterseite kaum Spezialisierungen erkennen. Die weitreichende Ausdifferenzierung und strukturelle Offenheit des Marktes für externe PR-Dienstleistungen gehen mit Orientierungs- und Auswahlschwierigkeiten der Klienten einher: So empfinden es Klienten oftmals als schwierig, aus dem quantitativ durchaus überschaubaren Pool der Berater neue Dienstleister auszuwählen, die mit hoher Sicherheit ihre Erwartungen erfüllen.

PR-Berater als „verlängerte Werkbank"

Mit einer Ausnahme haben sich die in Kapitel 5 formulierten forschungsleitenden Annahmen als zutreffend erwiesen: Nicht bestätig hat sich allerdings die Annahme, dass konzeptionelle PR-Beratung angesichts der steigenden Anforderungen an den Umgang politischer Akteure mit Fremdbeschreibungen und -thematisierungen in der (Medien-)Öffentlichkeit zunehmend an Bedeutung gewinnt.

    Die Befunde der Studie zeigen, dass externe PR-Dienstleister vor allem als „verlängerte Werkbank" agieren, d.h. in hohem Maße mit der operativen Umsetzung von einzelnen Maßnahmen betraut sind und eher selten Beratung im eigentlichen Sinne anbieten. Von den 14 befragten Agenturen könnten nur drei als Berater im eigentlichen Sinne bezeichnet werden, d.h. als Dienstleister, die in erster Linie Rat und nicht Tat anbieten und so zumindest das Potenzial besitzen, im Zuge ihres Beratungsmandates die Reflexionsfähigkeit auf Klientenseite zu erhöhen. Die aus der PR-Managementliteratur und -praxis bekannte Forderung nach einer wechselseitigen Verschränkung von Organisationsstrategie und Kommunikationsstrategie mag in der Bundespolitik stattfinden, sie erfolgt jedoch definitiv nicht unter Hinzuziehung von externer Expertise durch PR-Berater.

Externe PR-Dienstleister in der Bundespolitik übernehmen insbesondere ausführende Tätigkeiten in den Bereichen Text, Gestaltung, Layout. Die befragten Klienten betonen nahezu durchgängig, dass Politik selbstverständlich intern gemacht werde und die externen Dienstleister erst dann hinzugezogen werden, wenn es darum geht, gefällte Entscheidungen zu kommunizieren und konkrete Projektvorhaben umzusetzen. Sie haben damit allenfalls fachliche Aufgaben- und Projektverantwortung, die sich auf die Umsetzung der von den Klienten getroffenen organisationspolitischen Entscheidungen bezieht.

Seitens der Bundesministerien ist vor allem gewünscht, dass externe PR-Berater sie unterstützen, Publikationen und Plakate herzustellen sowie den Internetauftritt mit zu gestalten – und hierfür Kreativität und Organisationsgeschick mitbringen, wozu auch gehört, einen Journalistenverteiler zu erstellen oder die Anzeigenschaltung zu übernehmen. Eine Schnittmenge zu den Parteien besteht nur bei der Gestaltung des Internetauftritts sowie dem Einbringen von Kreativität, ansonsten stehen dort zuvorderst die Punkte der Bildbearbeitung und demoskopischen Beratung.

Das heißt zusammengefasst zweierlei: 1) Politische Akteure setzen mit Hilfe externer PR-Dienstleister Kommunikationsmaßnahmen nach eigenen Vorstellungen um, werden dabei aber nur selten tatsächlich beraten. Parteien und Ministerien verzichten damit weitgehend auf den durch PR-Beratung möglichen Gewinn an Reflexionsfähigkeit. 2) Externe Dienstleister, die dem skizzierten Idealtypus eines Beraters entsprechen, existieren in der Praxis nicht. Vielmehr gehen in der Praxis Beratungs- und Umsetzungsleistungen in der Regel Hand in Hand.

Gründe für die schwach ausgeprägte Beratungsfunktion von externen PR-Dienstleistern

Dass die externen PR-Dienstleister überwiegend als verlängerte Werkbank eingesetzt werden, wird durch unterschiedliche Faktoren auf Klienten- wie Beraterseite begünstigt:

1. *Geringe personelle Kapazitäten für PR auf Seiten der Parteien und Ministerien:* Da die Pressestellen und PR-Abteilungen in den Parteien und Ministerien selbst über sehr geringe personelle Ressourcen verfügen, können sie das

operative Tagesgeschäft im Umgang mit den Medien und der Öffentlichkeit ohne Hinzuziehung externer Dienstleister nicht bewältigen. Die Zusammenarbeit mit externen PR-Dienstleistern erfolgt daher insbesondere, um personelle Defizite der teils schwach besetzten Stellen für Presse- und Öffentlichkeitsarbeit auszugleichen und andererseits um spezialisiertes Know-how beispielsweise für neue Kommunikationstechnologien hinzuziehen zu können.

2. *Mangelndes Bewusstsein für die Potenziale des kompletten PR-Leistungsspektrums auf Klientenseite*: Auch aufgrund der geringen personellen Kapazitäten werden übliche Praktiken selten hinterfragt und ebenso wenig kritisch auf ihre Effektivität und Effizienz überprüft. Es ist vielfach eher ein Festhalten am Bekannten und „Altbewährten" zu beobachten – z.B. Broschüren und Wahlplakate als zentrale Kommunikationsmedien – als eine aktive Suche nach Alternativen und Optimierungsmöglichkeiten. Kleinere Parteien zeigen dabei noch den größten Mut zu unkonventioneller Zusammenarbeit mit externen PR-Dienstleistern, wohl auch, da sie am wenigsten zu verlieren haben. Ministerien als langsam agierende Behörden zeigen im Vergleich die geringste Offenheit für externe PR-Beratung. Der große Handlungsdruck bei gleichzeitig knappen personellen Ressourcen führt insgesamt dazu, dass Klienten in erster Linie lösungsorientierte Instruktionen und Entlastung seitens der externen PR-Dienstleister erwarten, nicht aber eine problemorientierte Reflexion. Dies stellt die grundsätzliche Funktionalität von PR-Beratung infrage.

3. *Eine enge Begrenzung und Abschottung des Entscheidungszentrums auf Seiten der Klienten*: Entscheidungen zur politischen Strategie, zur Entwicklung von Themen und der mittel- und langfristigen inhaltlichen Ausrichtung werden im geschlossenen Entscheidungszentrum der Klienten getroffen, zu dem externe PR-Berater in der Regel keinen Zugang haben. Aus Sicht der Klienten besteht kein Beratungsbedarf. Dies ist zum einen darauf zurückzuführen, dass entsprechende Kompetenzen auf Seiten der externen PR-Dienstleister nicht wahrgenommen werden und zum anderen darauf, dass keine eigenen Defizite oder Optimierungsbedarfe gesehen werden. Rat von externen Dienstleistern wird überwiegend als unangemessene Einmischung angesehen – so finden es z.B. einige Klienten anmaßend, wenn PR-Berater ihnen Themenvorschläge unterbreiten. Eigenständigkeit und Vorschlagsrechte räumen die Klienten ihren PR-Agenturen auf der Ebene der Ausgestaltung einzelner Instrumente und Themen oder z.B. von Slogans ein. Eine Öffnung des geschlossenen Entscheidungszentrums für externe PR-Berater findet nur in Ausnahmen statt und dann in der Regel nicht, um sie aktiv in die Entscheidungsfindung zu involvieren, sondern um den Beratern die Möglichkeit zu geben, ihr Wissen über das zu kommunizierende Thema zu erweitern.

4. *Die Entscheidung der Agenturen, nicht zu beraten*: Es haben nur drei PR-Agenturen angegeben, in erster Linie Kommunikationskonzepte und -strategien für ihre Klienten zu entwickeln und diese zu beraten. Die Mehrzahl der Agenturen sieht sich in der Rolle, vorgegebene politische und kommunikative Strategien im kreativen Bereich auszugestalten und explizit *nicht* in der Rolle des Beraters, der das Klientensystem über Formen des systemischen Lernens und der Reflexion bei der Bewältigung von Komplexität im Umgang mit Fremdbeobachtungen und -beschreibungen unterstützt (vgl. Röttger/Zielmann 2009). Die Entscheidung der Agenturen, in erster Linie umsetzungsorientierte Dienstleistungen anzubieten, ist durchaus rational – folgt sie konsequent den Erwartungen der Klienten und des Marktes und ist in diesem Sinne einträglich. Zudem bieten umsetzungsorientierte Leistungen vermutlich eher als nur in Abständen nachgefragte Beratungsleistungen die Option auf Folgeaufträge. Das heißt, es ist eine bewusste Strategie der Berater, mit welchen Dienstleistungen sie sich gegenüber den Kunden positionieren. Die befragten Agenturvertreter sehen sich demgegenüber in erster Linie als schnelle, zuverlässige Dienstleister, die um die formalhierarchischen und informellen Kommunikations- und Entscheidungswege in Ministerien und / oder Parteien wissen und die die Erwartungen ihrer Klienten in Bezug auf die Unterstützung operativer Umsetzungsprozesse in sozialer, sachlicher und zeitlicher Hinsicht optimal erfüllen. Die wenigen Dienstleister, die ein Beratungsprofil ohne operative Umsetzungsleistungen anstreben, greifen in der Regel auf Subdienstleister zurück, die dann im Folgenden die Umsetzung von Kommunikationsmaßnahmen vornehmen. Die bewusste Entscheidung für „Rat" oder „(kreative) Tat" kann zumindest aus Sicht der Dienstleister und in kurz- oder mittelfristiger Perspektive kaum als richtig oder falsch interpretiert werden, bietet sie doch offenkundig den PR-Agenturen eine jeweils zufriedenstellende Kooperation und entsprechendes Einkommen. Insofern nehmen die befragten Agenturvertreter ihre starke Umsetzungsorientierung überwiegend nicht als Einschränkung oder gar als Defizit wahr, sondern sie grenzen sich sogar bewusst gegenüber den wenigen existierenden Beratern im eigentlichen Sinne ab.

Langjährige Zusammenarbeit und ausgeprägte Umsetzungsnähe stellen die Beraterautonomie infrage

Die theoretischen Vorüberlegungen (vgl. Rötttger/Zielmann 2009) haben deutlich gemacht, dass eine ausgeprägte Umsetzungsnähe externer PR-Dienstleister erwartbar Folgen für ihren Status und ihre Handlungsfreiheit haben kann: Sofern PR-Berater auch eine Umsetzung ihrer Beratungsinhalte anbieten, droht möglicherweise ein Verlust an Autonomie durch die eigene Involvierung in organisationale Prozesse. Denn PR-Berater, die stark umsetzungsorientiert arbeiten, werden partiell zu Betroffenen, denen geringere Glaubwürdigkeit und höhere Eigeninteressen als nicht-involvierten Akteuren zugeschrieben werden.

Die starke Involvierung der PR-Dienstleister in organisationale Prozesse und die daraus entstehende Nähe zum Kunden wird noch verstärkt durch die Tatsache, dass im Feld insgesamt längerfristige (mehrjährige) Kooperationsformen dominieren. Typisch für diese lang anhaltenden Formen der Zusammenarbeit sind dabei sich abwechselnde Phasen intensiver und weniger intensiver Aufgabenübernahme durch externe Dienstleister. Punktuelle und längerfristige Mandate halten sich nicht wie angenommen in etwa die Waage, da eher dieselbe Agentur sowohl zwischendurch zeitlich befristete und thematisch eingegrenzte Aufgabenbereiche abdeckt als auch regelmäßig mit mehreren Mitarbeitern ein breites Aufgabenspektrum für den Kunden bearbeitet.

Dass insbesondere Ministerien Agenturen eher langfristig an sich binden, hat zum einen vergaberechtliche Gründe und verweist zum anderen auf die überaus hohe Bedeutung von Vertrauen in den analysierten Berater-Klienten-Beziehungen. Negativ ist dies insofern zu bewerten, als dass die von Seiten der Klienten verlangte Kreativität über die Zeit sicherlich zunehmend schwieriger gewährleistet werden kann, zu intensiv dürfte die Verschmelzung sein, so dass kaum noch von dem Einbringen einer richtig neutralen Außenperspektive und einem frischen Blick z.B. auf eine innovative Zielgruppenansprache ausgegangen werden kann.

Aus Sicht der Klienten stellt die langjährige Zusammenarbeit mit ausgewählten und erprobten Dienstleistern ein wesentliche Moment der Unsicherheits- und Risikominimierung dar. Abnehmer von PR-Dienstleistungen können u.a. aufgrund der Immaterialität des Leistungsangebots, der Synchronität von Dienstleistungserbringung und Entgegennahme durch den Nachfrager sowie der Integration eines „externen Faktors" in den Dienstleistungsprozess (vgl. 3.4.1) vorab gar nicht und auch im Nachhinein nur begrenzt die Qualität der Beratung beurteilen. Sie sind daher tendenziell „überforderte Beobachter" (Luhmann 1990: 245ff.), die darauf angewiesen sind, auf das Leistungsversprechen und die Kompetenzen der Berater zu vertrauen. Es sind daher insbesondere die Klienten, die in lang anhaltenden Arbeitsbeziehungen mit Agenturen einen Vorteil sehen, weil es aus ihrer Sicht so möglich ist, zu einem eingespielten Team zu werden und positive Vorerfahrungen aus ihrer Sicht das beste Mittel zur Risikominimierung im Umgang mit externen Dienstleistern sind. Zugleich erspart diese Bindung über die Zeit die neuerliche Auftragsklärung, was umgekehrt verhindert, eingefrorene Muster der (mangelnden) internen Problemlösung mit einem Blick von außen aufzudecken.

Nähe wird in den Berater-Klienten-Beziehungen nicht nur durch lang anhaltende Zusammenarbeit, sondern zudem durch gemeinsam geteilte politische Grundüberzeugungen hergestellt. Auf mögliche Probleme, die aus dieser Nähe entstehen können oder auch auf die Vorteile, die eine größere Distanz zwischen Berater und Klient haben können, gehen weder die Klienten noch die Berater explizit ein. Es zeigt sich allerdings, dass sich viele externe PR-Berater bewusst dagegen entscheiden, Parteien als Klienten anzunehmen. Denn dann würden sie sich subjektiv und in der Außenwahrnehmung sichtbarer auf eine politische Farbe festlegen als es bei Ministerien der Fall ist. Und unter Umständen verhindert diese Festlegung ihrer Ansicht nach nicht nur neue Mandate aus der Politik, sondern wirkt sich auch negativ auf andere Beratungsbereiche aus. Die Entscheidung, Parteien zu beraten oder nicht zu beraten ist in jedem Fall eine bewusste Entscheidung.

Abschließend kann vor dem Hintergrund eines umfassenden – systemtheoretischen – Beratungsverständnisses die enge und lang anhaltende Zusammenarbeit von Klienten mit ihren Beratern durchaus kritisch betrachtet werden, da der Berater zunehmend die Position des Klienten verinnerlichen dürfte und damit Gefahr läuft, die für seine Beratungskompetenz konstitutive Rolle als Beobachter zweiter Ordnung aufzugeben.

Spezifika der Beratung im Feld der politischen Kommunikation

Gerade die Ergebnisse der Beobachtung der Klient-Berater-Interaktionen zeigen auf, dass viele externe PR-Berater unsicher sind, wenn es um die Gepflogenheiten in der Politik geht. Außerdem dokumentieren die in den Interviews deutlich gewordenen Unzufriedenheiten auf Klientenseite, dass diese die Angebote der Berater häufig als nicht ausreichend feldspezifisch und zu wenig auf die Bedürfnisse und Bedingungen der politischen Akteure zugeschnitten wahrnehmen. Die Klienten monieren sehr häufig das zu wenig vorhandene Wissen der Berater hinsichtlich des politischen „Geschäfts". Jedenfalls funktioniert es nicht, ein im Wirtschaftsbereich erfolgreiches Konzept einer politischen Partei „zu verkaufen", das nicht dezidiert auf eben diesen potenziellen Auftraggeber zugeschnitten ist. So halten die meisten Klienten die Politik für ein hinsichtlich des Beratungsbedarfs und der Beratungsbedingungen mit der Wirtschaft nicht zu vergleichendes Terrain. Entsprechend wünschen sie sich eine kreative Zielgruppenansprache, die aber anders sein soll als in anderen Handlungsfeldern (insbes. der Wirtschaft): angepasst an den öffentlichen Auftrag der Politik, seriöser und stark abgestimmt auf die Führungsspitze des Ministeriums bzw. der Partei.

Zugleich veranschaulichen die Studienresultate, dass es im Feld der politischen PR-Beratung weniger auf prestigeträchtige Abschlüsse, vorzeigbare Referenzen aus dem Feld der unmittelbaren Konkurrenten oder für jeden nutzbare

Beratungsmodelle ankommt, sondern allen voran das aufgebaute Vertrauen und die Loyalitätsbeziehung die entscheidenden Faktoren für die Entscheidung zur Zusammenarbeit sind. Dass konkrete Zertifikate, vorhandene Kompetenzen oder Wissenselemente von den Klienten in der Regel nicht eingefordert werden, ist auch auf die internen PR-Funktionsträger zurückzuführen, die häufig genug über keine klaren Vorstellungen der erforderlichen oder möglichen fachlichen Qualifikationen verfügen.

Dass innerhalb der Ministerien (die alle zur Dachorganisation der Bundesregierung gehören) keine einheitlicheren Kriterien für die Aufgaben und Auswahl sowie konkreten Formen der Zusammenarbeit mit PR-Beratern bestehen, zeigt deutlich auf: Das PR(-Beratungs-)Feld hat sich noch nicht hinreichend etabliert und professionalisiert. Die mangelnde Professionalisierung ist wiederum vor dem Hintergrund der internen Ressourcen verständlich: Auch die interne politische PR ist stark von Laien dominiert, denen am Ende umsetzungsstarke Dienstleister unter die Arme greifen müssen. Eine mögliche Folge der relativen Profillosigkeit der PR-Beratungsbranche ist, dass externe, auf kommunikative Umfeldbeziehungen und deren Folgen bezogene Beratung vermutlich stärker durch andere Akteure erfolgt, so dass durchaus von einem Beraterboom zu sprechen ist, nur eben nicht in Form von externen PR-Agenturen, sondern vielmehr durch Lobbyisten, Meinungsforscher, Vertreter von Think Tanks und insbesondere Parteifreunden (vgl. Auflistung Politikberatungakteure bei Kuhne 2008).

Bilanz: Sachdimensionen, Rollen, Werte und Normen externer politischer PR-Beratung

Mit Blick auf die *Sachdimension politischer PR-Beratung* ist abschließend zu konstatieren, dass vor allem die Art und Weise der kommunikativen Vermittlung vorab durch die Klienten definierte Entscheidungen im Zentrum der Arbeit von externen PR-Dienstleistern stehen. PR-Agenturen unterstützen politische Akteure im operativen Tagesgeschäft, indem sie Tätigkeiten insbesondere in den Bereichen Text, Gestaltung, Layout und neue Medien ausführen.

Mit Blick auf die *Rollen in der politischen PR-Beratung* bedeutet dies, dass externe PR-Dienstleister ganz überwiegend nicht als Berater im engeren Sinn agieren. Wenn überhaupt, so finden sich in der Praxis Elemente einer umsetzungsorientierten Expertenberatung, die eng auf die Planung und Umsetzung konkreter Kommunikationsmaßnahmen ausgerichtet ist und darüber hinaus in der Regel eng mit der konkreten Umsetzung der Maßnahmen verwoben ist.

Hinsichtlich der wenig ausgeprägten Rat- und stark ausgeprägten Tat-Orientierung der PR-Berater scheinen Angebot und Nachfrage auf den ersten Blick übereinzustimmen: Zum einen wird eine entscheidungsbezogene Steigerung von Reflexivität (Steiner 2009: 67) und Reflexionskapazitäten durch beraterischen

Input, wie sie in Kapitel 3.2 herausgearbeitet wurde, von den Klienten aus Politik und Bürokratie weder aktiv erwartet noch gewünscht. Zum anderen scheint die überwiegende Mehrheit der befragten externen PR-Dienstleister mit ihrer Rolle als „verlängerte Werkbank" weitgehend zufrieden zu sein. Dass das Selbstbild der externen PR-Dienstleister den Erwartungen ihrer Klienten an diese Dienstleister entspricht, bedeutet jedoch nicht automatisch, dass seitens der politischen Akteure keine Nachfrage nach Beratung im Kontext des Umgangs mit Fremdbeschreibungen und -thematisierungen in der (Medien-)Öffentlichkeit besteht. Es ist aus Sicht der PR-Beratungsbranche vielmehr anzunehmen, dass diese Beratungsleistungen von anderen Dienstleistern wahrgenommen werden, denen seitens der Klienten eine höhere Beratungskompetenz zugeschrieben wird.

Mit Blick auf die *Werte und Normen der Interaktion* ist der hervorgehobene Stellenwert von Loyalität und Vertrauen in den Beziehungen zwischen den Klienten und Beratern im Feld der politischen Kommunikation bemerkenswert. Gesamthaft kann eine starke Kundenprägung der Branche konstatiert werden, die sich u.a. in sehr stabilen und lang anhaltenden Arbeitsbeziehungen zwischen Klienten und ihren Beratern und einer starken Orientierung der Dienstleister an den heterogenen Erwartungen und Interessen der Kunden zeigt. Eine starke Orientierung an den vielgestaltigen Erwartungen der Klienten kann jedoch – und dies ist empirisch beobachtbar – eine übergreifende Standardisierung von Leistungsprofilen und eine Ausbildung von typischen Anbieterprofilen verhindern. Abschließend kann der Einfluss externer PR-Dienstleister auf Entscheidungspolitik, d.h. auf konkrete Prozesse der Gesetzgebung (vgl. Sarcinelli 2011a: 28ff.; Korte/Hirscher 2000), auf Basis der vorliegenden Befunde als sehr gering beschrieben werden. Und auch ihr Einfluss auf die Darstellung von Politik bleibt – aufgrund der zahlreichen Vorgaben und ihrer eher späten Involvierung in den Prozess – letztlich relativ begrenzt. Dies bedeutet allerdings zugleich, dass Akteure der Bundespolitik, zumindest was den Input durch PR-Dienstleister angeht, sich weitgehend einer Beratung i.e.S. verweigern oder aber diese als nicht erforderlich ansehen.

Der deutlich gewordene Verzicht der überwiegenden Mehrzahl der Agenturen auf einen Beratungsanspruch entspricht insoweit den Anforderungen und Erwartungen der Klienten, die insbesondere handwerkliches Know-how und kreative Umsetzungsideen von PR-Dienstleistern erwarten, kollidiert aber zugleich mit dem vielfach von Branchenvertretern geäußerten Anspruch, formalhierarchisch hoch angesiedelte Organisationsebenen zu beraten und nahe an den Entscheidungszentren der Klienten zu agieren. Ursache und Wirkung sind dabei nicht eindeutig auszumachen und den Beratern bzw. Klienten zuzuweisen – die geringe Beratungsnachfrage und das schwach ausgeprägte Beratungsangebot bedingen und verstärken sich wechselseitig.

Forschungsfragen für die Zukunft

Zukünftige Forschung sollte sich vor dem Hintergrund der skizzierten Diagnose eines weitgehenden Verzichts der politischen Akteure auf Beratung durch PR-Dienstleister der Frage widmen, ob und ggf. inwieweit Beratung im Umgang mit Fremdbeschreibungen und -thematisierungen in der (Medien-)Öffentlichkeit durch andere Akteure – u.a. Juristen, Lobbyisten, Unternehmensberater, Wissenschaftler – geleistet wird. Und: Lässt sich ein Einfluss dieser unterschiedlichen Berater auf die Art und Weise der Problemwahrnehmung und der kommunikativen Lösungen – sei es auf der Ebene der Kommunikationsinhalte, der -formen oder des -stils – beobachten? Welche Konsequenzen hat dies ggf. für die Vermittlung und die Rezeption von politischen Entscheidungen?

Mit Blick auf externe PR-Dienstleister weisen zahlreiche Einzelbefunde darauf hin, dass systematische Unterschiede in der PR-Beratung von politischen und ökonomischen Akteuren jenseits der Kommunikationsinhalte existieren. Dies betrifft unter anderem Erwartungen an den beraterischen Input und die Frage, inwieweit Beratungskommunikation, die der Reflexivitäts- und Reflexionssteigerung auf Seiten des Klienten dient, nachgefragt und/oder angeboten wird. Ein systematischer Vergleich der Berater-Klienten-Beziehungen im Bereich ökonomischer und politischer Organisationen könnte relevante Einflussfaktoren, die zur Nachfrage nach PR-Beratung im eigentlichen Sinn führen, aufzeigen. Ähnliches gilt für komparative Studien, die Berater-Klienten-Interaktionen in der politischen Kommunikation im Ländervergleich analysieren. Welche Formen und Folgen PR-Beratung für politische Entscheidungsprozesse und die Qualität der Vermittlung von Politik haben können, könnten insbesondere vergleichende Betrachtungen mit Ländern sein, in denen politische Akteure traditionell in hohem bzw. höherem Maße als in Deutschland auf externe Berater zurückgreifen.

Inwieweit die hier vorgestellten Befunde generell für das Feld der politischen Kommunikation oder eher nur speziell für die Ebene der Bundespolitik gelten, könnte über eine Analyse der Voraussetzungen, Funktionen und Effekte von politischer PR-Beratung im Bereich der Landespolitik untersucht werden. Insbesondere stellt sich z.B. die Frage, ob die auch auf Bundesebene feststellbare große Nähe und die lang anhaltenden Beziehungen zwischen den Beratern und ihren Klienten noch stärker ausgebildet sind und wenn ja, welche Folgen dies für die beraterischen Interventionspotenziale sowie deren Effekte hat. Führt die – im Vergleich zu Berliner Politik – tendenziell geringere mediale Aufmerksamkeit zu einer größeren oder geringeren Beratungsbereitschaft der politischen Akteure im Umgang mit kommunikativen Umfeldbeziehungen?

Die skizzierten Vorgehensweisen könnten außerdem dazu dienen, die entwickelten ersten Bausteine einer Theorie der PR-Beratung empirisch tiefer gehend zu überprüfen und auf dieser Basis weiter auszudifferenzieren. Unter methodischen Gesichtspunkten hat sich in diesem Zusammenhang für die Analyse von Berater-Klienten-Interaktionen der Einsatz der Beobachtung als Methode als ausgesprochen erkenntnisstiftend und ergiebig erwiesen. Mit Blick auf zukünftige Forschung ist ein erstes, wichtiges Ergebnis der im Projektzusammenhang realisierten einwöchigen exemplarischen Beobachtung, dass ein Feldzugang für nicht-teilnehmende Beobachtungen bei politischen Akteuren gegeben ist. Aufgrund der politischen Relevanz der in Berater-Klienten-Interaktionen verhandelten Themen und der notwendigen Vertraulichkeit der Beratungskommunikation war dies vorab keinesfalls als selbstverständlich anzusehen und ist sicherlich auch Ergebnis des umfassenden Detailwissens über die befragten politischen Akteure und der intensiven Kontaktpflege seitens des Forschungsteams.

Mittels einer Beobachtung wäre es möglich, die tatsächlichen Prozesse und Handlungszusammenhänge im Beratungsprozess detailliert zu erheben und so wechselseitige Beeinflussungen und Anpassungen zu erfassen sowie Prozesse der Sinnkonstitution und Bedeutungszuweisung im Beratungsprozess. Vor diesem Hintergrund wäre es insbesondere interessant, bei mehreren Mandaten vergleichend von Beginn des Auftrags dabei zu sein, um detailliert beschreiben und analysieren zu können, wie genau Berater und Klient im Beratungssystem den Beratungsprozess gestalten und so Qualität und Quantität beraterischer Interventionen zu analysieren.

Tabellen- und Abbildungsverzeichnis

Literatur

10 Downing Street Online (2008): The Prime Minister's Office. Abgerufen unter: www.number10.gov.uk/output/Page12.asp (Stand: 3. Mai 2010).

Abromeit, Heidrun/Michael Stoiber (2006): Demokratien im Vergleich. Einführung in die vergleichende Analyse politischer Systeme. Wiesbaden.

Ahlert, Dieter/Peter Kenning/Franz Petermann (2001): Die Bedeutung von Vertrauen für die Interaktionsbeziehungen zwischen Dienstleistungsanbietern und -nachfragern. In: Manfred Bruhn/Bernd Stauss (Hg.): Dienstleistungsmanagement Jahrbuch 2001. Interaktionen im Dienstleistungsbereich. Wiesbaden: 279-298.

Altmeppen, Klaus-Dieter (1999): Redaktionen als Koordinationszentren. Beobachtungen journalistischen Handelns. Opladen.

Arnold, Klaus (2008): Kann guter Journalismus unmoralisch sein? Zum Verhältnis von Qualität und Ethik in den Medien. In: Communicatio Socialis, 41. Jg., H. 3: 254-275.

Badaracco, Joseph L. Jr. (1988), "Changing forms of the corporation". In: John R. Meyer/James M. Gustafson (Eds): The US Business Corporation – An Institution in Transition. Cambridge: 67-91.

Baecker, Dirk (1994): Postheroisches Management: Ein Vademecum. Berlin.

Balzer, Axel/Marvin Geilich/Shamim Rafat (Hg.) (2005): Politik als Marke. Politikvermittlung zwischen Kommunikation und Inszenierung. Münster.

Barthenheier, Günter (1988): Public Relations/Öffentlichkeitsarbeit heute - Funktionen, Tätigkeiten, berufliche Anforderungen. In: Günther Schulze-Fürstenow (Hg.): PR-Perspektiven: Beiträge zum Selbstverständnis gesellschaftsorientierter Öffentlichkeitsarbeit. Neuwied: 27-39.

BDU/Bundesverband Deutscher Unternehmensberater (2010): Facts & Figures zum Beratermarkt 2009/2010. Bonn. abgerufen unter: http://www.bdu.de/BDU-Publikationen. html (Stand: 27. Juli 2011).

Becker, Hartmuth (2004): Einheit von Politikberatung und -vermittlung. In: Volker J. Kreyher (Hg.): Handbuch Politisches Marketing. Impulse und Strategien für Politik, Wirtschaft und Gesellschaft. Baden-Baden: 401-425.

Bentele, Günter (1994): Öffentliches Vertrauen – normative und soziale Grundlage für Public Relations. In: Wolfgang Armbrecht/Ulf Zabel (Hg.): Normative Aspekte der PR. Opladen: 131-158.

Bentele, Günter/Howard Nothhaft (2004): Auf der Suche nach Qualität. Einige Gedanken und einige Dreiecke. In: Juliana Raupp/Joachim Klewes (Hg.): Quo vadis Public Relations? Wiesbaden: 145-164.

Bentele, Günter/Nothhaft, Howard (2007): Konzeption von Kommunikationsprogrammen. In: Manfred Piwinger/Ansgar Zerfaß (Hg.): Handbuch Unternehmenskommunikation. Wiesbaden: 357-380.

Bentele, Günter/René Seidenglanz (2004): Das Image der Image-Macher. Eine repräsentative Studie zum Image der PR-Branche in der Bevölkerung und eine Journalistenbefragung. Leipziger Skripte für Public Relations und Kommunikationsmanagement. Nr. 7. Leipzig.

Bentele, Günter/René Seidenglanz (2005): Vertrauen und Glaubwürdigkeit. In: Günter Bentele/Romy Fröhlich/Peter Szyszka (Hg.): Handbuch der Public Relations. Wissenschaftliche Grundlagen und berufliches Handeln. Wiesbaden: 346-360.

Bentele, Günter/Romy Fröhlich/Peter Szyszka (2008): Handbuch der Public Relatons. Wissenschaftliche Grundlagen und berufliches Handeln. Mit Lexikon. 2., korr. u. erw. Auflage. Wiesbaden.

Benz, Arthur (2004): Einleitung: Governance – Modebegriff oder nützliches sozialwissenschaftliches Konzept? In: Ders. (Hg.): Governance – Regieren in komplexen Regelsystemen. Eine Einführung. Wiesbaden: 11-28.

Biedermann, Marc/Axel Seidel (2007): Aller Anfang ist schwer – Problem- und Zieldefinition in der Organisationsberatung. In: Zeitschrift Grunddynamik und Organisationsberatung. Nr. 3: 247-256.

Böckelmann, Frank/Günter Nahr (1979): Staatliche Öffentlichkeitsarbeit im Wandel der politischen Kommunikation. Afk-Studien, Bd. 11. Berlin.

Bourland, Pamela G. (1993): The Nature of Conflict in Firm-Client Relations: A Content Analysis of Public Relations Journal 1980-1989. In: Public Relations Review, 19. Jg. Nr. 4: 385-398

BPRA (2000): Jahresbericht 2000. Abgerufen am 23.04.2002 unter: http://bpra.gadola.ch/userobjects/28_55_media_Jahresbericht 2000_d.pdf (Stand: 3. Mai 2010).

Brettschneider, Frank (2007): Regierungskommunikation in Großbritannien und den USA: zentrale Einbettung. In: Werner Wiedenfeld (Hg.): Reformen kommunizieren. Herausforderung an die Politik. Gütersloh: 36-70.

Brosius, Hans-Bernd/Friederike Koschel (2003): Methoden der empirischen Kommunikationsforschung. Eine Einführung. 2., überarb. Auflage. Wiesbaden.

Buchholz, Kai (2008): Professionalisierung der wissenschaftlichen Politikberatung? Interaktions- und professionssoziologische Perspektiven. Bielefeld.

Bundeskanzleramt Österreich 2008a: Bundesregierung. Abgerufen unter: www.austria.gv.at/site/3351/default.aspx (Stand: 3. Mai 2010).

Bundeskanzleramt Österreich 2008b: Bundeskanzleramt. Abgerufen unter: www.bka.gv.at/site/3356/default.aspx (Stand: 3. Mai 2010).

Bundeskanzleramt Österreich 2008c: Bundeskanzleramt. Geschäftseinteilung. Abgerufen unter: www.bka.gv.at/site/3357/default.aspx (Stand: 3. Mai 2010).

Bundeskanzleramt Österreich 2008d: Bundeskanzler. Aufgaben. Abgerufen unter: www.austria.gv.at/site/3333/default.aspx Stand: 3. Mai 2010).

Bpb (Bundeszentrale für politische Bildung) (Hg.) (2004): Themenblätter für den Unterricht. Nr. 36/2004. Präsidentschaftswahlen in den USA. Online-Ausgabe. Abgerufen unter: www.bpb.de/files/BW5UN6.pdf (Stand: 3. Mai 2010).

Busch-Janser, Florian (Hg.) (2005): Politikberatung als Beruf. Berlin, München.

Carqueville, Petra (1991): Rollentheoretische Analyse der Berater/Klienten-Beziehung. In: Michael Hofmann (Hg.): Theorie und Praxis der Unternehmensberatung. Heidelberg: 247-280.

Cassel, Susanne (2001): Politikberatung und Politikerberatung: eine institutionenökonomische Analyse der wissenschaftlichen Beratung der Wirtschaftspolitik. Bern u.a. Zugl.: Diss. Univ. Freiburg (Breisgau): 2000.

Crozier, Michel/Erhard Friedberg (1979): Macht und Organisation. Die Zwänge kollektiven Handelns. Königstein/Ts. (franz. Original L'Acteur et le Système. 1977).

Daschmann, Gregor (2009): Qualität von Fernsehnachrichten: Dimensionen und Befunde. In: Media Perspektiven, 5/2009: 257-266.

Delhees, Stefanie et al. (2008): Wohlfahrtsstaatliche Reformkommunikation. Westeuropäische Parteien auf Mehrheitssuche. Baden-Baden.

Deutschmann, Christoph (1993): Unternehmensberater – eine neue „Reflexionselite"? In: Walter Müller-Jentsch (Hg.): Profitable Ethik – effiziente Kultur. Neue Sinnstiftungen durch das Management? München: 57-82.

Dewe, Bernd et al. (1995): Professionelles soziales Handeln: soziale Arbeit im Spannungsfeld zwischen Theorie und Praxis. 2. überarb. Auflage. Weinheim, München.

Directgov (2008): Overview of the UK system of government. Abgerufen unter: www.direct. gov.uk/en/Governmentcitizensandrights/UKgovernment/Centralgovernmentandthe monarchy/DG_073438 (Stand: 3. Mai 2010).

Donges, Patrick (2008): Medialisierung politischer Organisationen. Parteien in der Mediengesellschaft. Wiesbaden.

DPRG (Hg.) (1999): Einstieg in die Public Relations. Qualifikationsprofil Öffentlichkeitsarbeit/PR. (Redaktion: DPRG-Fachkommission Junioren). Bonn.

DPRG (Hg.) (o.J. (1998)): Qualifikationsprofil Öffentlichkeitsarbeit/PR. (Redaktion: Peter Szyszka, Romy Fröhlich, Reinhold Fuhrberg). Bonn.

Drepper, Thomas (2006): Vertrauen, organisationale Steuerung und Reflexionsangebote. In: Klaus Götz (Hg.): Vertrauen in Organisationen. Managementkonzepte, Bd. 30. München: 185-204.

Duncker, K. (1974): Zur Psychologie des produktiven Denkens. Berlin.

Edelman, Murray (1976): Politik als Ritual. Die symbolische Funktion staatlicher Institutionen und politischen Handelns, Frankfurt a.M., New York.

Eisenegger, Mark/Stefan Wehmeier (Hg.) (2009): Personalisierung der Organisationskommunikation. Theoretische Zugänge, Empirie und Praxis. Wiesbaden

Endreß, Martin (2002): Vertrauen. Bielefeld.

Enkel, Ellen (2005): Management von Wissensnetzwerken. Erfolgsfaktoren und Beispiele. Wiesbaden.

Ernst, Berit/Alfred Kieser (2002): In Search for Explanations for the Consulting Explosion. In: Kerstin Sahlin-Andersson/Lars Engwall (Eds.): The Expansion of Management Knowledge. Stanford: 47-73.

Esser, Hartmut (2000): Soziologie. Spezielle Grundlagen. Band 3: Soziales Handeln. Frankfurt a.M., New York.

Evans, Mark/Philip G. Cerny (2004): New Labour, Globalisierung und Sozialpolitik. In: Susanne Lütz/Roland Czada (Hg.): Wohlfahrtsstaat. Transformation und Perspektiven. Wiesbaden: 207-230.

Exner, Alexander/Roswita Königswieser/Stefan Titscher (1988): Unternehmensberatung - systemisch. In: Organisationsentwicklung. Heft 4: 1-33.

Falk, Svenja et al. (2007): Kooperative Politikberatung. Ein neues Beziehungsgeflecht zwischen Politik und Politikberatung? In: Politische Vierteljahresschrift. 48. Jg., Nr. 2: 322-337.

Falk, Svenja/Andrea Römmele (2009): Der Markt für Politikberatung. Wiesbaden.

Faust, Michael (2000): Warum boomt die Managementberatung? Und warum nicht zu allen Zeiten und überall. In: SOFI-Mitteilungen, Nr. 28: 59-85.

Fischer, Tim/Tewes, Matthias (2001): Vertrauen und Commitment in der Dienstleistungsinteraktion. In: Manfred Bruhn/Bernd Strauss (Hg.): Dienstleistungsmanagement Jahrbuch 2001. Interaktionen im Dienstleistungsbereich. Wiesbaden: 299-318.

Friedberg, Erhard (1988): Zur Politologie von Organisationen. In: Willi Küpper/Günther Ortmann (1988): Mikropolitik: Rationalität, Macht und Spiele in Organisationen.
Opladen: 39-52.

Friedenberg, Robert V. (1997): Ballot Box Warriors: Communication Consultants in Political
Campaigns. Westport.

Friedrichs, Jürgen (1990): Methoden empirischer Sozialforschung. 14. Auflage. Opladen.

Fuchs, Peter (1994): Und wer berät die Gesellschaft?" Gesellschaftstheorie und Beratungs-
phänomen. In: Peter Fuchs/Eckart Pankoke: Beratungsgesellschaft. (Veröffentlich-
ungen der Kath. Akademie Schwerte 42). Schwerte: 67-77.

Fuchs, Peter/Enrico Mahler (2000): Form und Funktion von Beratung. In: Soziale Systeme
6(2): 349-368.

Fuhrberg, Reinhold (2010): PR-Beratung. Qualitative Analyse der Zusammenarbeit zwischen
PR-Agenturen und Kunden. Konstanz.

Garcia, Elena G. (2009): Corporate Communication in Corporate Governance: Why Should it
Be Managed Strategically? The Spanish Case. In: Emanuele Invernizzi/Toni M.
Falconi/Stefania Romenti (Eds.): Institutionalising PR and Corporate Communication. Proceedings of the Euprera 2008 Milan Congress. Volume 1: 35-55. Download
unter: http://hpe.pearsoned.it/scheda_opera.php?tab=&ID=3513.

Gehrau, Volker (2002): Die Beobachtung in der Kommunikationswissenschaft. Konstanz

Gerhards, Jürgen (1993): Neue Konfliktlinien in der Mobilisierung öffentlicher Meinung.
Eine Fallstudie. Opladen.

Gerhards, Jürgen (1994): Politische Öffentlichkeit. Ein system- und akteurstheoretischer
Bestimmungsversuch. In: Friedhelm Neidhardt (Hg.): Öffentlichkeit, öffentliche
Meinung, soziale Bewegungen. Sonderheft 34 der Kölner Zeitschrift für Soziologie
und Sozialpsychologie. Opladen: 77-105.

Gerhards, Jürgen/Friedhelm Neidhardt (1991): Strukturen und Funktionen moderner Öffentlichkeit. Fragestellungen und Ansätze. In: Stefan Müller-Doohm/Klaus Neumann-
Braun (Hg.): Öffentlichkeit, Kultur, Massenkommunikation. Beiträge zur Medien-
und Kommunikationssoziologie. Oldenburg: 31-89.

Gerhards, Jürgen/Friedhelm Neidhardt (1993): Strukturen und Funktionen moderner Öffentlichkeit. Fragestellung und Ansätze. In: Wolfgang R. Langenbucher (Hg.): Politische Kommunikation. Grundlagen, Strukturen, Prozesse. 2., überarb. Auflage.
Wien: 52-88 [Zuerst veröffentlicht 1990 als WZB Discussion Paper FS III 90-101,
Berlin].

Giddens, Anthony (1982): Power, the dialectic of control and class structuration. In: Anthony
Giddens/Gavin MacKenzie (Hg.): Social Class and the division of labour. Came-
bridge: 29-45.

Giddens, Anthony (1984): Interpretative Soziologie. Eine kritische Einführung. Frankfurt
a.M., New York.

Gierl, Heribert (1999): Vertrauen im Beratungsgeschäft. In: Jahrbuch der Absatz- und Ver-
brauchsforschung. 45(2): 195-213.

Glaab, Manuela/Almut Metz (2006): Politikberatung und Öffentlichkeit. In: Svenja Falk et al.
(Hg.): Handbuch Politikberatung. Wiesbaden: 161-170.

Goffman, Erving (2002): Wir spielen alle nur Theater. Die Selbstdarstellung im Alltag. 10.
Auflage. München, Zürich.

Gregory, Anne (2009): The State of the Public Relations Profession in the UK. In: Emanuele
Invernizzi/Toni M. Falconi/Stefania Romenti (Eds.): Institutionalising PR and Corporate Communication. Proceedings of the Euprera 2008 Milan Congress. Vol. 1:

326-352. Download unter: http://hpe.pearsoned.it/ scheda_opera. php?tab= &ID=3513.

Greschuchna, Larissa (2006): Vertrauen in der Unternehmensberatung. Einflussfaktoren und Konsequenzen. Wiesbaden.

Groth, Torsten (1999): Wie systemtheoretisch ist „systemische Organisationsberatung"? Neuere Beratungskonzepte für Organisationen im Kontext der Luhmannschen Systemtheorie. 2., überarb. Auflage. Münster.

Güttler, Alexander/Joachim Klewes (Hg.) (2002): Drama Beratung! Consulting oder Consultainment? Frankfurt a.M.

Hackney, Harold/L. Sherilyn Cormier (2004): Beratungsstrategien, Beratungsziele. 4. Auflage. München.

Hafner, Kay/Rolf-Dieter Reineke (1992): Beratung und Führung von Organisationen. In: Helmut Wagner/Rolf-Dieter Reineke (Hg.): Beratung von Organisationen. Philosophien, Konzepte, Entwicklungen. Opladen: 29-77.

Hartmann, Jürgen (2004): Das politische System der Bundesrepublik Deutschland im Kontext. Eine Einführung. Wiesbaden.

Heinrich, Jürgen (1996): Qualitätswettbewerb und/oder Kostenwettbewerb im Mediensektor? In: Rundfunk und Fernsehen, 44. Jg., H. 2: 165-184.

Herger, Nikodemus (2004): Organisationskommunikation. Beobachtung und Steuerung eines organisationalen Risikos. Wiesbaden.

Hofer, Thomas (2005): Spin-Doktoren in Österreich. Die Praxis amerikanischer Wahlkampfberater. Was sie können, wen sie beraten, wie sie arbeiten. Münster.

Hoffjann, Olaf (2001): Journalismus und Public Relations. Ein Theorieentwurf der Intersystembeziehungen in sozialen Konflikten. Opladen, Wiesbaden.

Hoffjann, Olaf (2009): Public Relations als Differenzmanagement von externer Kontextsteuerung und unternehmerischer Selbststeuerung. In: M&K, 57. Jg., H. 3: 299-315.

Hoffmann, Jochen (2003): Die Wahrnehmung der Repräsentierten durch Repräsentanten. Das Bürgerbild von Politikern und das Rezipientenbild von Journalisten im Vergleich. In: Winand Gellner/Gerd Strohmeier (Hg.): Repräsentation und Präsentation in der Mediengesellschaft. Baden-Baden: 57-72.

Hoffmann, Jochen/Adrian Steiner/Otfried Jarren (2007): Politische Kommunikation als Dienstleistung. Public Affairs-Berater in der Schweiz. Konstanz.

Hoffmann, Jochen/Sarah Zielmann (2004): Politische PR in der Wahrnehmung von Politikern und Journalisten – Anerkennung oder Abwehr professioneller Gestaltungsansprüche der Öffentlichkeitsarbeit? In: Kurt Neubert/Helmut Scherer (Hg): Die Zukunft der Kommunikationsberufe. Ausbildung, Berufsfelder, Arbeitsweisen. Schriftenreihe der DGPuK, Bd. 31. Konstanz: 225-241.

Holtz-Bacha, Christina (1999): Wahlkampf 1998 – Modernisierung und Professionalisierung. In: Dies. (Hg.): Wahlkampf in den Medien – Wahlkampf mit den Medien. Ein Reader zum Wahljahr 1998. Opladen: 9-23.

http://prreport.de

http://de.statista.com/

Iding, Hermann (2000): Hinter den Kulissen der Organisationsberatung. Qualitative Fallstudien von Beratungsprozessen im Krankenhaus. Opladen.

Iding, Hermann (2001): Hinter den Kulissen der Organisationsberatung. Macht als zentrales Thema soziologischer Beratungsforschung. In: Nina Degele et al. (Hg.): Soziologische Beratungsforschung. Perspektiven für Theorie und Praxis der Organisationsberatung. Opladen: 71-85.

Jansen, Stephan A. (2007): Unwahrscheinliches Management – Irritationen, Beobachtungen und Kommunikation. Im Interview mit Christian M. Kemper. In: Revue für post-heroisches Management. Das X der Organisation. Nr. 1: 110-119.

Jarren, Otfried (1994): Politik und Politische Öffentlichkeitsarbeit in der modernen Gesellschaft. In: prmagazin, Nr. 4: 31-46.

Jarren, Otfried (2001): „Mediengesellschaft" – Risiken für die politische Kommunikation. In: Aus Politik und Zeitgeschichte, B 41/42: 10-19.

Jarren, Otfried/Klaus-Dieter Altmeppen/Wolfgang Schulz (1993): Parteiintern – Medien und innerparteiliche Entscheidungsprozesse. Die Nachfolge Genschers und die Kür Engholms zum SPD-Kanzlerkandidaten. In: Wolfgang Donsbach et al. (Hg.): Beziehungsspiele – Medien und Politik in der öffentlichen Diskussion. Fallstudien und Analysen. Gütersloh: 111-157.

Jarren, Otfried/Patrick Donges (2002a): Politische Kommunikation in der Mediengesellschaft. Eine Einführung. Bd. 1: Verständnis Rahmen und Strukturen. Wiesbaden.

Jarren, Otfricd/Patrick Donges (2002b): Politische Kommunikation in der Mediengesellschaft. Eine Einführung. Bd. 2: Akteure, Prozesse und Inhalte. Wiesbaden.

Jarren, Otfried/Ulrich Sarcinelli (1998): „Politische Kommunikation" als Forschungs- und als politisches Handlungsfeld: Einleitende Anmerkungen zum Versuch der systematischen Erschließung. In: Otfried Jarren/Ulrich Sarcinelli/Ulrich Saxer (Hg.): Politische Kommunikation in der demokratischen Gesellschaft. Opladen, Wiesbaden: 13-20.

Jarren, Otfried/Ulrike Röttger (2009): Steuerung, Reflexierung und Interpenetration: Kernelemente einer strukturationstheoretisch begründeten PR-Theorie. In: Ulrike Röttger (Hg.): Theorien der Public Relations. Grundlagen und Perspektiven der PR-Forschung. 2. akt. u. erw. Auflage Wiesbaden: 29-49.

Johnson, Dennis (2001): No Place for Amateurs: How Political Consultants Are Reshaping American Democracy. Routledge.

Jurik, Margaretha (2008): Die österreichische Beziehungskiste. In: Bestseller: Nr. 11 vom 1.12.2008: 57-62.

Käsler, Dirk (1991): Der politische Skandal. Zur symbolischen und dramaturgischen Qualität von Politik. Opladen.

Kaiser, Stephan/Max Ringlstetter (2006): Vertrauen: Erfolgsfaktor für wissensintensive Dienstleistungen. In: Klaus Götz (Hg.): Vertrauen in Organisationen. Managementkonzepte, Bd. 30. München: 99-112.

Kamps, Klaus (2007): Politisches Kommunikationsmanagement. Grundlagen und Professionalisierung moderner Politikvermittlung. Wiesbaden.

Kamps, Klaus (Hg.) (2000): Trans-Atlantik, Trans-Portabel? Die Amerikanisierungsthese in der politischen Kommunikation. Opladen.

Kneer, Georg (2001): Organisation und Gesellschaft. In: Zeitschrift für Soziologie. 30. Jg, Nr. 6: 407-428.

Knoll, Thomas (2004): Das Bonner Bundeskanzleramt. Organisation und Funktionen von 1949-1999. Wiesbaden.

Kohring, Matthias (2002): Vertrauen in Journalismus. In: Armin Scholl (Hg.): Systemtheorie und Konstruktivismus in der Kommunikationswissenschaft. Konstanz: 91-110.

Kohring, Matthias (2004): Vertrauen in Journalismus. Theorie und Empirie. Konstanz.

Kolbeck, Christoph (2001): Zukunftsperspektiven des Beratungsmarktes. Eine Studie zur klassischen und systemischen Beratungsphilosophie. Wiesbaden.

Korte, Karl-Rudolf; Gerhard Hirscher (2000) (Hg.): Darstellungspolitik oder Entscheidungspolitik? Über den Wandel von Politikstilen in westlichen Demokratien. München.

König, Eckard/Gerda Volmer (2005): Systemisch denken und handeln. Personale System-theorie in Erwachsenenbildung und Organisationsberatung. Weinheim, Basel.

König, Eckard/Gerda Volmer (2008): Handbuch Systemische Organisationsberatung. Weinheim.

König, Klaus (2008): Governance- und Managementkonzepte des Regierens. In: Everhard Holtmann/Werner J. Patzelt (Hg.): Führen Regierungen tatsächlich? Zur Praxis gouvernementalen Handelns. Wiesbaden: 21-34.

Königswieser, Roswita/Exner, Alexander (2001): Systemische Intervention. Architekturen und Designs für Berater und Veränderungsmanager. 6. Auflage. Stuttgart.

Königswieser, Roswita/Alexander Exner/Jürgen Pelikan (1995): Systemische Intervention in der Beratung. In: Organisationsentwicklung. Heft 2: 53-65.

Königswieser, Roswita/Martin Hillebrand (2005): Einführung in die systemische Organisationsberatung. 2. Auflage. Heidelberg.

Königswieser, Roswita/Martin Hillebrand (2006): Haltung. In: Martin Hillebrand/Ebru Sonuc/ Roswita Königswieser (Hg.): Essenzen der systemischen Organisationsberatung. Heidelberg: 107-111.

Königswieser, Roswitha/Ebru Sonuc/Jürgen Gebhardt (2006): Komplementärberatung. Das Zusammenspiel von Fach- und Prozess-Know-how. Unter Mitarbeit von Gerhard Jochum. Stuttgart.

Kramer, Roderick M. (2006): Organizational Trust. Oxford.

Kron, Thomas/Uwe Schimank/Christian Lasarczyk (2003): Doppelte Kontingenz und die Bedeutung von Netzwerken für Kommunikationssysteme. Ergebnisse einer Simulationsstudie. In: Zeitschrift für Soziologie. 32(5): 374-395.

Kuckartz, Udo (2005): Einführung in die computerunterstützte Analyse qualitativer Daten. Wiesbaden.

Kuhne, Clemens (2008): Politikberatung für Parteien. Akteure, Formen, Bedarfsfaktoren. Wiesbaden.

Kussin, Matthias (2009): PR-Stellen als Reflexionszentren multireferentieller Organisationen. In: (Hg.): Wiesbaden: 117-133.

Lamnek, Siegfried (2005): Qualitative Sozialforschung. Lehrbuch. 4., vollständig überarb. Auflage. Weinheim, Basel.

Linder, Wolf (2003): Das politische System der Schweiz. In: Wolfgang Ismayr (Hg.): Die politischen Systeme Westeuropas. 3. Aktualisierte und überarbeitete Auflage. Opladen: 487-520.

Lippitt, Gordon/Ronald Lippitt (2006): Beratung als Prozess. Was Berater und ihre Kunden wissen sollten. 4. Auflage. Goch.

Löhn, Stefanie J. (2008): Vertrauen in die Vertrauensspezialisten. Eine qualitative Untersuchung zum Vertrauen in der PR-Beratung aus Sicht der Klienten. Unveröff. Magisterarbeit am Institut für Kommunikationswissenschaft der Westfälischen Wilhelms-Universität Münster. Münster.

Löhn, Stefanie/Röttger, Ulrike (2009): Vertrauen in die Vertrauensspezialisten. Theoretische Konzeption und empirische Analyse von Vertrauen in der PR-Beratung In: Ulrike Röttger/Sarah Zielmann (Hg.): PR-Beratung. Theoretische Konzepte und empirische Befunde. Wiesbaden: 105-124.

Loose, Achim/Jörg Sydow (1994): Vertrauen und Ökonomie in Netzwerkbeziehungen – Strukturationstheoretische Betrachtungen. In: Jörg Sydow/Arnold Windeler (Hg.): Management interorganisationaler Beziehungen. Opladen: 160-193.

Lösche, Peter (2004): Merkmale der Präsidialdemokratie. In: Bundeszentrale für politische Bildung (Hg.): Informationen zur politischen Bildung (Heft 283). Politisches

System der USA. Online-Ausgabe. URL: http://www.bpb.de/publikationen/ 4YI0TD,1,0,Merkmale_der_Pr%E4sidialdemokratie.html#art1 (Stand: 20.07.2009).

Lösche, Peter (2006): Geschichte und Entwicklung in Deutschland. In: Bundeszentrale für politische Bildung (Hg.): Informationen zur politischen Bildung (Heft 292). Parteiensystem der Bundesrepublik Deutschland. Online-Ausgabe. Abgerufen unter: http://www.bpb.de/publikationen/F4K6OH,2,0,Geschichte_und_Entwicklung_in_ Deutschland.html#art2 (Stand: 28.12.2009).

Luhmann, Niklas (1973): Vertrauen. Ein Mechanismus der Reduktion sozialer Komplexität. Stuttgart [1968].

Luhmann, Niklas (1984): Soziale Systeme. Grundriß einer allgemeinen Theorie. Frankfurt a. M.

Luhmann, Niklas (1989): Vertrauen. Ein Mechanismus der Reduktion sozialer Komplexität (3., durchgesehene Auflage). Stuttgart [1968].

Luhmann, Niklas/Fuchs, Peter (1989): Reden und Schweigen. Frankfurt a.M.

Luntz, Frank I. (1986): Candidates, Consultants and Modern Campaign Technology. New York.

Luntz, Frank I. (1988): Candidates, Consultants and Campaigns: The Style and Substance of American Electioneering. New York.

Martini, Astrid (2008): Suchen, Erfahren und Vertrauen in den „Moments of Truth". Eine Analyse dynamischer Qualitätsbeurteilung bei professionellen Dienstleistungen am Beispiel von Bildungsleistungen. Dissertation Universität Berlin. Abgerufen unter: www.diss.fu-berlin.de/diss/servlets/MCRFileNodeServlet/FUDISS_derivate_000-000003762/00_0Intro.pdf;jsessionid=CA678E115A5BA247C80D54A8663C09DA ?hosts= (Stand: 3. Mai 2010).

Marx, Stefan (2008): Die Legende vom Spin Doctor. Regierungskommunikation unter Schröder und Blair. Wiesbaden.

Maturana, Humberto (1982): Erkennen. Die Organisation und Verkörperung von Wirklichkeit. Braunschweig. Wiesbaden.

Mayer, Horst O. (2006): Interview und schriftliche Befragung. 3. Auflage. München.

Mayer, Roger C./James H. Davis/David F. Schoorman (2006): An Integrative Model of Organizational Trust. In: Roderick/M. Kramer (Ed.): Organizational Trust. Oxford: 82-108.

Mayring, Philipp (2002): Einführung in die qualitative Sozialforschung. 5., überarb. u. neu ausgestattete Auflage. Weinheim, Basel.

McKenna, Christopher D. (2006): The World's Newest Profession. Management Consulting in the Twentieth Century. Cambridge.

Mead, George Herbert/Charles W. Morris (2000): Mind, self, and society from the standpoint of a social behaviorist. (Original 1934 mind, self, and society) Chicago.

Medvic, Stephen K. (2001): Political Consultants in U.S. Congressional Elections. Columbus.

Medvic, Stephen K. (2003): Professional Political Consultans: An Operational Definition. In: Politics. Vol. 23, No. 2: 119-127.

Meffert, Hans (2000): Marketing. Grundlagen der Absatzpolitik. Konzepte – Instrumente – Praxisbeispiele. 9. überarb. und erw. Auflage. Wiesbaden.

Meffert, Heribert (1990): Unternehmensberatung und Unternehmensführung. Eine empirische Bestandsaufnahme. In: Die Betriebswirtschaft, Nr. 50: 180-197.

Mencke, Christian (2005): Vertrauen in sozialen Systemen und in der Unternehmensberatung. Eine Grundlagenanalyse und Hinweise für eine vertrauenssensible Beratungspraxis am Beispiel größerer mittelständischer Unternehmen. Wiesbaden.

Merten, Klaus (1999): Einführung in die Kommunikationswissenschaft. Münster u.a.

Merten, Klaus (2000): Zur Konzeption von Konzeptionen. In: prmagazin, 31: 3: 33-42.

Mertes, Michael (2003): Bundeskanzleramt und Bundespresseamt. Das Informations- und Kommunikationsmanagement der Regierungszentrale. In: Gerhard Hirscher/Karl-Rudolf Korte (Hg.): Information und Entscheidung. Kommunikationsmanagement der politischen Führung. Wiesbaden: 52-78.

Meyer, Thomas (1992): Die Inszenierung des Scheins. Voraussetzungen und Folgen symbolischer Politik. Essay-Montage. Frankfurt a.M.

Meynhardt, Timo (2003): Wertwissen: Was Organisationen wirklich bewegt. Münster, Zugl.: St. Gallen, Univ., Diss., 2003.

Miller, David/William Dinan (2000): The rise of the PR industry in Britain, 1979-98. In: European Journal of Communication. Vol. 15, No. 1: 5-35.

Möllering, Guido/Jörg Sydow (2005): Kollektiv, kooperativ, reflexiv: Vertrauen und Glaubwürdigkeit in Unternehmungen und Unternehmensnetzwerken. In: Beatrice Dernbach/Michael Meyer (Hg.): Vertrauen und Glaubwürdigkeit. Interdisziplinäre Perspektiven. Wiesbaden: 64-93.

Münch, Richard (1993): Journalismus in der Kommunikationsgesellschaft. In: Publizistik. Vierteljahreshefte für Kommunikationsforschung. Jg. 38, Nr. 3: 261-279.

Murphy, Priscilla/Michael Maynard (1997): Using Decision Profiles to Analyse Advertising Agency and Client Conflict. In: Journal of Communication Management, 1. Jg., Nr. 3: 231-246.

Nicolai, Alexander T. (2000): Die Strategie-Industrie: systemtheoretische Analyse des Zusammenspiels von Wissenschaft, Praxis und Unternehmensberatung. Wiesbaden.

Niedereichholz, Christel (2004): Unternehmensberatung – Beratungsmarketing und Auftragsakquisition. 4. Auflage. München, Wien.

Nöthe, Bettina (1994): PR-Agenturen in der Bundesrepublik Deutschland. Bestandsaufnahme und Perspektiven. Münster.

Nothhaft, Howard (2002): Die Qualität der Qualität. Was PR-Agenturen unter Qualität verstehen. Literaturbestandsaufnahme und eine Analyse von Selbstdarstellungsmedien deutscher PR-Agenturen. Magisterarbeit Universität Leipzig. Leipzig.

Opitz, Stephanie / Vowe, Gerhard (2007): Graue Eminenzen oder bunte Vögel? Persönlichkeit als USP in der politischen Kommunikationsberatung. In: prmagazin 10: 61-68.

Opitz, Stephanie/Gerhard Vowe (2009): Typen externer politischer PR-Dienstleister. Ein Beitrag zur Vermessung der PR-Welt In: Ulrike Röttger/Sarah Zielmann (Hg.): PR-Beratung. Theoretische Konzepte und empirische Befunde. Wiesbaden: 187-196.

Ortmann, Günther (1995): Management und Mikropolitik. Ein strukturationstheoretischer Ansatz (zusammen mit Albrecht Becker). In: ders.: Formen der Produktion. Organisation und Rekursivität. Opladen: 43-80.

Patzak, Gerold/Günter Rattay (1998): Projektmanagement. Leitfaden zum Management von Projekten, Projektportfolios und projektorientierten Unternehmen. 3. Auflage. Wien.

Pauli-Balleis, Gabriele (1987): Polit-PR: strategische Öffentlichkeitsarbeit politischer Parteien. Zur PR-Praxis der CSU. Zirndorf.

Peuckert, Rüdiger (2000): Soziale Rolle. In: Bernhard Schäfers (Hg.): Grundbegriffe der Soziologie. 6. Auflage. Opladen: 290-294.

Pfadenhauer, Michaela (1998): Das Problem zur Lösung. Inszenierung von Professionalität. In: Herbert Willems/Martin Jurga (Hg.): Inszenierungsgesellschaft. Ein einführendes Handbuch. Opladen, Wiesbaden: 291-304.

Pfadenhauer, Michaela (2003): Professionalität eine wissenssoziologische Rekonstruktion institutionalisierter Kompetenzdarstellungskompetenz. Opladen.

Pfetsch, Barbara (2003): Politische Kommunikationskultur. Politische Sprecher und Journalisten in der Bundesrepublik und den USA im Vergleich. Wiesbaden.

Plasser, Fritz (2000): American Campaign Techniques Worldwide. In: Harvard International Journal of Press/Politics, No. 4: 33-54.

Plasser, Fritz (2001): Parties' Diminishing Relevance for Campaign Professionals. In: Harvard International Journal of Press/Politics, No. 4: 44-59.

Plasser, Fritz/Gunda Plasser (2003): Globalisierung der Wahlkämpfe. Praktiken der Campaign Professionals im weltweiten Vergleich. Wien.

Preusse, Joachim/Jana Schmitt (2009): Zum Status Quo der PR-Beratungs-Forschung. Stand und Perspektiven eines vernachlässigten Forschungsfeldes. In: Ulrike Röttger/Sarah Zielmann (Hg.): PR-Beratung. Theoretische Konzepte und empirische Befunde. Wiesbaden: 75-86.

Raschke, Joachim/Ralf Tils (2007): Politische Strategie. Eine Grundlegung. Wiesbaden.

Rauen, Christopher (2003): Coaching. Göttingen.

Rosenbloom, David L. (1973): The Election Men: Professional Campaign Managers and American Democracy. New York.

Röttger, Ulrike (2005): Kommunikationsmanagement in der Dualität von Struktur. Die Strukturationstheorie als kommunikationswissenschaftliche Basistheorie. In: Medienwissenschaft Schweiz, Nr. 1/2: 12-19.

Röttger, Ulrike (2006): Ich sehe was, was Du nicht siehst: PR-Beratung und PR-Beratungswissen. In: Karin Pühringer/Sarah Zielmann (Hg.): Vom Wissen und Nicht-Wissen einer Wissenschaft. Kommunikationswissenschaftliche Domänen, Darstellungen und Defizite. Münster, Hamburg: 73-97.

Röttger, Ulrike (2008): Kommunikationshandeln: Aufgabenfelder. In: Günter Bentele/Romy Fröhlich/Peter Szyszka (Hg.): Handbuch der Public Relations. Wissenschaftliche Grundlagen und berufliches Handeln. 2. Auflage. Wiesbaden: 501-510.

Röttger, Ulrike (Hg.) (2009a): Theorien der Public Relations. Grundlagen und Perspektiven der PR-Forschung. 2., aktual. u. erw. Auflage. Wiesbaden.

Röttger, Ulrike (2009b): Campaigns (f)or a better world? In: Ulrike Röttger (Hg.): PR-Kampagnen. Über die Inszenierung von Öffentlichkeit. 4. überarb. u. erw. Auflage. Wiesbaden: 9-23.

Röttger, Ulrike (2010): Public Relations - Organisation und Profession. Öffentlichkeitsarbeit als Organisationsfunktion. Eine Berufsfeldstudie. 2. Auflage. Wiesbaden.

Röttger, Ulrike/Jochen Hoffmann/Otfried Jarren (2003): Public Relations in der Schweiz. Eine empirische Studie zum Berufsfeld Öffentlichkeitsarbeit. Konstanz.

Röttger, Ulrike/Sarah Zielmann (2009): Entwurf einer Theorie der PR-Beratung. In: Dies. (Hg.): PR-Beratung. Theoretische Konzepte und empirische Befunde. Wiesbaden: 35-58.

Saam, Nicole J. (2001): Agenturtheorie als Grundlage einer sozialwissenschaftlichen Beratungsforschung. In: Nina Degele et al. (Hg.): Soziologische Beratungsforschung. Perspektiven für Theorie und Praxis der Organisationsberatung. Opladen: 15-37.

Saam, Nicole J. (2009): Organisationssoziologische Zugänge zur PR-Beratung. Ein Gespräch mit Nicole J. Saam. In: Ulrike Röttger/Sarah Zielmann (Hg.): PR-Beratung. Theoretische Konzepte und empirische Befunde. Wiesbaden: 19-34.

Sabato, Larry (1981): The Rise of Political Consultants: New Ways of Winning Elections. New York.

Sako, Mari (1992): Prices, quality, and trust. Inter-firm relations in Britain and in Japan. Cambridge.

Sarcinelli, Ulrich (1987): Symbolische Politik. Zur Bedeutung symbolischen Handelns in der Wahlkampfkommunikation der Bundesrepublik Deutschland. Opladen.

Sarcinelli, Ulrich (1998a): Mediatisierung. In: Otfried Jarren/Ulrich Sarcinelli/Ulrich Saxer (Hg.): Politische Kommunikation in der Mediengesellschaft. Ein Handbuch. Opladen, Wiesbaden: 678f.

Sarcinelli, Ulrich (1998b): „Zwischen Sensation und Skandal". Welche Verantwortung tragen die Medien für die demokratische Entwicklung in Deutschland? In: Friedrich-Ebert-Stiftung (Hg.): Medien-Zukunft zwischen Morgen und Grauen – Medien im Unterhaltungsrausch. Düsseldorf: 82-84.

Sarcinelli, Ulrich (2005): Politische Kommunikation in Deutschland. Zur Politikvermittlung im demokratischen System. Wiesbaden.

Sarcinelli, Ulrich (2011a): Politische Kommunikation in Deutschland. Medien und Politikvermittlung im demokratischen System. 3., erw. und überarb. Auflage. Wiesbaden.

Scherf, Michael (2002): Beratung als System. Zur Soziologie der Organisationsberatung. Wiesbaden.

Schimank, Uwe (1993): Hochschulforschung im Schatten der Lehre. Frankfurt a.M.

Schimunek, Franz-Peter (1997): Beobachtungsverfahren in der pädagogischen, psychologischen und soziologischen Forschung. Erfurter Studien zur Entwicklung des Bildungswesens, Bd. 4. Erfurt.

Schmedes, Hans-Jörg (2008): Wirtschafts- und Verbraucherschutzverbände im Mehrebenensystem. Lobbyingaktivitäten britischer, deutscher und europäischer Verbände. Wiesbaden.

Schmid, Josef (2003): Parteien. In: Andersen, Uwe/Wichard Woyke (Hg.) (2003): Handwörterbuch des politischen Systems der Bundesrepublik Deutschland. 5., aktual. Aufl. Online-Ausgabe. Abgerufen unter: http://www.bpb.de/wissen/021099511013 65365646479507954844,1,0,Parteien.html#art1 (Stand: 3. Mai 2010).

Schmidt, Siegfried J./Guido Zurstiege (2000): Orientierung Kommunikationswissenschaft. Was sie kann, was sie will. Reinbek bei Hamburg.

Schnell, Rainer/Paul B. Hill/Elke Esser (1995): Methoden der empirischen Sozialforschung. 5., völlig überarb. u. erw. Auflage. München, Wien.

Scholl, Armin (2009): Die Befragung. 2. Auflage. Konstanz.

Schubert, Klaus/Martina Klein (2006): Das Politiklexikon. 4., aktual. Auflage. Bonn. Online-Ausgabe auf den Seiten der Bundeszentrale für politische Bildung. Abgerufen unter: www.bpb.de/popup/popup_lemmata.html?guid=U9X64T (Stand: 03.05.10).

Schützeichel, Rainer (2004): Skizzen zu einer Soziologie der Beratung. In: Rainer Schützeichel/Thomas Brüsemeister (Hg.): Die beratene Gesellschaft. Zur gesellschaftlichen Bedeutung von Beratung. Wiesbaden: 273-285.

Schweizerische Eidgenossenschaft Online 2008a: Die Bundeskanzlei. Abgerufen unter: www.bk.admin.ch/org/index.html?lang=de (Stand: 3. Mai 2010).

Schweizerische Eidgenossenschaft Online 2008b: Bundeskanzlerin Corina Casanova. Abgerufen unter: www.bk.admin.ch/org/chanc/00321/index.html?lang=de (Stand: 3. Mai 2010).

Selvini-Palazzoli, Mara et al. (1984): Hinter den Kulissen der Organisation. Stuttgart.

Staubach, Maria L. (2008): Co-Produktion – Ein Entwurf zur Konzeptionierung von Coaching. In: Zeitschrift für Systemische Therapie und Beratung, Jg. 26, Nr. 1: 6-13.

Steiner, Adrian (2009): System Beratung. Politikberater zwischen Anspruch und Realität. Bielefeld.

Strasser, Hansjörg (1992): Unternehmensberatung aus Sicht des Kunden. Eine resultatorien-
tierte Gestaltung der Beratungsbeziehung und des Beratungsprozesses. Dissertation.
Zürich.

Sydow, Jörg (1998): Understandingthe Constitution of interorganizational Trust. In: Christel
Lane/Reinhard Bachmann (Ed.): Trust within and between Organizations. Con-
ceptual Issues and Empirical Applications. Oxford: 31-63.

Szyszka, Peter (2004): PR-Arbeit als Organisationsfunktion. Konturen eines organisationalen
Theorieentwurfs zu Public Relations und Kommunikationsmanagement. In: Ulrike
Röttger (Hg.): Theorien der Public Relations. Grundlagen und Perspektiven der PR-
Forschung. Wiesbaden: 149-168.

Szyszka, Peter (2005): Organisation und Organisationsinteresse. In: Günter Bentele/Romy
Fröhlich/Peter Szyszka (Hg.): Handbuch der Public Relations. Wissenschaftliche
Grundlagen und berufliches Handeln. Mit Lexikon. Wiesbaden: 309-320.

Szyszka, Peter (2008): Analyse- und Entscheidungsmodell strategischer PR-Planung: Befunde und Entwurf. In: Peter Szyszka/Uta-Micaela Dürig (Hg.): Strategische Kom-
munikationsplanung. Konstanz: 37-73

Szyszka, Peter/Dagmar Schütte/Katharina Urbahn (2009): Public Relations in Deutschland.
Eine empirische Studie zum Berufsfeld Öffentlichkeitsarbeit. Konstanz.

Tenscher, Jens (2002): Verkünder – Vermittler – Vertrauensperson. Regierungssprecher im
Wandel der Zeit. In: Heribert Schatz/Patrick Rössler/Jörg-Uwe Nieland (Hg.): Poli-
tische Akteure in der Mediendemokratie. Politiker in den Fesseln der Medien.
Wiesbaden: 245-269.

Tenscher, Jens (2003): Professionalisierung der Politikvermittlung? Politikvermittlungsexperten im Spannungsfeld von Politik und Massenmedien. Opladen.

Thinnes, Petra (1998): Beratung mit Profil. In: Jürgen Howaldt (Hg.): Sozialwissenschaftliche
Organisationsberatung. Auf der Suche nach einem spezifischen Beratungsverständnis. Berlin: 215-229.

Thurber, James A. (1998): A Slate of Candidates, a Recession of Economists, an Advice of
Consultants. The Study of Campaign Consultants: A Subfield in Search of Theory.
In: Political Science and Politics. Vol. 31, No 2: 14.

Thurber, James A./Candice J. Nelson (2000): Campaign warriors: the role of political consultants in elections. Washington D.C.

Titscher, Stefan (1997): Professionelle Beratung. Was beide Seiten vorher wissen sollten...
Wien, Frankfurt a.M.

Titscher, Stefan (2001): Professionelle Beratung: Was beide Seiten voneinander wissen
sollten. 2. aktualisierte und erweitere Auflage. Frankfurt a.M., Wien.

Turner, Ralph H. (1962): Role-Taking: process versus conformity. In: Arnold Rose (Hg.):
Human behavior and social processes. London: 20-40.

USA.gov (2008): Executive Office of the President. Abgerufen unter: www.usa.gov/Agen-
cies/Federal/Executive/EOP.shtml (Stand: 3. Mai 2010).

von Alemann, Ulrich (1996): Aktionsformen der Verbände. In: Bundeszentrale für politische
Bildung. Informationen zur politischen Bildung. 4. Quartal, Nr. 253: 36-40.

von Foerster, Heinz (1997): Wissen und Gewissen. Versuch einer Brücke. Frankfurt a.M.

Vowe, Gerhard/Stephanie Opitz (2006): Professionelle Kommunikationsdienstleister – ein
neuer Akteurstyp in der strategischen politischen Kommunikation? In: Kurt Imhof/
Heinz Bonfadelli/Otfried Jarren/Roger Blum (Hg.). Demokratie in der Mediengesellschaft. Wiesbaden: 58-76.

Wehrsig, Christof/Tacke, Veronika (1992): Funktionen und Folgen informatisierter Organisationen. In: Thomas Malsch/Ulrich Mill (Hg.): ArByte. Modernisierung der Industriesoziologie? Berlin: 219-239.

Weischenberg, Siegfried/Maja Malik/Armin Scholl (2006): Die Souffleure der Mediengesellschaft. Report über die Journalisten in Deutschland. Konstanz.

Whitmore, John (2006): Coaching für die Praxis. Staufen.

Wick, Veronika (2000): Mittelständische Unternehmen und ihre Berater. Ein netzwerk-orientiertes Konzept der Nutzung von externen Beratungsleistungen. Bamberg.

Wiedenfels, Gunnar (2007). Trust matters – Ergebnisse der Online-Befragung zum Vertrauen in PR-Agenturen. abegrufen unter http://openpr.de/news/umfrage.html (Stand: 15.03.2008).

Wiesendahl, Elmar (1998): Parteienkommunikation. In: Otfried Jarren/Ulrich Sarcinelli/ Ulrich Saxer (Hg.): Politische Kommunikation in der demokratischen Gesellschaft. Ein Handbuch. Opladen: 442-449.

Wilhelmer, Doris (2009): Erinnerung an eine bessere Zukunft. Syntax für eine komplementäre Innovationsberatung. Heidelberg.

Willke, Helmut (1994): Systemtheorie II: Interventionstheorie. Grundzüge einer Theorie der Intervention in komplexe Sozialsysteme. Stuttgart, Jena.

Willke, Helmut (1998): Systemisches Wissensmanagement. Stuttgart.

Willke, Helmut (1999): Systemtheorie II: Interventionstheorie. Grundzüge einer Theorie der Intervention in komplexe Sozialsysteme. 3. Auflage. Stuttgart, Jena.

Willke, Helmut (2000): Systemtheorie I: Grundlagen. 6. überarb. Aufl., Stuttgart.

Wimmer, Rudolf (1991): Organisationsberatung. Eine Wachstumsbranche ohne professionelles Selbstverständnis. Überlegungen zur Weiterführung des OE-Ansatzes in Richtung systemischer Organisationsberatung. In: Michael Hofmann (Hg.): Theorie und Praxis der Unternehmensberatung. Bestandsaufnahme und Entwicklungsperspektiven. Heidelberg: 45-137.

Witzel, Reimar H. (1989): Internes Consulting und Organisationsentwicklung. In: Walter Sertl/Klaus Zapotoczky (Hg.): Neue Leistungsinhalte und internationale Entwicklung der Unternehmensberatung. (Management Consulting 2). Stuttgart u.a.: 69-88.

Wolf, Guido (2000): Die Krisis der Unternehmensberatung. Ein Beitrag zur Beratungsforschung. Wiesbaden.

www.bundesfinanzministerium.de

www.datenbanken.pr-journal.de/pr-agenturrankings/pfeffers-pr-ranking.html

www.icmci.org/download/?noGzip=1&id=9784549

www.ideesuisse.ch

www.kommunikationsdienstleister.de

www.prreport.de

Zerfaß, Ansgar (2004): Unternehmensführung und Öffentlichkeitsarbeit. Grundlegung einer Theorie der Unternehmenskommunikation und Public Relations. 2., erg. Auflage. Wiesbaden.

Zerfaß, Ansgar (2010): Unternehmensführung und Öffentlichkeitsarbeit. Grundlegung einer Theorie der Unternehmenskommunikation und Public Relations. 3., akt. Auflage. Wiesbaden.

Zielmann, Sarah (2009): Staatliche Öffentlichkeitsarbeit/Presse- und Informationsamt der Bundesregierung. In: Uwe Andersen/Wichard Woyke (Hg.): Handwörterbuch des politischen Systems der Bundesrepublik Deutschland. 6. Auflage. Wiesbaden: 645-649.

Preusse, Joachim/Sarah Zielmann (2010): Verbands-PR und Lobbying im Vergleich. In: Olaf Hoffjann/Roland Stahl (Hg.): Handbuch Verbandskommunikation. Wiesbaden: 333-352.

Zimpel (2008): Zimpel Online. Die Journalisten-Datenbank im Internet; Zimpel Media Kontakte, abgerufen unter http://www.zimpel.de.

Zühlsdorf, Anke (2002): Gesellschaftsorientierte Public Relations. Eine strukturationstheoretische Analyse der Interaktion von Unternehmen und kritischer Öffentlichkeit. Wiesbaden.

MIX
Papier aus verantwortungsvollen Quellen
Paper from responsible sources
FSC® C105338

If you have any concerns about our products,
you can contact us on
ProductSafety@springernature.com

In case Publisher is established outside the EU,
the EU authorized representative is:
Springer Nature Customer Service Center GmbH
Europaplatz 3, 69115 Heidelberg, Germany

Printed by Libri Plureos GmbH
in Hamburg, Germany